潮汕文库·研究系列

从韩江到湄南河

管窥泰国潮人社会

杨锡铭 著

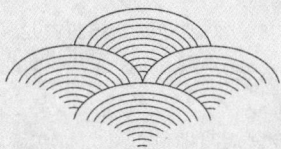

暨南大学出版社
JINAN UNIVERSITY PRESS

中国·广州

图书在版编目（CIP）数据

从韩江到湄南河：管窥泰国潮人社会/杨锡铭著 . —广州：暨南大学出版社，2018.11

（潮汕文库 . 研究系列）

ISBN 978 - 7 - 5668 - 2412 - 7

Ⅰ.①从… Ⅱ.①杨… Ⅲ.①华人—研究—泰国 Ⅳ.①D634.333.6

中国版本图书馆 CIP 数据核字（2018）第 139614 号

从韩江到湄南河——管窥泰国潮人社会

CONG HANJIANG DAO MEINANHE——GUANKUI TAIGUO CHAOREN SHEHUI

著者：杨锡铭

出 版 人：徐义雄
项目统筹：黄圣英
责任编辑：亢东昌
责任校对：詹建林
责任印制：汤慧君 周一丹

出版发行：暨南大学出版社（510630）
电　　话：总编室（8620）85221601
　　　　　营销部（8620）85225284　85228291　85228292（邮购）
传　　真：（8620）85221583（办公室）　85223774（营销部）
网　　址：http：//www.jnupress.com
排　　版：广州市天河星辰文化发展部照排中心
印　　刷：广州家联印刷有限公司
开　　本：787mm×1092mm　1/16
印　　张：11.5
字　　数：233 千
版　　次：2018 年 11 月第 1 版
印　　次：2018 年 11 月第 1 次
定　　价：38.00 元

（暨大版图书如有印装质量问题，请与出版社总编室联系调换）

总　序

　　潮汕文化历千年久远，底蕴渊深，泱泱广袤，又伴随着潮人的迁播而兼收并蓄，独树一帜，是中华文明中的重要一脉。

　　秦汉之前，潮汕囿于海角一隅，与中原殆少来往；自韩愈治潮，兴学重教，风气日开，人文渐著。宋朝文教兴盛，前七贤垂范乡邦；明朝人才辈出，后八贤称显于时。明清以来，粤东地区借毗邻大海的地理优势，与域外商贸频仍，以陶朱端木之业，成中西交汇之势，造就多元开放的文化格局。饶宗颐等学界巨匠引领风骚，李嘉诚等商海翘楚造福民生，俊采星驰，郁郁称盛。

　　而今国家稳步发展，蓬勃兴盛，潮汕地区凭借深厚的历史积淀，务实进取，努力发展传统文化及其产业，如潮剧、潮乐、潮菜、工夫茶、陶瓷、木雕、刺绣等，保持并革新精巧特色，在世界各地广泛传播，备受青睐。更有海外潮人遍布全球，为经济文化交流引桥导路，探索共赢模式，拓宽发展空间。

　　为促进潮汕文化的传承与创新，进一步推动潮汕文化"走出去"，在广东省委宣传部的大力支持下，海内外学者编写《潮汕文库》大型丛书。本丛书包括文献系列和研究系列，涉及历史、文学、方言、民俗、曲艺、建筑、工艺美术等多方面，囊括影印、笺注、点校、碑铭、图文集、口述史等多种形式，始终秉承整理、抢救传统文化的原则，尊重潮汕地区的家学渊源和治学传统。以一腔丹心，在历史沿袭中为文化存证，修旧如旧，求新而不媚俗于新；以一笔质朴，在字斟句酌中为品质立言，就事论事，求全而不迷失于全；以一纸恳切，在纷扰喧嚣中为细节加冕，群策群力，求深而不盲目于深。惟愿以此丛书，提升潮汕文化品位，凝聚海内外潮人，齐心发展，助力腾飞。

在成书过程中，广东省委宣传部高度重视，协调汕头、潮州、揭阳、汕尾市委宣传部，委托潮汕历史文化研究中心、韩山师范学院、暨南大学出版社组织编写与出版。海内外潮学研究专家倾注笔墨，潮汕历史文献收藏机构及热心人士鼎力襄助，在此一并致谢！

《潮汕文库》大型丛书编委会

2016 年 7 月

序

告诉你一个既熟悉而又陌生的潮人群体

提起泰国（暹罗），潮汕本土无论男女老少几乎无人不知。即使你没有去过泰国，你家里可能也有亲友在泰国；即使你连一个泰国亲友也没有，你也听说过关于泰国的故事和传说。至少，你也听说过潮州歌谣，甚至自己就会背诵：

> 天顶飞雁鹅，阿弟有媌阿兄无；
>
> 阿弟生囝叫大伯，大伯听着无奈何；
>
> 背起衫包过暹罗，去到暹罗牵猪哥……

还有不同的版本：

> 食到无，背起包裹过暹罗；
>
> 去到暹罗做乜事？去到暹罗牵猪哥；
>
> 艰苦钱银刻苦趁，趁转唐山娶老婆。

还有描写泰国鳄鱼之凶恶的俗语："暹罗峇団，有人食人，无人食影。"峇団，马来语的借词，鳄鱼的意思。我们现在去泰国旅游，还经常有参观鳄鱼表演的项目，可以想见我们去暹罗"过番"的先辈们，看到暹罗"峇団"吃人的血腥情景，是何等的惊魂未定，不然就不会有"有人食人，无人食影"之夸张描写。韩文公《祭鳄鱼文》也只是讲："鳄鱼睅然不安溪潭，据处食民畜……"并未及人矣！

20 世纪 90 年代初,我随汕头大学领导出访泰国时,还有人告诉我,在泰国,潮州话就是通行语言,好像整个泰国里面都是潮州人一样。等去了才知道,通行潮州话的地方,主要还是在耀华力和三聘街等唐人街华人聚集的地方,或者潮州会馆、潮属商会、宗亲会等地方,还有一些潮州人聚居的村落乡镇。但到了 2015 年我再去唐人街的时候,耀华力金铺能说潮州话的伙计已经不多了。

我举上面的这些例子是想说明,对于绝大部分本土潮汕人来说,对于泰国潮人的了解,都属于道听途说,或只是一两次旅游,或只是探亲的一知半解。而《从韩江到湄南河——管窥泰国潮人社会》一书的作者杨锡铭兄就不同了。他曾经任职于中华人民共和国驻泰国大使馆近四年时间,联系当地华人,尤其是潮州人,是他的职责。他为人热情谦恭,与侨领和乡亲"打成一片",其乡情、友情和亲情,比潮州工夫茶还香浓。在工作中,他把自己也锻炼成了一位泰国通。后来他回到家乡潮州侨务部门工作,有关泰国乃至东南亚的事情,领导们都会咨询他,或者由他负责牵头去做,而且一定会把事情办得妥妥帖帖。

2010 年春天我到韩师工作以后,建议韩师外事部门在原有与日本、韩国、乌克兰、哈萨克斯坦等国高校良好合作的基础上,开辟与东南亚国家学校的合作市场,其中泰国是重点。很巧的是,泰国著名实业家、侨领陈汉士先生就是韩师的杰出校友。我听说他每年都回家乡省亲并捐款做善事,帮助过当年在韩师教过他的老师,资助过一位患重病的青年老师,还悄悄地到过韩师校园参观怀旧。我决定以礼请陈汉士先生正式回母校参观考察作为突破口,开辟韩师在泰国的外联工作。而这件事的联通工作,几乎全部由锡铭兄帮我们完成,而且从陈汉士先生荣归母校并作演讲,到我带队去泰国访问,与泰国潮州会馆、泰国华文作家协会等组织会谈都是锡铭兄一环扣一环安排完成的。到了泰国,他如鱼得水,几乎所有侨领都是他的好朋友,我们一行也跟着沾光。

就这样的一位资深的泰国通,来写一本关于介绍泰国潮人情况的著作,我想是再合适不过的了。

果不其然,当我拜读完这本大作的稿件的时候,完全证实了我的推测。

这本书除绪言外,共分六章:泰国潮州人与中泰关系、泰国潮州人社团、潮州文化在泰国的传承举隅、泰国潮州人与公益慈善事业、泰国潮州人与文化名人、研究泰华社会的资料金矿。其中之第二至四章最为精彩，是"书肉"所在。

我拜读书稿之后，认为锡铭兄的这本大作有如下三个特点：

一是资料的可靠性。以往一些写海外华侨华人的著作，引用的多是二手资料，尤其是对海外华人研究者资料的引用。由于资料来源多数没有注明出处，也无从校对。20世纪末出版的这类书籍，我们发现有的书中引用的资料竟然是20世纪中期以前的，甚至文献来源也不可靠，以讹传讹的不少。而锡铭兄的大作就不同了，资料都是他自己亲自调查、搜集得到的第一手资料，来源可靠性很强。他采用了学术专著的严谨模式，几乎对每一条资料都随文做了脚注，书后还附有参考文献。对这些可靠的资料，读者尽可以放心引用。

二是视角的特殊性。如第三章描写潮州盂兰胜会习俗及其在泰国的流传，他把本土侨乡的民俗资料与泰国的民俗活动做了详细的比较，然后理清楚这个民俗事项在泰国的传播与发展。哪些是与原乡相同的，哪些是不同的、是发展的，都分析得清清楚楚，并对其社会功能做了比较符合实际的总结和归纳。

三是较强的可读性。本书虽然作为一本具有学术价值的著作，按照学术规范的要求做了注解，但文字朴实，行文流畅，可读性很强。这可能要归功于锡铭兄的出身，他不是学院派硕士、博士，没有强调要用什么理论体系来做本项研究的"指导思想"。这倒是让他放得开手脚，有什么资料就写什么，有什么体会就说什么。书中少见故作高深的专业术语，尤其是没有博士论文中常见的那些由外语翻译过来的佶屈聱牙的借词，基本初中以上文化水平就可以读懂本书。我是赞成学术著作散文化写作的，所以支持他。

以上是我的读书体会，顺便也谈了我对锡铭兄的评价，纯属个人观点。

今天刚好是立春，希望能在立秋看到锡铭兄这本大作的问世。

林伦伦

2018年立春日

写于番禺野猪林

绪　言

泰王国（简称泰国，旧称暹罗）位于中南半岛。东北部与老挝毗连，西北部与缅甸为邻，东部与柬埔寨交界，南部与马来西亚接壤。南北最长距离为2 500公里，东西最宽距离为1 250公里。东南临泰国湾，西南濒印度洋的安达曼海。沿泰国湾的海岸线约1 840公里，沿印度洋的海岸线有865公里。北部是山地，东北部为低矮高原；西部与缅甸交界处有一狭长的山地，延伸到马来半岛。湄南河是泰国最重要的河流。国土面积513 120平方公里，人口6 886万人（2016年），首都曼谷。1975年7月1日，中华人民共和国与泰王国建立正式外交关系。

泰国潮州人的原乡，为旧时潮州府所属的潮安、揭阳、潮阳、普宁、饶平、惠来、澄海、大埔和丰顺九县，以及南澳岛。历经多次的行政区域变化，自1992年起，潮阳、澄海、南澳归属汕头市；潮安、饶平属潮州市；揭阳、普宁、惠来属揭阳市；三市均为地级市，现也称为潮汕地区。大埔县和丰顺县则属梅州市。

由于自然环境背山面海，人多地少，资源贫乏，加上具有勇于拼搏的精神，潮州人很早就驾舟楫，从韩江口的樟林港、汕头港出海，下南洋来到泰国。泰国阿瑜陀耶（大城）王朝（1350—1767）时期，在首都大城，已有"乃该"等六处华人居住区，其中就有潮州人。在首都之外，东部沿海的北柳、春武里、罗勇、尖竹汶、哒叻、贡岛等地，也有不少潮籍华人聚居区。

吞武里王朝（1767—1782）的建立者郑信（中国清朝称他为郑昭），泰人通称为"拍耶达信"，"信"为泰语音译，义为"财"，全名意为"达府之王"，即达府府尹。其父亲来自潮州府澄海县（今澄海区）华富里乡。1766年，缅甸军队入侵暹罗，郑信应召率兵入首都勤王。缅军攻占大城时，郑信率领一支500人的队伍突围，到暹罗的罗勇一带继续抵抗缅军。在大城陷落后八个月中，居住在东部沿海地区的华人成为郑信复国之战的生力军，以潮州人为主的华人志愿军大力支持郑信抗击缅军。吞武里王朝建立后，潮籍华人享有"皇族华人"[①]之誉，

---

① 旺威帕·武律叻达纳攀等：《吞武里王朝和曼谷王朝初期泰国社会中的潮人》，载《泰国潮州人及其故乡潮汕研究计划第一辑：樟林港（1767—1850）》，曼谷：朱拉隆功大学亚洲研究所中国研究中心，1991年，第63页。

被称为"大官人"①。加之，在吞武里王朝以至曼谷王朝初期，新王城的建设需要为数众多的劳工，吸引了大量的潮籍华人移民来泰。以潮州人为主体的华人成为泰国经济建设、贸易发展、城市兴建的重要力量。部分华人还为官从政，有的甚至成为国王的钦差大臣。

清朝康雍乾时期，海禁开放，允许沿海人民领照到暹罗从事大米贸易，以补中国粮食之不足。潮州人凭借先前已打下的良好基础，驾驶红头船，往返于中暹之间，成为双边贸易的主角，中暹贸易的活跃也带动大批潮州人移民到泰国。1855 年，暹罗与英国签订《鲍宁条约》，一方面泰国的经济社会发展需要大量的劳动力，另一方面中国放宽国民出国定居的政策，促使潮州人如潮水般涌入泰国。此后，移民高潮迭起，直到 20 世纪中期方告一段落，从而形成了泰国的华侨华人以潮州人为主体的局面。其他地区，如客属、广肇、海南、福建、江浙、广西、台湾、云南，以及近年来从中国其他地方移民的华人，由于人数较少，多少也被"潮化"，因而泰华社会实际是潮人社会。

泰国的华文报纸肇始于 1903 年。② 一百多年来，泰国的华文报业几经跌宕，先后出现过近百种的华文报纸。有的如昙花一现，有的则苦心经营，延续几十年。无论是报社的老板、编辑、记者还是撰稿人，乃至受众，绝大多数是潮人、潮裔，或是已经"潮化"的其他中国移民，因此，泰华报纸实际就是潮人的报纸。在新媒体出现之前，华文报纸一直是了解泰华社会的主要媒介。研究泰国华人的社会史、经济史、社团史和文化史，离开泰国华文报纸，难窥全貌。泰国国家图书馆中收藏有自 1907 年以来的华文报纸 50 多种。该馆收藏的这批百年华文报纸，实际上就是研究泰国潮州人社会历史文化，乃至国际"潮学"等的第一手原始资料，是不可多得的资料金矿。

长期以来，泰国的潮州人借助与祖籍的亲缘和语言优势，以及他们对中泰两国的特殊感情，努力促进中泰友好关系的发展和巩固，成为联结中泰友谊的桥梁和纽带。中泰关系的好坏，与泰国潮州人的生活息息相关。因而，致力于促进中泰友好关系的发展，对于大多数泰国潮人来说，可以说是一种自觉的行动。

众多的潮州人在泰国生活繁衍，使源于潮汕地区的潮州文化在泰国流传。随着时间的推移，泰国的潮州文化将成为一种脱胎于潮州本土，而又具有泰国特色的亚文化。

首先，以潮州人为主体的泰华社会，深受以潮州文化为主的中华文化影响，至今亦然。据笔者观察，如下所胪列几个方面可见其流传之鸿爪：

（1）重视名分。中国传统文化中，重视名分。孔子曰："必亦正名乎，名不正，则言不顺。"在泰华社会，人们也十分重视名分，崇尚昭穆有礼，尊卑有序。

---

① 巴帕松·谢维昆：《从黄河到湄南河》，曼谷：阿玛林大众出版有限公司，2005 年，第 272 页。

② 谢犹荣：《泰国华文报业小史》，曼谷：泰国译报社，1964 年，第 1 页。

许多泰国潮州人教育子女要讲孝道，要孝敬父母，孝敬长辈，要尊卑有别，内外有别。"福禄寿全"是华人的一种人生追求。"禄"原本是指古代官吏的俸给，也就是官位的体现。对于在泰国的潮州人而言，官位当然是一种颇具吸引力的名分，然而由于诸多条件的限制，从政对于大多数人来说是可望而不可即的。泰华社会中存在由各界建立起来的各种各样的社团组织，众多的社团成为泰华社会的重要活动平台。社团的职务是一种相当于官位的名分，被视为社会地位的象征，从而成为追逐的目标。在社团活动中，更是十分注重名分。泰国的潮州人热衷于社团的活动，① 社团的活动是泰华社会的有机组成部分，也是认识泰华社会的重要窗口。

在泰华社团中获得一定职务，从而取得相应的名分，有各种各样的途径，如体现财力、组织能力，或继承前辈的职位等。而通过为社会公益慈善事业做贡献，是责任的担当而没有权利之受益，故能迅速获得社会的敬重，社会地位也相应提高，是获得名分的一条捷径。泰国潮州人对公益慈善事业的奉献，惠及中泰，其中佛教的信仰起着重要的作用。对于祖籍故乡的奉献，前提是他们自身具备相应的经济实力，基础是他们的故乡情结，而原乡政府和人民对其捐助行为的褒扬则起着催化和促成的作用。

（2）潮剧和潮州音乐。潮剧和潮州音乐很早就被介绍到泰国。20 世纪初至50 年代，潮剧在泰国蓬勃发展，一度还成立了潮剧界的行业协会。潮州会馆曾设立国乐组（股），传承包括潮州音乐在内的中国音乐，20 世纪 70 年代还曾请潮州音乐大师陈蕾士等到泰国教授古筝演奏技艺。潮剧在泰国的繁荣不仅体现在戏班的众多及戏院的林立，还体现在有一批专业编剧名家，剧目不断推陈出新，以及率先尝试启用女演员等方面。作为中国传统的一个地方戏剧，能够在异国他乡持续兴盛一个相当长的时期，并成为泰国的一个剧种，这在中国的戏剧史中实属罕见。

（3）潮州人的信仰崇拜。儒、释、道可以说是华人的三种基本信仰。在泰国，这三者已融为一体，成为包括潮州人在内的华侨华人的基本宗教信仰，所以经常可以看到"儒、释、道"同处一庙，共享香火。潮州人和其他华人把中国的大乘佛教以及大峰祖师、三山国王、城隍爷、关帝、妈祖、伯爷公等神明，也带到信奉小乘佛教的泰国来，建庙膜拜，和睦相处。潮州人还使自己的信仰在地化，本头公可以说是泰国潮州人本土化的土地神。泰国的华侨报德善堂以及众多的华人慈善机构，还奉祀大峰祖师，以之号召民众。

（4）来自潮州地区的时年八节的习俗。泰国的许多潮州人，现在仍然过春节、元宵、清明、端午、中秋等中国传统节日。婚丧喜庆、生日寿庆、功德法

---

① 在泰国，当地泰人，以及其他族裔人士，一般只按商贸的需要成立行业公会，没有依地域、姓氏等成立的社团组织。

会、在家中拜地主爷等，仍然保持着潮州的传统习俗。一些习俗保持的完整性，甚至在现时的潮汕地区也很难一见。他们以这些节庆活动为纽带，加强彼此间的联系和感情，商家则以此为商机。

（5）潮州话成为泰华主要流行方言。由于潮州人在泰国的华侨华人中占了大多数，而且，潮州人在经贸活动中居于主导地位，潮州话不但是泰华社会的"普通话"，也是商业语言。甚至有人以为潮州话就是中国的国语。潮州话还对泰语产生了一定的影响。

（6）潮州人的处世生活方式。潮州人的善于经商、勤俭持家、崇善积德、孝敬长辈，以及饮食习惯、起居习俗等，在泰国的华人区中处处可见。善于经商的潮州人，在泰国的经济领域中独占鳌头，已是众所周知，无须赘言。有些泰国人认为，潮州饮食及文化即为中国饮食及文化。[①]一些潮州菜的名称直接进入泰语，成为泰语的外来词。

（7）中医药在泰国的传承。中医药在泰国得以传承，潮州人功不可没。一直以来，泰国中医药从业者大多是潮州人及其后裔。经过各方努力，2000 年，中医药在泰国获得合法地位，进一步促进了中医药在泰国的发展。据了解，至2016 年底，泰国已考取中医师执照的已超过 900 人，其中 70% 是潮州人及其后裔。

其次，潮州文化在泰国的流传中，也受到主流文化，以及政治、时空隔阂等因素的影响，产生了异化和弱化现象，今天泰国和潮汕地区两地的潮州文化，已经有诸多不同之处。

20 世纪 50 年代至 70 年代中期，中泰的交往一度中断，两地潮州人的联系也因之受阻，本土潮州人直接移民到泰国的人数微乎其微，而泰国的潮州人返回故乡的也甚少，泰国的潮州文化一度与本土基本隔离，因而相对得以独立传承；另外，泰国政府出于政治因素，采取严厉措施，限制华文教育，在强势的泰国文化氛围中，潮州文化在泰国的传承出现了弱化和异化现象。这主要表现在：

（1）许多潮州人后裔不会讲潮州话，不懂潮州风俗。受当地主流文化的影响，许多泰国潮州人的后裔已经不再以潮州话作为其母语，而改用泰语作为母语。从 20 世纪 40 年代末开始，泰国严厉限制华文教育，使许多潮州人失去接受华文教育的机会。由于其时华文学校以方言为教学语言，也使潮州人失去了学习潮州话的场所。20 世纪 90 年代初，泰国开始放松对华文教育的限制，但现在学校里所学的是普通话，而不是潮州话，因而越来越多的潮州人的后代根本不懂潮州话。

（2）潮州人后裔大多已叶落生根，认同泰国作为他们的家乡，将潮州作为

---

① 素攀·占塔哇匿：《序言》，载《泰国潮州人及其故乡潮汕研究计划第二辑：汕头港（1860—1949）》，曼谷：朱拉隆功大学亚洲研究所中国研究中心，1997 年，第 3 页。

先辈的故乡。受过西方或泰式教育的潮州人后裔，已经习惯于西方的生活方式，认同泰国的风俗，或泰国人的生活方式。由于华文教育的缺失，加上周围环境的影响，许多潮州人的后代对中国的历史，对潮州人的习俗，对先辈艰苦创业的精神，几乎一无所知。不少潮州人的后裔，逐渐受当地同化而变得与当地泰人一般。

（3）两地的潮州话已经产生差异。两地的潮州话，在用词、语音、语调等方面都出现了差异，因而两地的潮州人相互间的语言交流，已经产生一些理解上的困难。泰国潮州人所说的潮州话，似乎可以直接称之为"泰国潮州话"，以区别于本土的潮州话。

（4）潮剧、潮州音乐日渐式微。尽管泰国的潮州人不时还邀请潮汕地区的潮剧团到泰国演出，但也只是一些年长者的热衷或社团活动的需要，年轻一代已经很少有人对此有真正的兴趣。作为泰国一个剧种的潮剧，其演员也已经不是潮州人，而是当地的佬族人，他们的存在是出于一些酬神活动的需要。由于许多潮州人的后代已逐渐泰化，能够看懂乃至欣赏潮剧者已越来越少，潮剧几乎不可能在泰国重现昔日的辉煌。

最后，潮州文化在泰国将作为族群维系的纽带继续存在和发展。虽然近20年来，不断有来自潮汕地区的新移民注入，但从总体上看，目前泰国潮州人的主体是生于斯、长于斯的潮人后裔。与其先辈相比，他们已经从"叶落归根"转变为"落地生根"。现在泰国的潮州人在政治和国籍上认同于泰国，视泰国为家乡，他们认为自己是"KHON CHEEN TEOCHEW"（潮州人），是泰国的潮州人，而不是中国的潮州人或是其他地区的潮州人。他们已从一个以地域与社区为本位的族群，转变为由共同心理和文化维系的族群。他们在泰国保持和传承潮州文化的活动，实质上是出于泰国潮州人对自己文化传统的集体记忆的需要，也是维系自己族群联系的需要。

泰国潮州人对自己文化的坚持，以及对故土的情结，也形成对潮州文化名人的尊崇现象，他们对潮州文化名人引以为豪，咸与有荣。最为突出者莫过于泰华各界对饶宗颐先生的尊敬。泰华各界视饶宗颐为他们的一面文化旗帜和中华文化、潮州文化的象征，对他的崇敬，实际是对包括潮州文化在内的中华文化的认同。文化名人的引领作用，在一定程度上影响了泰华社会的风尚。

泰国是海外潮州人最为麇集的地方，泰国潮州人及其文化传承的史料，浩如烟海。有关泰国潮州人及其文化的研究，前贤已做出诸多贡献，成果颇丰。笔者限于学力所逮，只能从中撷取几朵花絮，拾遗补阙，并力求通俗易懂，期能有助于管中窥豹，也望能抛砖引玉，促进对泰华历史文化的进一步研究。

第一章
泰国潮州人与中泰关系

在中泰友好关系发展过程中，泰国潮州人发挥着重要的促进作用。长期以来，他们通过自己的努力，促进中泰友好关系的发展和巩固，成为联结中泰友谊的桥梁和纽带。泰国潮州人之所以能够发挥这种纽带作用，一方面是由于他们与祖籍的亲缘和语言优势，被泰国政府所借重；另一方面则是源于他们对于中泰两国的特殊感情："就像嫁出的女儿，居留国就像她一生所寄托的夫家，而祖国就是她的母家。对母家的关切眷爱，这是人之常情，所以华侨特别爱国，过去对祖国的贡献，历史都有很好的纪录，这爱国是无条件的，是自动自发的，没有想及要回报。所以无论祖国或居留国，两者都一样要爱护。"① 可以说，中泰关系的好坏，与泰国潮州人的生活密切相关。因而，致力于促进中泰友好关系的发展，对于大多数泰国潮州人来说，可以说是一种自觉的行动。

第一节　泰国潮州人与泰中睦邻友好

泰国与中国是近邻。历史上，友好往来一直是两国的基调。在两国长期的友好交往中，泰国的潮州人扮演着不可或缺的角色。

泰国历史上称暹罗，曾多次主动与中国示好并要求册封为藩国。早在200多年前，祖籍潮州府澄海县的郑信（1734—1782）领导暹罗人民抗缅复国，建立吞武里王朝时，就十分注意发展暹罗与中国的友好关系。1768年，郑信登位不久，即派陈美到广东请封。当时的清朝政府对暹罗的情况不十分了解，又片面听信了与郑信有矛盾的河仙（现属越南）莫士麟的一面之词，对郑信的身份存疑，而拒绝给予郑信册封。郑信没有灰心，继续采取措施，改善与清朝的关系。从《清实录》中可知，乾隆三十六年（1771）七月，郑信派出3名代表，加上通事杨

---

① 段立生：《郑午楼传》，广州：中山大学出版社，1994年，第5页。

开春，把在清迈俘获的缅军官兵男妇 39 人送到广东。[1] 次年，郑信又把乘船出海谋生，遭遇风暴流落到暹罗的广东海丰县人陈俊卿、梁上选等人及其家属 35 人送回广东。[2] 云南人杨朝品等在乾隆三十年（1765）带丝绸到缅甸木邦贸易，领有腾越州的照票。乾隆三十一年（1766），他们被缅军俘虏后送往阿瓦，后来逃跑到下缅甸。乾隆三十九年（1774），又随下缅甸的孟人进入暹罗。郑信知道后，送给他们口粮和盘费，让他们返回广东。乾隆四十一年（1776），杨朝品三人乘坐福建船商莫广亿的船终于回到了广东。[3] 乾隆四十六年（1781），郑信又派人带公文到广东，希望发展与中国的贸易。使者带来的公文称："暹土初安，府库空虚，建整城廓，费用无资。止有土产货物，欲发船载贩厦门、宁波等处，请给牌照，并乞恩著行商借代请伙长，驶船往贩日本。"使者还提出，希望允准在粤采购铜盘、铜炉，先放船回国。[4] 此次郑信遣使访华，主要是希望发展对外贸易，增加财政收入，解决面临的财政困难，而没有正式提出册封。但郑信的一系列举措，使清廷转变了对他的态度，从而促进了暹罗与中国友好关系的发展。余定邦曾著文介绍当时的郑信以及随后的暹罗政府中的潮州人对中暹关系的贡献，指出："在暹罗的华侨当中，以潮州人居多。在中暹交往中，潮州人、潮州的港口曾起过很重要的作用。"[5]"郑信创建吞武里王朝后，同清朝政府有着密切的联系。由于他没有正式请封，清朝政府没有给予封号，只称他为暹罗'国长'。在他执政的十多年中，为中泰关系的发展做出了贡献。拉玛一世登位后，利用郑信为中泰关系发展打下的基础，顺利地同清朝建立了关系，并得到了封号。"[6] 从而使中泰友好关系得以继续发展。

19 世纪 70 年代后，中泰政府间的关系曾一度中断。1932 年，经当时的民国政府与泰国政府商谈，泰国政府同意中国在曼谷设立一名商务专员。随后民国政府任命当时的泰国中华总商会主席陈守明（陈黉利家族成员，祖籍澄海）担任这一职务。陈守明和中华总商会为中泰的交往发挥了桥梁的作用，该会的成员中潮州商人占了绝大多数。泰国前总理乃挽限·信拉巴阿差曾称赞该会"作为泰国华侨华裔商人之联络中心……当在二次世界大战之前，中泰两国仍没有外交关系，这一中华总商会则履行了中国大使之任务，以沟通当时之暹罗政府及后之泰

① 《清高宗实录》卷 864，北京：华文书局，1969 年，第 3 - 5 页。

② 《清高宗实录》卷 895，北京：华文书局，1969 年，第 8 - 9 页。

③ 中国第一历史档案馆藏：《朱批奏折》，外交卷，第 346 - 15 号，乾隆四十一年十一月初九日，李侍尧奏折。

④ 中国第一历史档案馆藏：《朱批奏折》，外交卷，第 239 - 12 号，乾隆四十六年六月二十七日，巴延三、李湖奏折。

⑤ 余定邦：《潮州人、潮州港口与清代中暹交往》，载郑良树主编：《潮州学国际研讨会论文集》，广州：暨南大学出版社，1994 年，第 775 - 789 页。

⑥ 余定邦：《郑信与清朝政府的关系》，载《潮学研究》第 6 期，汕头：汕头大学出版社，1997 年，第 596 页。

国政府，为时几十年"。①

1949 年 10 月 1 日，中华人民共和国成立后，泰国追随美国，拒绝承认新中国，两国官方没有正式交往。1975 年，中华人民共和国与泰国正式建立外交关系，实现了两国关系正常化，泰国潮州人为此做出了不可磨灭的贡献。

新中国成立后，中泰两国关系由于世界冷战格局的影响，以及两国各自所处的不同条件的制约，经历了曲折的道路。

1955 年在印度尼西亚召开的万隆会议期间，周恩来总理会见了泰国代表团团长、泰国外长旺·威泰耶康亲王。这是中华人民共和国成立后，中泰两国代表第一次正式接触，在泰国政府和人民中间产生了很大的影响，增进了泰国对中国的了解，减少了一些疑虑，有利于泰国对华政策向积极方面变化发展。屏·春哈旺陆军元帅与銮披汶·颂堪总理一起听取了外长旺·威泰耶康亲王关于万隆会议以及与周恩来总理的交谈的情况汇报。两人同意派出代表前往中国，探讨建交途径，为双方建交铺平道路。由于当时的形势，与中国公开接触是不可能也不现实的，泰国政府决定派密使前往中国。坤讪·帕他努泰和坤能·波素旺（Luan Buasuwan，王慕能）受命担负秘密访问的组织工作。坤讪·帕他努泰是銮披汶总理的密友，是泰国政府宣传厅的官员。坤能·波素旺是泰国著名企业家、大城银行行长，原籍普宁丘塘乡，是当时泰国的政变团首脑屏·春哈旺陆军元帅的密友、高级顾问，对春哈旺元帅具有很大的影响力。在他们二人的策划下，1955年 12 月以亚里·披隆（陈文彬，祖籍海南）为团长、伽如纳·古萨拉塞（华裔，许姓，祖籍潮州）为秘书的代表团一行 4 人，分别取道香港、澳门，秘密前往中国内地。这些泰国的地下使节受到周恩来总理的热情接待，毛泽东主席还专门接见了他们，并与其进行了长达 1 小时 45 分钟的谈话。② 泰国客人对中国的访问，在中泰关系史上迈出了重要的一步。

1955 年 12 月 16 日和 17 日，泰国政府总理銮披汶的代表坤讪·帕他努泰和坤能·波素旺与中国政府的代表——中国驻缅甸大使姚仲明，在中国驻缅甸大使馆举行秘密会谈。经过两天的会谈，双方签署了一份联合声明。双方议定两国愿意在相互尊重领土主权和完整、互不侵犯、互不干涉内政、平等互利、和平共处五项原则的基础上发展友好关系，并将尽快采取措施，增进相互交流，建立贸易和文化联系，以便最终实现关系正常化。鉴于当时的情况，这项联合声明没有公开发表。③ 但是两国在声明签署后的一段时间内，都遵循既定的原则，加强了多

① 乃挽限·信拉巴阿差：《贺词》，载泰国中华总商会编：《泰国中华总商会成立八十五周年暨新大厦落成揭幕纪念特刊》，曼谷：泰国中华总商会，1995 年，第 11 页。

② 泰国访问团秘书伽如纳·古萨拉塞曾在 1975 年接受《曼谷邮报》总编辑采访时披露了此次访华过程及其与中国领导人谈话的内容。该篇采访稿以"到北京执行秘密使命"为题发表在当年 8 月 3 日的《曼谷邮报》上。

③ 该声明内容见弯威·帕贴努泰：《中泰友谊的缔造者——周恩来》，第 5-7 页。

方面的交往，中泰关系向正常化迈进。

但是由于后来泰国国内发生政变，对华政策随之改变，中泰建交被迫拖后达14年之久。

1972年2月，美国总统尼克松访华，中美关系出现重大突破，在世界上产生了巨大的反响。泰国也同许多国家一样，调整对华政策。1972年8月，亚洲乒乓球联盟邀请泰国乒乓球队到北京参加乒乓球锦标赛。泰国最高权力机构"革命团"决定派出革命团财经和工业事务副主任巴实·干乍那越（Prasit Khanchanawat，许敦茂，1915—1999，原籍澄海）为顾问、警察中将春蓬·罗哈差腊为团长的泰国乒乓球队赴北京参赛，展开了一系列的外交活动。这样，中断了14年的中泰两国的交往开始得到恢复。许敦茂在京期间分别会见了周恩来总理、外交部顾问廖承志、部长姬鹏飞、副部长韩念龙和商业部副部长李强等。周恩来总理赞扬许敦茂先生是为建立中泰友好关系铺路的先驱者。1972年10月中旬和1975年6月，许敦茂又先后以泰国商业部长和国会主席的身份，两次率团访问中国，为中泰建交做出不懈的努力。由于促进中泰的建交，许敦茂在泰国被誉为"泰国的基辛格"。①

1973年6月，泰国乒乓球总会邀请中国乒乓球队访泰。这是新中国成立后，中国派往泰国访问的第一个代表团。泰国政府对此十分重视，副总理巴博元帅、总参谋长他威空军上将、外交部副部长察猜·春哈旺少将（Chatchai Chunhawan，陈姓后裔，祖籍澄海）等高级官员亲自接见和宴请了中国乒乓球队。中泰双方通过乒乓球队的访问，实现了直接接触，泰国舆论界把这次接触称之为现代中泰关系史上的"乒乓外交"。②

1973年10月14日，泰国爆发了大规模的学生运动，导致他侬政府垮台。文官政府执政后，调整了对内对外政策，开始探寻与中国实现关系正常化、建立外交关系的途径。当时的泰国政府高层对于与中国建立外交关系存在两种根本对立的路线。时任民主党党魁披猜·拉达军（Phichai Rattakul，陈裕才，祖籍澄海）在1975年2月23日的一次会议上，力主与台湾断绝关系，与中华人民共和国建立正常的外交关系。③ 外交部长察猜·春哈旺也曾指出，发展中泰友谊，关系到泰国的"国家的生存"，④ 并亲自制定措施，着手实施建交事宜。

1975年6月30日，泰国政府总理克立·巴莫亲王应中国政府总理周恩来的邀请，对中国进行正式友好访问。毛泽东主席、周恩来总理会见了克立总理等泰国贵宾。邓小平副总理同克立总理举行了会谈。7月1日，中泰两国政府领导人在北京签署了联合公报，决定从即日起相互承认，并建立外交关系。中泰两国关

① 朱振明：《许敦茂与中泰关系》，载《泰中学刊》，曼谷：泰国泰中学会，1999年，第33页。
② 朱振明：《许敦茂与中泰关系》，载《泰中学刊》，曼谷：泰国泰中学会，1999年，第33页。
③ 候志勇：《泰中手足情谊万古长青》，载《泰中学刊》，曼谷：泰国泰中学会，1994年，第23页。
④ 朱振明：《中泰关系史概述》，载《泰中学刊》，曼谷：泰国泰中学会，1994年，第17页。

系从此翻开了新的一页。

中泰建交后，泰国的潮州人继续为发展中泰友好合作关系做出自己的贡献。察猜·春哈旺、披猜·拉达军、针隆·西蒙（Chanlong Srimuang，卢金河，祖籍澄海）、班汉·信拉巴阿差（Banhan Sinlapaacha，马德祥，祖籍潮阳）、他信·西那瓦（Thaksin Shinawatra，丘姓后裔）、英拉·西那瓦（Yingluck Shinawatra，他信之妹）等潮人后裔，在他们出任政府要职时，都先后率团访问中国，或到祖籍省亲，促进了两国的相互了解和信任，增进了友谊。

民间的交往更为频繁。中泰建交后，特别是中国改革开放后，中泰两国的友好往来日趋频繁，泰国的潮州人与故乡的联系也日益增多。20 世纪 70 年代末，中泰建交不久，应中国国务院邀请，泰华各姓宗亲总会先后组团访问中国，在泰国影响深远。令人难忘的是，1995 年中泰建交 20 周年时，泰华各界除在泰国举办各种声势浩大的庆祝活动外，还组织了以谢慧如先生为首的庆祝中泰建交 20 周年千人团（后因泰国大选，实际人数约 400 人）到北京旅游，受到了中国政协、外交部、国务院侨办、对外友协等部门的热烈欢迎和热情款待。中国国家主席江泽民还接见了谢慧如先生及其亲属，以及部分团员，在泰华各界产生了深远的影响。2008 年北京申办奥运会，泰国潮州人和其他华人一样，引以为豪，积极给予支持。泰国的北京奥运会的火炬手中，有不少是潮州人，如中华总商会的主席吴宏丰等。潮州会馆主席陈汉士还是泰国曼谷和中国汕头两地的火炬手，成为唯一一位跑过两个国家的北京奥运会火炬手。

第二节　泰国潮州人与泰中文化交流

潮州人移居泰国的同时，既把潮州文化带到泰国，也把泰国文化介绍到中国，促进了中泰文化的交流与融合，有利于潮人与泰国本土人民的和睦相处，增进了中泰友好关系的发展。

大量的潮州人在泰国的存在，使"潮州文化也随之在泰国社会广为流行，以致一般泰国人往往认为潮州话即为中国话，潮州饮食及文化即为中国饮食及文化"①。潮州人在努力保持自己文化特色的同时，也努力将其融入泰国的文化之中，使之成为泰国文化的一部分，促进了中泰人民的和睦相处，有利于潮州人融入当地的社会。潮州人"与泰人通婚并在文化上与泰国文化进行交流融合的华人群体演变成具有经济实力和良好教育的华裔泰人，成为泰国社会的中产阶级，使泰国社会结构更为完善"。泰国的拉玛七世国王（1925—1935 年在位）也曾说

---

① 素攀·占塔哇匿：《序言》，载《泰国潮州人及其故乡潮汕研究计划第二辑：汕头港（1860—1949）》，曼谷：朱拉隆功大学亚洲研究所中国研究中心，1997 年，第 3 页。

过:"实际上,泰人和华人可谓真正的兄弟民族。"① 泰国诗琳通公主曾赞颂中泰友谊是"中泰手足情,绵延千年好"。② 文化的融合,对"中泰一家亲"关系的形成起着胶合剂的作用。尽管泰国政府一度由于意识形态的原因而采取了一些同化政策,但从潮人方面来说,这种文化的融合不是潮人有意推行,也并非通过暴力来实现,而是靠中泰人民在和睦相处的过程中,相互融合,从而达到水乳交融的程度。这其中,既和泰国文化的包容性有关,也与潮人在政治上不会对泰国政府造成危险有密切联系。因为"华侨和平善良、无野心的性格","在暹罗政府看来,同这样的侨民往来是不会产生任何政治上的危险的",③ 这一点,对于当今世界上各民族之间的友好相处有着借鉴的作用。

一、潮剧在泰国生根开花

大量的潮人涌向泰国的同时,也带来了潮剧。潮剧何时传到泰国已很难考证。泰国的修朝先生在《中国戏剧在泰国》一文中,引述了大城王朝时法国使臣戴夹蒙特的助理戴夹西教父在其日记中有关中国戏剧表演的记述:"公元 1680年 11 月 1 日,丰肯(获大城王朝拍那莱大帝赐封'昭拍耶威差然'爵位的西洋人)在其府邸中举行盛宴,祝贺葡萄牙国王……宴毕有各种娱乐表演。这些表演分批进行,计有各种杂耍、舞蹈,最后轮到中国戏的表演。"他认为,这就是泰国有关中国戏剧的最早记录,即在大城王朝的拍那莱大帝(1668—1674 年在位)时期,就已有中国戏剧在暹罗演出。尽管戴夹西教父在其日记中还说明当时的中国戏班是从广东省聘请来的,但这尚不能作为潮剧进入泰国时间的确切证据。④

有名字可溯知的最早到泰国演出的潮剧班是老正和、老双喜,他们大约在19 世纪 80 年代搭乘红头船抵泰。之后众多潮剧团,如正天香、老正兴、老一枝香、中一枝香、老正顺、中正顺、三正顺、老宝顺香、中宝顺香、老赛宝丰、赛永、怡梨、新赛桃源、老赛桃源、老源和、新源和、一天彩、老万年、老梅正兴等,纷至沓来。在耀华力路和石龙军路,由越三振起,到相府内及妈宫前止,曾经有真珠宫、真天、游园、乐天、和乐、大观园、中国、新中国、西湖、东湖、天外天等戏院。这些戏院虽然也演出琼剧和粤剧,但大多数时间是演出潮剧。⑤

① 素攀・占塔哇匿:《序言》,载《泰国潮州人及其故乡潮汕研究计划第二辑:汕头港(1860—1949)》,曼谷:朱拉隆功大学亚洲研究所中国研究中心,1997 年,第 3 页。

② 陈建敏:《我又见到了诗琳通公主》,载《泰中学刊》,曼谷:泰国泰中学会,1999 年,第 9 页。

③ 邓水正:《19 世纪中期以前泰国华人经济概述》,载《泰国潮州人及其故乡潮汕研究计划第二辑:汕头港(1860—1949)》,曼谷:朱拉隆功大学亚洲研究所中国研究中心,1997 年,第 53 页。

④ 修朝:《中国戏剧在泰国》,载《泰国华侨华人史》第二辑,曼谷:华侨崇圣大学泰中研究中心,2004 年,第 38 – 54 页。

⑤ 参阅曾祖武:《潮剧在泰国沧桑史》,载《泰国潮州会馆三十年・论述之部》,曼谷:泰国潮州会馆,1969 年,第 31 – 40 页。

"七世王（1926—1934）及八世王（1934—1946）在位时，是潮州戏在泰国的两个兴旺时期。"① 第二次世界大战后，来自潮州地区农村的大量新移民源源不断涌入泰国。加上潮剧的内容大多以历尽经辛、否极泰来、飞黄腾达、家眷团圆为模式，这对于远离桑梓，在异国他乡艰苦创业，企求日后发达的潮州人来说，很容易产生共鸣。另外，自拉玛四世（1851—1868 年在位）以来，中国传统文学作品传播到泰国后广为流行，尤其章回体小说，被翻译成泰文，而潮剧不少取材于这类章回体小说，两者相得益彰，使潮剧更受青睐。此外，潮剧本身所保存的民族古风和独树一帜的弦乐，更深深吸引了泰国民众。于是在 20 世纪 40 年代中后期，即抗日战争结束后，潮剧在泰国进入了一个黄金时期，一度还成立了潮剧界的行业协会。"潮剧界中人，觉得也有组会必要，希望对潮剧有所改进。由于卢明（导演家）的落力奔走，皆赞成此举。于佛历 2488 年（1944）秋间，在树人学校（九层楼斜对面，即现在国泰戏院范围内）举行会员大会，参加的除在戏院演出的四班之外，站脚戏与走唱戏各艺员，也均参加。到会会员，多至三千余人，为况之盛，连各同乡会也望尘莫及。"② "潮剧在泰国的蓬勃，不仅体现在戏班的众多及戏院的林立，尚体现在专业编剧名家的出现、剧目的推陈出新方面。"③ 这是潮剧在泰国的黄金时期。仅在曼谷的华人聚居区耀华力路，主要的潮剧戏班就有中一枝香、老怡梨春、老梅正兴、中正顺香和老宝顺兴。这五大潮剧戏班在耀华力路天外天街一带的弹丸之地，或互相竞争，或遥相响应，日夜上演，长年不断，几乎场场满座。

1960 年，潮州会馆设立国乐股，"本会馆国乐股一如既往发扬中华文化，继承潮剧艺术传统宗旨，经常演奏新剧，参加侨社各项有意义之活动"。④

1979 年，中国广东潮剧一团在中泰建交后，首次到泰国演出。此后，应邀到泰国演出的中国潮剧团相继不绝。1991 年 1 月中旬至 3 月中旬，潮州市潮剧团曾应邀访问泰国，作为期两个月的演出，创一时之荣耀。直到现在，仍不时有来自潮汕地区的潮剧团到泰国演出。不少潮人社团的活动中，潮剧潮曲演唱仍是不可或缺的内容之一。但总体上讲，潮剧在泰国的景况已今非昔比。其主要的原因，应是潮州人的后代已逐渐泰化，以及电影等新娱乐方式的兴起，使得能够看懂乃至欣赏潮剧者已越来越少。目前，潮剧已成为泰国一个剧种，其演员大多已经不是潮州人，而是当地的佬族人，他们的存在是出于一些酬神活动的需要。

① 修朝：《中国戏剧在泰国》，载《泰国华侨华人史》第二辑，曼谷：华侨崇圣大学泰中研究中心，2004 年，第 46 页。

② 曾祖武：《潮剧在泰国沧桑史》，载《泰国潮州会馆三十年·论述之部》，曼谷：泰国潮州会馆，1969 年，第 39 页。

③ 修朝：《中国戏剧在泰国》，载《泰国华侨华人史》第二辑，曼谷：华侨崇圣大学泰中研究中心，2004 年，第 48 页。

④ 《第十九届第一年度（二五一七）会务报告书》，载《泰国潮州会馆成立四十五周年纪念特刊》，曼谷：泰国潮州会馆，1983 年，第 73 页。

潮剧虽然难以在泰国重现昔日的辉煌，然而，作为中国的一个地方传统戏剧，能够在异国他乡持续兴盛相当长的时期，这在中国的戏剧史中恐无出其右。

二、中医药业在泰国兴起

有关史书记载，中国医药大约在 13 世纪中期的素可泰王朝时传入泰国，当时侨居泰国的华人中，便有通晓医药者。[①] 史金纳在《古代的暹罗华侨》一书中提到，阿瑜陀耶城最受尊敬的医师来自中国，国王的御医也是中国人。[②] 在暹罗，初时"华人不学暹医，暹人不学中医"。[③] 随着中暹两国人民往来的增多和交往的频繁，华侨华人在当地融合的加深，两国医师也互相取长补短。如暹罗的医生使用的药物，中药占 30%，他们亦采用中医的望、闻、问、切的诊治方法；反之，中国医师也吸收泰国的草药，以丰富草药的品种。[④] 为适应中医治疗的需要，泰国药材业兴起。此外，中国的针灸术也流行于泰国，从事这种医业的绝大多数是华侨华裔。[⑤]

泰国王室对中医中药十分重视。早在泰国的大城王朝（1350—1767 年）创立之初，华侨就已在该国的巴耶区开设药材店，中医生是最受欢迎的人，连国王的御医长也是中国人。[⑥] 位于曼谷耀华力路的天华医院，是 1903 年由拉玛五世国王（1868—1910 年在位）批准创建的中医院。1905 年 9 月 19 日下午 6 时，五世王亲自出席并主持天华医院的开幕仪式，并赐该院 8 000 铢经费和柚木大柜，以示祝贺。[⑦] 八世王（1935—1946 年在位）、九世王（1946—2016 年在位）以及诗丽吉王后、诗琳通公主都曾驾临天华医院。此举大大推动了中医中药在泰国的发展。

潮州人为泰国中医药业的发展贡献良多。华侨报德善堂为中医药在泰国的发展做出了重要贡献。在它的支持协助下，泰中医学发展中心成立了。最具规模的泰国中医院及泰国成立最早最大的中医学院都属于华侨报德善堂。泰国的天华医院成立于 1903 年，中华赠医所成立于 1922 年，这两个慈善机构主要以中医药为

---

① 李经纬、林昭庚：《中国医学通史》，北京：人民卫生出版社，2000 年，第 667 页。

② 葛治伦：《1949 年以前的中泰文化交流》，见周一良：《中外文化交流史》，郑州：河南人民出版社，1987 年，第 517 页。

③ 杨文瑛：《暹罗杂记》，上海：商务印书馆，1934 年，第 109 页。

④ 葛治伦：《1949 年以前的中泰文化交流》，见周一良：《中外文化交流史》，郑州：河南人民出版社，1987 年，第 513 页。

⑤ 葛治伦：《1949 年以前的中泰文化交流》，见周一良：《中外文化交流史》，郑州：河南人民出版社，1987 年，第 514 页。

⑥ 吴凤斌：《潮人在泰国的发展与贡献》，见郑良树主编：《潮州学国际研讨会论文集》，广州：暨南大学出版社，1994 年，第 1011 页。

⑦ 参阅《泰京天华医院成立一百周年纪念特刊》，曼谷：天华医院，2004 年。另，柚木大柜现尚保存在天华医院观世音菩萨殿内。

贫困民众义诊。其中，无论是医生还是捐资者，都以潮州人为主体。天华医院历任董事长多数是潮州人。位于曼谷唐人区耀华力越三振的卫元堂药店，已有百年以上的历史。原籍澄海的李松青在曼谷创办李天顺堂，出售中药，并且第一个开设代客煎药、赠医施诊业务，其后代继续经营，成为药业世家。[①] 潮州人林白昔年曾在曼谷三聘街开设一家杂货店，后易名为德恒裕药行。当年最畅销的产品是麒麟牌加楠水，专治泻吐。20 世纪初，拉玛六世国王（1910—1925 年在位）所组建的童子军曾一度有不少人患急性肠胃炎，用该药水得以治愈，林白名声因此大振。由于多次有功于王室，林白家族获得泰王御封的 OSATHANUGRAH 之姓。[②]

目前在泰国从事中医药业的，不少仍是潮州人。"医生多属潮、粤籍贯之人士，药品多为省、港等地区之产品。"[③] 1925 年暹罗中医联合总会成立，1931 年正式注册，同年 4 月 24 日获准成立。泰国中医总会、泰国中医药学会、泰京联华药业工会是全泰开展中医、中医药经营及民间交往活动的行业组织。这些行业组织的领导层以及会员，多是潮籍人士。在华人的主要聚居区耀华力路、石龙军路一带，仍有不少药店在出售中药。一些老侨领，也仍然喜欢用中药的补品来调养身体。

虽然中医药在泰国流传很久，但长期未得到泰国政府正式承认。2000 年，中医药在泰国获得合法地位，泰国中医第一期执业准证是在报德善堂华侨医院颁发的。2002 年，中泰两国达成了协议，正式确立了中医药在泰国的地位，为潮州人在泰国的中医药发展事业中发挥更大作用提供了广阔的天地。2013 年 11 月 30 日，经泰国内务部核准，泰国中医师总会正式成立。该会是在原中医总会的基础上，整合原中医总会、中医药学会、执业中医师公会而成立的一个组织，成为团结和统一全泰国中医师力量的中心，也是一个推动泰国中医事业向前发展、保障泰国人民身心健康和生活幸福的重要卫生组织。目前，泰国共有 8 所大学开办中医专业，还有许多泰国学生到中国学习中医药知识。笔者向泰国中医师总会负责人了解到，至 2016 年底，全泰国已有 900 多人考取了中医师执业执照，其中 70% 是世居泰国的潮州人及其后裔。

---

① 葛治伦：《1949 年以前的中泰文化交流》，见周一良：《中外文化交流史》，郑州：河南人民出版社，1987 年，第 513 页。

② （泰国）《亚洲日报·泰国华人富豪榜》，1995 年 9 月。

③ 恩裕：《中国药品在泰供销忆述》，见《泰中学刊》，曼谷：泰国泰中学会，2001 年，第 99 页。

三、潮人的一些信仰和习俗得到保持，有些已经成为中泰人民的共同习俗

泰国信奉的是小乘佛教，但潮州人和其他华人把中国的大乘佛教也带到泰国，并使之得到发展，与小乘佛教相安无事。最早由潮州人建立的庙宇是1816年在万望（地名）的一座古庙。[①] 在曼谷颇具盛名的龙莲寺始建于1871年，由华僧续行大师倡建，五世王赐予建寺地皮，敕封龙莲寺泰文名，1875年全部建成。

潮州人也把自己的神明带到泰国，如大峰祖师、三山国王、城隍爷、关帝、妈祖、伯爷公、安济圣王等。一些地名也与这些神明有关。如耀华力的龙尾爷街，因街口有一座"龙尾爷"古庙而得名；真君爷街的北端有一座古色古香的中国古庙，奉祀真君大帝塑像；耀华力路东端的海国新村，是华人劳工住宅区，奉祀的神像叫太子爷，神像坐落的小巷便叫太子爷巷；横贯耀华力路和石龙军路的妈宫前巷和妈宫后巷，则有奉祀水神的庙宇。

泰国的许多潮州人，特别是年纪大者，现在仍然过春节、元宵、清明、端午、中秋等中国传统节日，拜祭祖先，祈求平安，并且以节日活动为纽带，加强彼此间的联系与亲情。中国农历除夕夜，仍是许多潮州人合家团聚、围炉送岁的时刻。正月初一，亲友互祝新正如意、新年发财。清明节前后，家家户户到祖宗墓地拜祭祖先，刷新墓碑上已褪色的碑字，锄杂草，培新土，烧香过纸，敬献各种食物，利用这种形式教育子孙后代不忘祖宗。宗亲会则定期举办春秋两祭。五月端午节，包粽子。七月十五日中元节，即佛教所称的盂兰盆会，兼办慈善活动，施舍穷苦百姓，潮人俗称"施孤"，前后延续整个农历七月，办得轰轰烈烈，场面盛大，且成为惯例，年年不断。八月中秋节，拜月、拜祖先，潮州风格的各式月饼、豆沙饼、云片糕、瓜册糖，应有尽有。还有十二月谢神，烧各式各样的纸马，给神明乘坐上天述职，并放鞭炮为神送行。

在伦理方面，许多潮州人仍教育子女要讲孝道，要孝敬父母，孝敬长辈，要尊卑有别，内外有别。家里来客人时，女主人和子女一般不能跟客人一起同桌吃饭，要等男主人与客人一起用餐后再就餐，或者在另桌用餐。婚丧喜庆、生日寿庆、功德法会等，仍然保持潮州的传统习俗，一些习俗保持的完整性，甚至在现时的潮汕地区也很难一见。

潮州人的一些风俗习惯，如做功德（即潮式超度亡灵的仪式）、九皇斋、盂兰盆会、北榄坡春节的舞龙舞狮，以华侨报德善堂为代表的善堂文化，已经成为泰国文化的组成部分。1996年初，泰国国王的母亲逝世时，泰国商联总会联合泰华各界，为其举行了一连十天的潮州习俗的功德法会，场面恢宏，庄严肃穆。

---

① 蓬攀·赞塔罗那暖：《曼谷的神庙和佛寺》，见《历史文集》第八卷，曼谷，1986年，第209页。

笔者其时在泰国工作，曾参与过其中的活动，印象颇深。中国的一些传统节日，泰国人也跟着过。一些商家，还别出心裁，利用这些节日，大做生意。

四、潮州话成了泰国华侨华人的主要通用语言，并对泰语产生影响①

泰国的华侨华人中潮州人居多，而且，潮州人在经贸活动中占主导地位，潮州话也就成了泰国华侨华人的主要通用语言。它不但是群众语言，也是商场语言，并对泰语产生了影响。曾经有过这样一个时期，无论来自中国什么地方的华侨华人，为了更好地在泰国生存发展，都得学讲潮州话。甚至在泰国的印度、巴基斯坦等国家的侨民，为了跟潮州人做生意，也得学习潮州话。至今老一辈的华侨华人中，许多人还以讲潮州话为主。有些人甚至以为潮州话就是中国的国语。

五、潮州菜成为泰国民众的家常菜

潮州菜在泰国非常普及，不但在曼谷的华人聚居区几乎随处可见，而且为泰国各族人民所接受，成为泰国饮食文化中的一部分。一些菜肴在泰语中更是直接用潮州话命名。

潮人家庭里，不少还保持着早餐吃粥配杂咸的习惯。潮州卤味（以澄海的卤鹅为代表），各式潮州小食如鱼粥、粿条、粿汁、牛肉丸、鱼丸等，常见于潮人聚居区的市场或街头巷尾。在菜市场或超级市场，随便都可以买到潮州菜的原料。潮人家庭喜欢的一些小菜也有很大的市场，如橄榄菜、萝卜干、酸菜、咸菜、冬菜、鱼露、鱼干等，味道与潮汕本土基本相同。泰国的潮州人不但自己食用这些小菜，而且很早就将其再精心加工包装，推向世界各地的超级市场。

由于潮人众多，潮州菜馆在泰国十分普遍，几乎所有的中餐馆都经营潮州菜，或者是以潮州菜为主。就连其他菜系的中餐馆，也都受到潮州菜的影响，多少带有潮州菜的风味，才能在泰国立足。特别是在华人的聚居区耀华力一带的中餐馆，更是如此。泰国的潮州菜也受到泰国菜的影响，相对于潮汕本土而言，泰国的潮州菜相对比较甜和辣。

六、支持中国来泰的各类文化活动

近年来，在泰国，经常有来自中国各地的歌舞团、戏剧团、曲艺团、杂技团等各种文化团体的演出，或书画展览等文化交流活动，泰国的潮州人总是给予大

---

① 关于潮州话在泰国的情况，后文将作进一步叙述。

力支持。来自潮汕地区的潮剧团的每次演出，更是与泰国潮州人的支持分不开。1994年，泰国著名大慈善家谢慧如先生庆祝其钻石婚和81岁寿辰时，潮州市潮剧团专门赴泰义演。由于得到了谢慧如先生的赞助，该团阵容壮大，演艺精湛，获得了泰华各界广泛好评。1995年，在谢慧如先生等的大力支持下，中国西安法门寺佛指舍利来到泰国供奉，这是该寺佛指舍利首次出国，创造了万人空巷、争相瞻仰的场面，轰动了全泰国，为中泰文化交流增添了绚丽之花。

七、接受泰国文化的熏陶

泰国的潮州人也受到泰国文化的影响。现在泰国的潮州人，已由"落叶归根"转变为"落地生根"，成为泰籍华人。特别是年轻一代，许多已经不会讲潮州话，而且在很大程度上已经泰化。如男子要到泰国佛寺当一段时间的和尚，相互见面或道别时，和泰人一样，双手合十，互致问候。席地而坐时，也学泰人的屈膝侧坐姿。新店开张，乔迁之喜，必定要请泰国和尚诵经祝福。有些则是中泰合璧。如在过中国传统节日的同时，也重视公历的新年和宋干节（泼水节）、佛诞节、水灯节等泰国传统的节日。潮州人开的商店和个人名片，普遍采用中泰文对照的方式，名字既取中文名，也取泰文名。结婚仪式亦中亦泰，一般要先举行文定仪式，由女方请客；再举行婚礼，由男方宴宾。平时既到华人设立的寺庙中拜神拜佛，在家里设立祖先牌位和地主神位，也到泰国佛寺礼佛、布施和斋僧。老人百年后，要在泰国的寺院里出殡，或按照泰人风俗在佛寺火化，或结合中国传统的做七日、做百日的仪式进行。

八、介绍泰国文化到中国

泰国的潮州人也热心把泰国的文化带到故乡，促进两地的文化交流。由知名潮人谢慧如先生于1990年代初捐建的潮州开元寺泰佛殿，促成了1997年泰国诗琳通公主驾临潮州的访问，成为中泰文化交流史上的一段佳话。由知名潮人郭丰源先生倡导，得到广大泰国潮人捐资2 800多万元支持的潮州淡浮院中供奉着由泰王钦赐的72英寸金佛以及其他来自泰国的珍品。自20世纪90年代中期开工建设以来，泰国王室枢密院大臣素拉育·朱拉暖陆军上将、前总理苏金达·卡巴荣上将、泰国国防学院校友联谊会主席威洛·盛沙尼上将、前副总理庵雷（林日光，原籍潮阳）等政要，以及谢国民、陈汉士、苏旭明、李景河等知名潮籍人士，多次莅潮访问。2005年初，泰国副总理威莎努·柯昂博士还专门率团来潮，为该院第二期工程的落成剪彩。2005年7月初，泰国总理他信也专门率团来潮州访问。如今，泰佛殿、淡浮院等已经成为中泰友谊的结晶，也是泰国潮人为促进中泰文化交流所做贡献的缩影。

第三节　泰国潮州人与中泰经贸

长期以来，潮州人在中泰之间的经贸往来中做出了重要的贡献。红头船、樟林港、汕头港、大米贸易等，记载着潮人在中泰经贸活动中的历史轨迹。在暹罗，由于实行萨迪纳制度，人身依附关系较为严重，能够外出经商的人不多。在中泰贸易中，以潮州人为体的华人扮演了重要的角色，担任暹罗来华贡使和通事的华人也特别多。

自素可泰王朝起，暹罗就向中国入贡。第一次朝贡是在元朝元贞元年（1295），最后一次入贡是在清朝咸丰三年（1853），历经元、明、清三朝，前后共 500 多年。[①] 明清两朝，中国出于封建大国的思想，对海外各国的朝贡都实行"薄来厚往"，"加惠于远人"，以达到"怀柔远人"的政治目的。[②] 朝廷允许暹罗入贡时，除贡品外，可以挟带不限量的压仓货物，免税在中国销售，并允许暹罗贡船购买中国货物带回去。朝廷每次对暹罗国王和贡使的回赐，价值远远超过贡品。因此，暹罗对中国的朝贡，其实是一种朝贡贸易，是暹罗王室对中国贸易的重要方面。不仅在政治上和中国修好，获得中国的支持，还在经济上获得重大的利益。"因该国人不谙营运，是以多请福潮船户代驾。"[③] 由于具有经商理财、航海驾船和其他方面的生产技术，加上语言方面的有利条件，来自闽粤沿海的潮州人与其他华人移民，成为暹罗王室以外参与朝贡贸易的最佳人选，扮演着重要的角色。"王室的帆船贸易成为泰国的重要收入来源，得到旅泰华人的鼎力协助，由华人担任造船工匠、大副、领航员和水手。泰人不像华人那么擅长航行，有时短期行程有泰国水手参与，但远航需要更高的能力，水手几乎全是华人。此外，由于华人往来于各个口岸，更熟悉市场与价格，因此王室和权贵的商船贸易也大多由华人经营管理。"[④]

祖籍澄海的郑信建立吞武里王朝后，泰国国内初安，就立即着手发展与清王朝的贸易关系。1781 年，郑信派人带公文到广东，希望发展暹罗与中国的贸易。而"当时澄海县和新会县出海的商船较多，久负盛名的红头船活跃在中暹贸易的航线上"。[⑤]"在吞武里王朝有一个从事商务并与泰皇室有密切关系的潮州商人，

①　邓水正：《19 世纪中期以前泰国华人经济概述》，载《泰国潮州人及其故乡潮汕研究计划第二辑：汕头港（1860—1949）》，曼谷：朱拉隆功大学亚洲研究所中国研究中心，1997 年，第 56 页。

②　邓水正：《19 世纪中期以前泰国华人经济概述》，载《泰国潮州人及其故乡潮汕研究计划第二辑：汕头港（1860—1949）》，曼谷：朱拉隆功大学亚洲研究所中国研究中心，1997 年，第 56 页。

③　陈历明：《明清实录潮州事辑》，香港：艺苑出版社，1998 年，第 216 页。

④　巴帕松·谢维昆：《从黄河到湄南河》，曼谷：阿玛林大众有限公司，2005 年，第 56 页。

⑤　余定邦：《潮州人、潮州港口与清代中暹交往》，载郑良树主编：《潮州学国际研讨会论文集》，广州：暨南大学出版社，1994 年，第 777 页。

名叫黄赖夫，膝下有两个儿子，大儿子名为茂盛，因效忠于郑王，遂获封为銮阿派帕匿爵位，有权以泰皇室的名义派 11～15 艘帆船至广东进行贸易，有权自行造船。小儿子名郎，是尖竹汶府富豪，后来也获封爵衔。"① "王霖武（音译）是春武里的大富豪，封为'帕宝猜雅瓦滴'，负责制造帆船，每年还跟随商船到中国，同时还获得自柬埔寨到马来半岛暹罗湾沿岸自然资源的特别权利。当时华人共拥有 30 多艘船，把尖竹汶的胡椒送到吞武里的皇家商船。"②

从素可泰王朝至 19 世纪上半叶，泰国对外贸易的主要对象是中国。17 世纪末叶，清朝开海禁之后，澄海的樟林港成了中泰之间大米贸易的一个重要港口。"行走外洋的红头船，多以泰国为目的地，从泰国运入大米、木材和其他土产；从樟林运出陶瓷、土布、干果、糖、盐等物货。"③ "据中国官方记录，1831 年由广东省出发到泰国的船只全部 846 艘，其中来自潮汕地区者占达 300 艘。"④ "始自清乾隆皇帝缓解国内自然灾害，米粮失收而造成粮荒，大量向泰国购进'暹罗米'时，潮人（尤以澄海人）便在中泰大米贸易中起过重要的作用，当 19 世纪末至 20 世纪初潮人不断涌入泰国之后，随着泰国稻米商品生产和出口贸易的发展，遍布泰国城乡的稻米收购、加工、销售和出口的网点几乎全是由潮人经营。"⑤ 1861 年，汕头开埠后，潮州地区与海外贸易的港口转移到汕头。20 世纪上半叶，"泰国对华贸易输出市场方向主要是在广东地区，汕头港是最重要的输出目的港"。"1910—1941 年间，泰国对汕头输出值占对华输出总值平均为74.8%。"⑥ 汕头港因之成为中泰交往的重要口岸，成为泰国对华贸易的主要输出目的港。樟林港和汕头港在中泰贸易中的重要位置，显然与在泰国存在人数众多的潮籍华人有密不可分的关系。

在现代的中泰经贸往来中，泰国潮人一方面依靠历史上形成的联系，另一方面凭借着他们与祖籍的血缘地缘关系，继续对促进两国的经贸往来起着独特的桥梁作用。1975 年中泰建交时，中泰两国的贸易额只有 3 000 万美元，主要是大米、食糖、橡胶和水泥等一般农副产品和初级产品的贸易，数量不小，金额不

① 旺威帕·武律叻达纳攀等：《吞武里王朝和曼谷王朝初期泰国社会中的潮州人》，载《泰国潮州人及其故乡潮汕研究计划第一辑：樟林港（1767—1850）》，曼谷：朱拉隆功大学亚洲研究所中国研究中心，1991 年，第 74 页。

② 巴帕松·谢维昆：《从黄河到湄南河》，曼谷：阿玛林大众有限公司，2005 年，第 41 页。

③ 张映秋：《潮汕澄海人移殖泰国的历史发展》，载《泰国潮州人及其故乡潮汕研究计划第二辑：汕头港（1860—1949）》，曼谷：泰国朱拉隆功大学亚洲研究所中国研究中心，1997 年，第 29 页。

④ 旺威帕·武律叻达纳攀等：《吞武里王朝和曼谷王朝初期泰国社会中的潮州人》，载《泰国潮州人及其故乡潮汕研究计划第一辑：樟林港（1767—1850）》，曼谷：朱拉隆功大学亚洲研究所中国研究中心，1991 年，第 72 页。

⑤ 陈树森：《祖籍潮州的泰国华人对泰国米业发展之贡献浅析》，载郑良树主编：《潮州学国际研讨会论文集》，广州：暨南大学出版社，1994 年，第 667 页。

⑥ 罗晓京：《1910～41 年泰国对华贸易与汕头》，载《泰国潮州人及其故乡潮汕研究计划第二辑：汕头港（1860—1949）》，曼谷：朱拉隆功大学亚洲研究所中国研究中心，1997 年，第 61 - 62 页。

大。此后，双方经贸合作的规模不断增大，领域不断扩大。中国驻泰国大使馆商务参赞处的资料显示①，据中国海关统计，2011年中泰双边贸易额已达647.4亿美元，增长22.3%。其中，中国出口257亿美元，进口390.4亿美元，分别增长30.2%和17.6%。2014年，中泰双边贸易总额726.7亿美元，同比增长2.6%，其中国向泰国出口342.9亿美元，同比增长4.8%，中国从泰国进口382.1亿美元，同比下降0.3%，中方贸易逆差39.2亿美元，中国目前是泰国第二大贸易伙伴、第一大出口市场和第二大进口来源地；泰国是中国第十五大贸易伙伴。据中国海关统计，近年来，中国对泰国出口的商品主要类别包括电气设备及零件、机械设备及零件、钢材、光学仪器设备、自动化数据处理设备、有机化学品、塑料及制品、钢铁深加工产品、交通运输设备及配件、家具及家居用品，中国从泰国进口的商品主要类别包括自动化数据处理设备、天然橡胶、电气设备及零配件、电子集成电路、塑料及制品、机械设备及零配件、有机化学品、合成橡胶及制品、能源类矿产品、木薯。

据中国商务部统计，2013年中国企业在泰国新签承包工程合同99份，新签合同额22.79亿美元，完成营业额13.19亿美元；当年派出各类劳务人员1 985人，年末在泰国劳务人员2 645人。新签大型工程承包项目包括华为技术有限公司承建泰国电信、中国石油天然气管道局承建泰国那空沙旺项目、中国水电顾问集团中南勘测设计研究院有限公司承建EA太阳能90MWEPC项目等。截至2013年底，中国企业在泰工程承包累计签订合同金额为119.24亿美元，完成营业额74.9亿美元。主要涉及电力、轨道交通、太阳能电站、能源管道等。2014年当年中国对泰国直接投资流量3.65亿美元。截至2014年末，中国对泰国直接投资存量19.94亿美元。2014年，泰国企业对中国投资流量6 052万美元，同比下降87.47%；截至2014年末，泰国企业累计对华直接投资40.13亿美元。

应当指出，中泰经贸合作的发展，与泰国潮人的努力是分不开的。与中泰贸易往来关系密切的泰华进出口商会、泰中促进投资贸易商会、泰国中华总商会，以及一些行业商会等社团，成员绝大多数是潮籍人士。在华投资额最大的正大集团，以及盘谷银行、泰华商业银行、顺和成集团、泰万盛冷冻食品集团等主要财团，都是属于泰国潮人或以潮人为主体的财团。另外，中国在泰国的合作对象大多也是泰籍潮人。

正大集团是原籍澄海的泰籍华人谢国民家族创办的知名跨国企业，在中国以外称作卜蜂集团（Charoen Pokphand Group）。正大集团是一家以农牧食品、零售、电信三大事业为核心，同时涉足金融、地产、制药、机械加工等10多个行业领域的多元化跨国集团公司，投资和服务分布到100多个国家和地区，员工超过30万人，2016年集团销售额达500亿美元。

---

① 见中华人民共和国驻泰王国大使馆经济商务参赞处网站，http：//th.mofcom.gov.cn/。

作为中国改革开放后第一家在华投资的外商企业，30 多年来，正大集团秉承"利国、利民、利企业"的经营宗旨，积极投身中国改革开放事业，并不断加大在华投资力度。截至目前，正大集团在中国设立企业 300 多家，下属企业遍及除西藏、青海以外的所有省份，员工超过 8 万人，总投资超 1 100 亿元，年销售额近 1 000 亿元。拥有正大饲料、正大食品、正大鸡蛋、正大种子、卜蜂莲花、大阳摩托、正大广场、正大制药、《正大综艺》等具有广泛知名度的企业、品牌和产品。正大集团已成为在华投资规模最大、投资项目最多的外商投资企业之一。

正是由于以潮州人为主体的泰国华人的桥梁作用，中泰之间的经贸合作不断发展，前景良好。经贸往来的良性互动，对于促进中泰友好的发展具有积极的意义。

第二章
泰国潮州人社团

第一节　潮州人社团概况

早期到泰国的华侨华人，为在社会上谋求生存，多联合起来，成立各种团体，并推举他们当中的一个人作为领头人。何处需要雇工，就由领头人出面与之进行洽谈派工。发工钱时，先扣除房租及伙食费，包括领头人的工资。一切费用均扣除完毕后，就把剩余的钱分给属下人员。"1848 年在北柳城就曾出现大兄帮会组织的根子，借以反抗统治当局。当时正值曼谷王朝拉玛三世时期，该组织的首领系潮州人，名叫辛通。"[①] 这些早期的团体，多少带有帮会的性质，但也是后来的社团的前身。

泰国的华侨华人很早就建立起各种社团。如广肇会馆创立于 19 世纪 70 年代。[②] 泰华进出口商会创建于 19 世纪中期，其前身是暹罗汕头郊公所，1925 年改名香叻汕公所（俗称三郊公所），1966 年再改名为泰华进出口商会。[③] 比较成熟的泰华社团出现在 20 世纪初，如中华总商会成立于 1910 年，[④] 福建会馆成立于 1912 年，[⑤] 大量涌现于第二次世界大战结束之后，遍布泰国各地和各行各业。根据 20 世纪末泰国官方的统计，泰国华侨华人社团总数在 2 000 个以上，仅曼谷

---

① 旺威帕·武律叻达纳攀等：《吞武里王朝和曼谷王朝初期泰国社会中的潮州人》，载《泰国潮州人及其故乡潮汕研究计划第一辑：樟林港（1767—1850）》，曼谷：朱拉隆功大学亚洲研究所中国研究中心，1991 年，第 78 页。

② 刘国荣：《泰国广肇会馆史略》，载《泰国广肇会馆成立 120 周年纪念特刊》，曼谷：泰国广肇会馆，1997 年，第 53 页。

③ 许茂春：《东南亚华人与侨批》，曼谷，2008 年，第 42 页。

④ 佚名：《泰国中华总商会八十五周年》，载《泰国中华总商会成立八十五周年暨新大厦落成揭幕纪念特刊》，曼谷：泰国中华总商会，1995 年，第 105 页。

⑤ 佚名：《本会八十年要略》，载《泰国福建会馆庆祝成立九十周年纪念特刊》，曼谷：泰国福建会馆，2003 年，第 102 页。

就有 400 个左右。① 由于泰国的华侨华人以原籍广东省潮汕地区的潮州人居多，所以这些华侨华人社团大多是潮州人的社团。泰国的潮州人热心于社团的活动，把社团组织作为他们社会活动的舞台，参与社团活动已成为他们日常生活的一个重要内容。这些社团及其活动情况，是了解泰华社会的窗口之一。有关泰华社团的研究，前贤已做了不少贡献，他们的成果为后学者提供了基础和启示。②

一、社团的分类

泰国潮人社团众多，遍布泰国各地和各行各业。运用不同的划分标准，会有不同的结果。笔者认同按"五缘"（地缘、血缘、业缘、善缘、文缘）关系划分，大体上可分为同乡会、宗亲会、行业公会、慈善宗教团体和文化教育团体五类。

1. 同乡会——以地缘关系结合起来的社团组织

同乡的地域概念不一定与国内现有行政区划相同。一般按其成立时原乡的地域范围为界，而不随其后的变化而调整。如，潮州的地域范围，仍按清末民初潮州府的地域范围。现属澄海的隆都，以及潮安的凤凰，原属饶平，因而在泰国这两个地方仍归属饶平范畴；潮阳县现已分成潮南区、潮阳区，但在泰国仍只有潮阳同乡会，等等。在泰国 70 多个府中，现在基本上都有潮人的同乡会组织，如合艾潮州会馆、泰国潮安同乡会清迈分会等。"可以说在泰国，大大小小的潮人同乡组织，星罗棋布，遍布于泰国各地。"③

（1）依原潮州府地域设立的同乡会。潮州会馆，是泰国最大的同乡会，也是泰国潮人的最高同乡组织。1936 年秋，旅泰潮籍侨领蚁光炎、赖渠岱、郑子彬、余子亮、陈景川、廖公圃等 55 人倡议成立潮州会馆，并推选蚁光炎、陈景

---

① 范如松：《东南亚华侨华人》，北京：世界知识出版社，1999 年，第 201 页。

② 关于泰华社团的研究，可参阅张映秋：《泰国华人社团模式的演变》，载《汕头侨史论丛》第三辑，汕头：汕头华侨历史学会，1998 年，第 33 - 51 页；沈顺：《浅析泰国华人华侨社团的产生、变化和发展趋势》，载《汕头侨史论丛》第三辑，汕头：汕头华侨历史学会，1998 年，第 52 - 69 页；范如松：《东南亚华侨华人》，北京：世界知识出版社，1999 年，第 200 - 213 页；张应龙：《海外潮团发展报告》，广州：广东人民出版社，2015 年，第 38 - 70 页；徐仲熙：《略述泰国华人社团》，载《泰国华侨华人史》第二辑，曼谷：华侨崇圣大学泰中研究中心，2004 年，第 233 - 258 页；杨永安：《论潮籍人士在泰国的社群关系——以曼谷潮州会馆为中心》，载李志贤编：《海外潮人的移民经验》，新加坡：新加坡潮州八邑会馆、八方文化企业公司，2003 年，第 458 - 483 页；林悟殊：《泰国大峰祖师崇拜与华侨报德善堂研究》，台北：淑馨出版社，1996 年；黄挺：《十六世纪以来潮汕的宗族与社会》，广州：暨南大学出版社，2015 年，第 238 - 254 页；林风：《论"五缘"关系与泰国社会华侨华人族群》，载《泰国潮州人及其故乡潮汕研究计划第二辑：汕头港（1860—1949）》，曼谷：朱拉隆功大学亚洲研究所中国研究中心，1997 年，第 83 - 97 页；陈思慧、郑一省：《泰国的客家人与客属总会》，《八桂侨刊》2014 年第 1 期。

③ 《泰国潮州会馆六十周年会务概述》，载《泰国潮州会馆成立六十周年纪念特刊》，曼谷：泰国潮州会馆，1998 年，第 155 页。

川、陈守明、萧介珊、赖渠岱、蔡乐斯、曾仰梅等 7 人为筹备委员，蚁光炎为主任，着手进行筹建工作。经一年多的努力，1938 年 2 月 14 日泰国潮州会馆宣告成立。陈景川、廖公圃分别荣任第一届的正、副主席，蚁光炎、余子亮分别负责财政和秘书。根据会章，每届为二年，采取执监委制，1970 年改为执委制。

（2）依县级地域设立的同乡会。在泰国，历史上潮州府所辖的潮安、潮阳、揭阳、澄海、普宁、大埔、丰顺、惠来、饶平等九县均先后成立各自的同乡会，南澳也曾成立了同乡会筹备会，一起被俗称为"十县同乡会"。① 潮安同乡会是最早成立的县域同乡会组织。各县同乡会在泰国各府设立相应的分会或联络处。

（3）依乡村地域成立的同乡会。如普宁的白沙陇乡亲会、澄海建阳乡联谊会、潮安的北关乡乡亲会、潮阳玉峡溪尾同乡会、澄海银砂十三乡辅益社、丰顺留隍同乡会等。现在潮安的归湖镇、赤凤镇和文祠镇，历史上曾称为登荣乡，在泰国则有登荣乡亲会。

2. 宗亲会——以血缘为基础的社团

1959 年，丘氏宗亲总会成立，成为泰国最早成立的合法宗亲会组织。其宗旨是"报本崇功，联络同宗感情，互惠互助，共谋同宗福利，促进中泰亲善，致力社会慈善公益"，并制定四项目标：建设宗祠，开办学校，设立医院，创办山庄。② 之后，泰华各姓氏宗亲会相继成立，并向政府正式注册为合法团体。这些宗亲会的成员，大多是潮州人及其后裔。

各姓氏宗亲会的宗旨多为"遵守泰国法令，阐明中华文化。忠、孝、仁、爱、信、义、廉、耻。扩组织，知廉耻，作为侨社团结之桥梁。栽培教育中泰子弟，协助政府福利工作，效忠政府，献身建设，共策经济之繁荣"。③ 目前，在泰国有丁、刁、方、王、丘、田、朱、余、吴、李、杜、汪、沈、吕、巫、周、林、金、范、侯、姚、洪、纪、胡、孙、徐、连、马、高、韦、袁、翁、张、梁、庄、许、郭、陈、曾、黄、彭、温、杨、邹、廖、叶、熊、刘、蔡、邓、郑、卢、赖、谢、钟、萧、罗、苏、魏、蚁氏宗亲总会，蓝氏也曾成立过宗亲总会。还有六桂堂宗亲总会、龙岗亲义总会、舜裔宗亲总会、萧叶钟氏宗亲会等。龙岗亲义总会由刘、关、张、赵四姓组成，以三国时期刘、关、张、赵四姓结义为亲缘。六桂堂宗亲总会则是方、汪、洪、翁、江、龚六姓的宗亲组织，据称六

---

① 南澳在泰国的人数较少，同乡会组织一直不健全。1926 年即成立有澳公所。1973 年，由吴承波邀请林孝先、陈友梅、章梦龙等组织同乡筹备会，选出林孝先为理事长，吴承波为副理事长，因组织不健全而解体。1978 年 4 月 9 日，再次成立南澳同乡筹备会，选出林孝先、杨兆麟二人为顾问，吴承波为正主任，章梦龙、林献文为副主任，恢复活动。吴承波逝世后，该会的会务也告终结。目前，由于兴宁会馆的加入，一般称"各县同乡会"。

② 佚名：《泰华各姓宗亲总会联谊会成立二十二周年纪念特刊》，曼谷：泰华各姓宗亲总会，1992 年，第 66 页。

③ 丁家骏：《献辞》，载《泰华各姓宗亲总会联谊会成立二十二周年纪念特刊》，曼谷：泰华各姓宗亲总会，1992 年，第 7 页。

姓原为同宗，源于宋乾度公。舜裔一般指虞、姚、胡、陈、田、袁、孙、车、陆、王十个姓氏。

此外，还有一些小区域性的宗亲会组织，如潮安铁铺、官塘两镇的秋溪陈氏延华堂、古巷乡陈氏族亲会，以及黄氏江夏宗亲总会、北榄龙江亲义慈善会、港头乡张氏家族总会、普宁泥头沟乡张氏族亲会、潮阳谷饶乡张氏族亲会。

3. 行业公会——以业缘为基础的工商社团

这类工商团体组织很多，涉及面广，仅曼谷一地就有60多个，有的以互助社形式出现，有的以行业公会结社。潮州人善经商，故不少工商团体虽已是泰、华混合，但实际是以泰籍潮人为主体。如华商联谊会、泰华进出口商会、纸商簿业公会的成员几乎全是潮州人。

成立于1910年的泰国中华总商会是泰华社会中最具实力和影响力的社团之一，潮州人在其中占了大多数。泰国中华总商会的宗旨是促进国内外工商业发展；协助会员在泰国商会法律规定的范围内谋求工商业利益；协助增进会员与相关机构，或其他贸易组织机构的交流和合作；收集、摘录与工商业有关的统计资料和信息，作为在工商界中对贸易研究与其发布的根据；调解会员间商业纠纷，如双方同意接受调解，则予以仲裁；从事社会公益事业；设立经济贸易研究机构，履行法律规定商会应遵守的条款；不参加政治活动。[①] 该会现有团体、商号和个人会员数千人，大都是泰国知名的华商。1966年4月，泰国政府颁布新的商会法，规定所有商会必须重新登记立案。故当时该会将第三十届会董会改为新的第一届会董会。"泰国中华总商会，是一个经济成员的组织，但，随着时代的进步，它的性质已趋向多元化。"[②]

4. 慈善宗教团体——以善缘为基础的社团

泰国是佛教国家，崇善成风，潮人的慈善宗教团体遍布泰国各府。这些团体在泰国口碑很好，对社会贡献很大。它们有的是以宗教信仰为号召，进行救死扶伤、赠医义葬等慈善事业，如华侨报德善堂、世觉善堂、玄辰善堂、道德善堂、崇德善堂、泰国蓬联总会、佛教众明慈善联谊会、泰国德教慈善总会等。有的则由泰华各界人士捐款设立场所，收容华侨华人中的孤寡孺幼，或救济贫困华侨华人，如北榄养老院、挽卿养老院、华侨孤儿院、华侨妇女养老院、中华赠医所、泰京天华医院等。

许多潮人社团也在其内部设立慈善机构。如潮州会馆设立潮州慈善会，揭阳会馆设立榕江慈善福利会，饶平同乡会设立凤凰慈善会，普宁同乡会设立海外青山慈善会（该会与普宁同乡会曾有分分合合的过程）等。还有许多以个人名义

---

① 泰国中华总商会网站，http：//www.thaicc.org。

② 谢慧如：《献词》，载《泰国中华总商会成立八十五周年暨新大厦落成揭幕纪念特刊》，曼谷：泰国中华总商会，1995年，第4页。

设立的慈善机构，如余子亮慈善基金会、郑子彬基金会、陈弼臣慈善基金会等。至于因某项救济活动而临时成立的慈善机构，则不时应运而生。

最具代表性和最具规模的泰华慈善机构是华侨报德善堂（俗称报德堂）。报德善堂最初与潮州地区早期的善堂相似，从事收殓路毙尸骸、河中死尸及为贫苦无力者收埋死尸等慈善工作。后来事业不断发展，不但殓尸义葬，救灾济贫，施医赠药，还创办了华侨医院，兴办大学，成为目前泰国最大的民间慈善机构，在泰国享有极高的声誉。在泰语中，报德善堂直接以潮语发音。

5. 文化教育团体——以文缘为基础而成立的社团

这类社团有的以文会友，自成一体，如泰国华文作家协会；也有类似行业公会性质的，如泰华报人公益基金会、华文教师公会、泰国华文民校联谊会、记者报业协会和文体类的太极拳健身总会、象棋总会等。而更多的是各种校友会，既有泰国早期华文学校的校友组织，如中华中学校友会；也有曾在中国读书的学生所组织的校友会，如潮州金山中学校友会、汕头聿怀中学校友会、潮州韩师校友会、黄埔同学会、暨南大学校友会、中山大学校友会、泰国留学中国校友总会等。

泰国华文作家协会成立于1986年，初名为泰华写作人协会，1991年改为现名，简称"泰华作协"。该会曾举办过世界微型小说研讨会、亚细安华文文艺营及作品比赛等活动，出版《泰华文学》双月刊。2001年3月3日，该会在曼谷举行成立15周年会庆暨《千禧文丛》发布会，来自泰国各界人士800多人出席了庆典活动。《千禧文丛》共包括32本单行本，是泰华作协32位会员的文集。泰华作协的会员都是从事华文文学创作的业余作者。他们一方面赚钱营生，一方面孜孜不倦地进行文学创作。其作品或在海外华文报刊发表，或在泰国以及中国大陆、台湾、香港、澳门地区出版。司马攻，本名马君楚，原籍潮阳，是一位织造业企业家；梦莉，原名徐爱珍，是一位知名船运业企业家，祖籍澄海东陇镇。他们都是泰国著名华文作家，曾经先后担任过该会的会长。

二、社团的历史和现状

具有现代意义的泰国潮州人社团形成于20世纪初，大量出现于"二战"结束后，目前不时还有新的社团组织出现。

1. 历史悠久，机构健全

早在19世纪中期，暹罗汕头郊公所就创立了，1925年改名香叻汕公所（俗称三郊公所），1966年再改名为泰华进出口商会。[①] 1910年，当时的著名侨领郑智勇（即"二哥丰"，原籍潮安凤塘）等12人发起成立了泰国华侨报德善堂。

---

① 许茂春：《东南亚华人与侨批》，曼谷，2008年，第42页。

1910 年泰国中华总商会成立。潮安同乡会的前身是创立于 1911 年的潮安互助社和潮安研究社，两社于 1927 年组成潮安辅益社，1947 年改称潮安同乡会。泰国潮州会馆则成立于 1938 年。潮属各县同乡会和许多宗亲会，以及其他众多社团，大多是在"二战"后成立的。

潮人社团不但历史悠久，而且机构健全。如潮州会馆设立执行委员会，作为会馆的领导核心，由主席、副主席、秘书、财政、常委、执委等组成，每届任期两年。执行委员会下设财务、会产保管、庙产、工商、调解、山庄、教育、体育、福利、文娱、宣传、妇女、文物、医务、青年十五个委员会。有的委员会还下设相关的股组，如体育委员会下设太极健身组、篮球组、羽毛球组、跑步健身组；文娱委员会下设灯谜组、歌唱组、交际组、潮乐组；文物委员会则设有书画组、诗学组、文学组、侨史组、影艺组等。日常事务由办公厅办理，总干事负责。潮州会馆还拥有山庄（即坟场）、学校等。现会址建成于 1978 年，坐落在曼谷沙吞县谷庄仁集路越卜一巷 1/1 号，是一座富有中国宫殿风格的五层大厦，富丽堂皇，宏伟壮观。

泰国华侨报德善堂设有慈善、教育、医疗、福利等多项基金，建有一栋高 22 层、有 700 张床位、可用直升机救护的现代综合医院，办有一所现代化的综合大学——华侨崇圣大学，以及拥有万余亩地产、数亿铢基金的庞大慈善机构。

其他各潮人社团一般都机构健全，有自己的固定会址和常设机构，设立总干事负责日常事务。各县同乡会一般都拥有山庄和学校等。

2. 形成中心，一呼百应

在长期的发展过程中，泰国的潮人社团已经形成相对固定的领导中心。这种中心体现在两个方面：一是各社团之间有领导中心，二是各个社团内部有领导中心。这种中心的形成，使泰国潮人社团及其领导人之间能够维持相对的团结和互相尊重，从而维护了潮人整体上的团结和合作。

（1）社团之间的中心。长期以来，泰华社会的许多重大事务，通常都是由泰国中华总商会、潮州会馆等重要社团单独或联合牵头举办。或者说，这两大社团处于泰华各社团的领导核心地位。

泰国中华总商会虽然是业缘性的社团，但由于第二次世界大战前中国没有驻泰使节，该会出面处理了许多有关中国侨民与当地政府之间的重大问题，如为中国侨民申办居留、推介工作等，实际上履行了使领馆部分职能，"中华总商会成立没几年，所获得的权利和义务就远远超过西方国家同一形式的团体，成为华人最重要的组织、代言人"，[①] 在华侨华人中享有崇高威望。同时，也因为它的成员大多是泰华的重要商家，在泰华社会中具有举足轻重的地位。泰国前总理乃挽限·信拉巴阿差在祝贺中华总商会成立八十五周年时曾说："泰国中华总商会之

---

① 巴帕松·谢维昆：《从黄河到湄南河》，曼谷：阿玛林大众有限公司，2005 年，第 111－112 页。

历史已届八十五周年，作为泰国华侨华裔商人之联络中心，以对泰国之社会作出贡献，也向全球各地沟通联络。尤其是对于中国，在二次世界大战之前，中泰两国仍没有外交关系，这一中华总商会则履行了中国大使之任务，以沟通当时之暹罗政府及后之泰国政府，为时十年。由此可见泰国中华总商会之重要性。"①

1964 年，鉴于当时各县同乡会纷纷成立，彼此之间需要相互协同沟通，时任泰国潮州会馆主席苏君谦倡导举办"常月餐会"，即各同乡会首长联谊餐会，由潮州会馆和各同乡会轮流做东，磋商会务，开展工作，并由此而形成制度，坚持不懈。"这一制度的建立，使潮人众多的同乡组织从高层到基层形成一个整体，信息相通，行动统一，更加有力促进了潮人的团结一致。"② 由于潮州人在泰国人数众多，潮州会馆不但是潮人的最大同乡会，也是泰华九属会馆中的"龙头"。③

慈善机构以华侨报德善堂为核心，组成"泰国各侨团联合救灾机构"。每当泰国或中国发生自然灾害，联合救灾机构总是积极联合泰华各界，踊跃捐款捐物，支援灾区。该机构是由报德善堂联合全泰主要社团，包括总商会、各属同乡会、各姓宗亲会、各报社、各慈善团体、各宗教团体共 40 余社团组成的，是一个具有社会代表性的慈善机构。

1970 年，泰华 14 个姓氏的宗亲总会组成一个协调机构——泰华各姓宗亲总会联谊会，成员由各姓宗亲会的正副首长组成，采取轮值制。其后，随着其他姓氏宗亲会的成立和加入，联谊会的成员也不断增加。2002 年 7 月 18 日，联谊会设立固定会址于曼谷挽叻石龙军路第四十七之三巷宝石大厦十六楼，并隆重举行会址揭幕盛典。2006 年 5 月 17 日，泰华各姓宗亲总会联合会（简称"宗联会"）新第一届执委举行就职典礼，黄汉良先生荣膺新第一届执委会主席。宗联会实现从联谊会到联合会的转型，成为泰华社会中的一个重要社团。

除了全国性的社团，外府的潮人社团，也有相似的情况。如呵叻的乐善善堂明仁善坛、泰南合艾十三侨团联合机构、佛丕府的七侨团联合机构等，都是当地社团的领导中心。

（2）社团内部的中心。各潮人社团的主要领导人（主席、会长、理事长）和董事会、理事会，成为该社团的领导核心。理事会、董事会的成员，由社团成员选举产生，一般是每两年改选一次。其主要领导人通常由德高望重者担任，任

---

① 乃挽限·信拉巴阿差：《贺词》，载《泰国中华总商会成立八十五周年暨新大厦落成揭幕纪念特刊》，曼谷：泰国中华总商会，1995 年，第 11 页。

② 《泰国潮州会馆六十年会务概述》，载《泰国潮州会馆成立六十周年纪念特刊》，曼谷：泰国潮州会馆，1998 年，第 155 页。

③ 泰国按大地域分别成立的其他同乡会还有客属会馆、广肇会馆、福建会馆、海南会馆、江浙会馆、台湾会馆、广西会馆和云南会馆，它们与潮州会馆一起被称为"九属会馆"。近年来，由于其他省份新移民的增加，相应出现了一些大地域同乡会，但由于为数尚少，目前仍无法与九属会馆并列。

期与理事会、董事会相同。也有的社团领导人连选连任，任期长达十几年，造成社团领导层老龄化。近年来，不少潮人社团将主要领导人的任职期限调整为每届任期两年，只许连任两届。华商联谊会则规定其会长每届任期两年，不得连任。

（3）社团总干事（秘书）是社团中的重要骨干。泰国潮人社团的领导多是富有的老板，这些人大多文化程度不高，或难以兼懂中泰两种文字，加上平常有自己事业，一般很少顾及社团中的日常事务。社团中的函件往来，或其他日常事务，总是交由总干事（秘书）处理。因而社团总干事是泰国潮人社团中不容忽视的力量。社团的成败与否与总干事的关系甚大。宗亲会的总干事们还成立泰华各姓宗亲总会总干事联谊会，以"联络感情，交换知识，发展会务，推动泰华慈善公益事业，促进中泰亲善"为目标,[①] 于每月第一个星期六中午举行活动。

3. 会务活跃，形式多样

泰国潮人社团的会务活动十分活跃，形式多种多样。潮人社团的会务活动，概括起来，主要有：

（1）组织或参与有关中、泰两国的重要节日（包括宗教节日）或社团的周年纪念等庆典活动。如国王、王后生日，各社团组织到王宫签名致贺。1995年6月上旬，各潮人社团和泰华各界人士举行崇庆国王登基50周年盛典大会，有几万人参加了在曼谷的王家田举行的盛大集会。会上以中国传统的仪式向泰国王祝寿，并放飞和平鸽，燃放焰火，放映电影，表演各种文娱节目，同时举行声势浩荡的游行，盛况空前。1995年，王太后逝世时，各潮人社团又专门举办一连十天的"功德会"，以潮汕地区的传统仪式，为王太后做功德。1995年中泰建交20周年时，泰国潮人社团除在泰国举办各种声势浩大的庆祝活动外，还组织了以著名社会活动家谢慧如先生为首的庆祝中泰建交20周年千人团（后因泰国大选，实际人数约400人）到北京旅游，受到中国全国政协、外交部、国务院侨务办公室、对外友协等有关方面领导的热情接待。江泽民主席还会见了谢慧如先生及其亲属，以及庆贺团的主要负责人，在泰华各界产生了深远的影响，成为中泰民间友好交往的佳话。

（2）参与会员的婚丧喜庆活动。许多潮人社团设有专门机构，协助会员组织安排有关婚礼、寿庆、乔迁、治丧等活动，并在报纸上刊登广告。

（3）维护会员及其亲属的权益，如会员在祖籍的侨房需要落实政策等，潮人社团总是出面与当地的党政部门联系，寻求帮助。

（4）沟通与桑梓的联系，如组织回乡观光、探亲，到祖籍国寻根问祖，接待故里来的客人等。每次中国的国家领导人到访泰国，中华总商会、潮州会馆等社团都要联合泰华各界举行隆重的欢迎公宴或集会。而拜访相关的潮人社团，也

---

① 《泰国各姓宗亲总会总干事联谊会简则》，载《泰华各姓宗亲总会联谊会成立二十二周年纪念特刊》，曼谷：泰华各姓宗亲总联谊会，1992年，第10页。

成了中国访泰团组的一项不可或缺的活动，来自潮州地区的更是如此。

（5）联络宗亲，举行祭祀仪式，拜祭祖先。各宗亲会一般都建有宗祠，有的规模相当大，每年分别在春秋两季举行祭祖活动。不少宗亲会在祭祀时，会员仍身穿清代服装，以潮汕地区传统的习俗进行。

（6）兴办社会公益事业，造福中泰民众。许多潮人社团注重通过兴办社会福利事业，造福社会。如1995年，泰国潮州会馆等九属会馆响应泰国政府的号召，专门组团100多人，到彭世洛府植树造林，作为庆祝崇庆国王登基50周年的活动内容之一。潮州会馆与曼谷市政府合作于1995年在曼谷兴建医疗中心，为民服务。也有不少潮人以社团或个人名义，到故乡捐款修桥造路、兴建学校、创办医院、福荫故里。已故的泰国著名慈善家谢慧如先生，乐善好施，随缘喜赠，济困救危，先后在泰国和其故乡潮州市，及北京、天津、广州、汕头、揭阳、澄海等地，捐巨款、兴公益，广受中泰两国人民的赞誉。

（7）协调同业，组织考察，寻求商机，同谋发展。如中华总商会每年都组织会董和会员到中国考察，潮州会馆也经常组织一些工商考察团访问中国。

（8）开展歌唱、球类运动、中国象棋等文娱体育活动，举办诗会、灯谜比赛及书画展览等，活跃会员生活，增进会员情谊。近年来，许多潮人社团纷纷聘请国内的老师，教授华语歌曲，登台高歌成为社团活动的一道风景线。

（9）捐款捐物，赈灾救困，救死扶伤，赠医义葬。无论是在泰国还是在中国，只要发生自然灾害，泰国的潮人社团都积极捐款捐物，救济灾区。如1994年中国华南水灾，泰国华侨报德善堂和谢慧如先生等社团和个人，积极发动潮人社团和泰华各界人士捐款捐物，赈济灾区。笔者当时在中国驻泰国大使馆工作，曾参与受捐活动，感受殊深。其血浓于水的场面，至今仍记忆犹新。

潮人社团举办活动，往往吸引了众多的会员参加。每年元旦、春节期间，都是各社团举行活动的高峰期。尤其是一年一度的新年联欢活动和春秋两祭仪式，更是吸引着会员携儿带女，举家参加，人数动辄在千人以上，蔚为壮观。

4. 重视华文教育，出钱出力

近年来，泰国的潮人社团越来越重视教育，培育后代。老一辈的潮人，当年不少是由于生活所迫，远涉重洋，到泰国谋生的。一般来说，他们接受学校教育不多。在解决了生活问题之后，特别是事业有成后，许多潮人深感知识的重要性。因此，他们十分重视子女的教育。许多人即使自己含辛茹苦，也要把子女培养成才。因此，潮人的后代中成为硕士、博士者不乏其人。中泰建交后，随着中泰两国友好关系的不断发展，特别是20世纪80年代后期，中泰两国经贸往来的不断发展，泰国对华文人才的需求与日俱增；许多潮州人也希望自己的子女能够接受华文教育，以期不忘祖宗根本。泰国政府终于在1992年放松对华文教育的禁锢。潮人社团和郑午楼、谢慧如等知名潮人，抓住机遇，积极呼吁振兴华文教育。谢慧如、陈克修、林炳南、陈汉士、丁家骏等人于1992年发起并成立了泰华文化教育基金会。以潮州会馆为首的九属会馆，从 1993 年起设立教师奖励基金会，对"经泰国教育部批准设立而有兼课授华文之民校，自小学一年级至六年级现职之中泰文教师"，教龄在 10 年、20 年、30 年、40 年以上者，分别给予奖励，以"坚定华文民校教师执业信念"。[①] 泰华报人公益基金会也于 20 世纪 90 年代中期设立奖助学金，对会员子女中品学兼优者或到中国大陆、台湾、香港及新加坡学华文者给予奖励。潮安同乡会于 1996 年设立"海滨邹鲁"奖，奖励会员子女中的学习优秀者。

潮人社团也掀起创办教授华文的各类学校的热潮。各类华文学校开始如雨后春笋般出现在泰国各地。

泰国华侨报德善堂在郑午楼先生的倡导下，发动泰华各界踊跃捐款，在很短的时间内，筹得泰币 10 亿铢（当时约合 4 000 万美元），创办了华侨崇圣大学，并于 1994 年 3 月建成开幕，在泰国开创了由华侨华人捐资办大学的先河。该校是一所由华人捐款合资兴建、管理的不以营利为目的之综合性大学，以"学成服务社会"为校训，并特别以向华人子弟和广大泰国人民教授华文、中国传统文化及其他文理学科为教育的目标。现今华侨崇圣大学拥有 14 个学院，并有资格授予本科、硕士以及博士学位。学校现有学生约一万两千人，教师和工作人员八百余人。校内图书馆藏书约十七万册，其中中文藏书五万余册。

泰华文化教育基金会于 1993 年接办时代中学，并在该校址创办了东方文化书院，开设了中文课程。谢慧如先生生前为该书院的创办倾注了很多心力。东方文化书院主要以开办各种类型的成人业余华文班为主。1995 年该院与北京大学合作，聘请中文教师到书院授课，并在泰国举办"泰国汉语水平考试"。

潮州会馆在继续办好培英学校、普智学校和弥博中学的同时，于 2003 年再创办潮州中学。1992 年，泰国政府开禁华文教育，潮州会馆还曾创办泰华国际文化学院。针对泰国华文教育中存在的师资严重缺乏的问题，该院举办在职华文教师进修班，请中国的教师对全泰国华文学校的在职教师（主要是小学教师）进行培训，大力推动了泰国华文教育的发展。

为了振兴泰国的华文教育，泰国华文教师公会、泰国华文民校联谊会等社团，近年来积极组织、选派华文教师和华裔青年学生到中国大陆和台湾进修中文。同时，也聘请华文老师到泰国任教，以提高华文教育的质量。

三、社团的未来与展望

潮州人移居泰国历史悠久，他们筚路蓝缕，艰苦奋斗，与当地人民和睦相

① 《泰华九属会馆教师奖励基金会组织规程》，载《泰国潮州会馆成立六十周年纪念特刊》，曼谷：泰国潮州会馆，1998 年，第 375－376 页。

处，不断融入泰国社会，成为泰国多民族中的一员。新中国成立后，不承认双重国籍，鼓励华侨自愿加入居住国国籍。因此，许多潮人与其他华人一样，选择加入泰国国籍，成为泰国的公民。同时，根据泰国社团组织法规定，社团注册人和成员的大多数必须是泰籍人，且各社团名称前必须冠以"泰国"两字，故严格地说，这些潮人社团都属于华人社团，而不是通常所称的侨团。笔者认为，泰国的潮人社团未来的发展，将有以下的特点：

1. 在政治上既忠于居住国，又与祖籍国保持密切的联系

虽然绝大多数的泰国潮人已经成为泰国公民，但他们对自己的祖籍国仍保留着特殊的感情。正如泰国知名潮人郑午楼先生曾用"嫁出去的女儿"来比喻华侨与祖国的关系。因而，泰国的潮人社团在政治上将有以下表现：

（1）继续倡导忠于王室。泰国国王在人民中享有崇高的威望，对泰国政府也有特殊的影响力。泰国知名潮籍作家洪林女士曾写道："皇上陛下，几十年如一日，圣怀关心华人，一视同仁，福泽广被，使华人华裔成为泰国社会一中坚分子，为国效忠效劳。皇上陛下，一贯对中国友好，继承祖先古国，遵循先皇谕示，发扬光大，才有今天中泰一家亲的局面，我们华侨华裔对皇上陛下的恩泽，永志不忘。"① 近年来，泰国潮人社团一直通过开展一系列的活动来倡导忠于王室。如在泰国王诞辰纪念日举办"崇颂大帝圣寿无疆庆典大会"，在曼谷华人主要聚居区耀华力一带张灯结彩，集会游行庆祝，每次均有逾万人参加。1998年，泰国各姓宗亲总会倡导在耀华力建立"圣寿无疆"牌坊，并请诗琳通公主御题"圣寿无疆"四个中文字。今后，潮人社团仍将继续倡导效忠王室，并以此来搞好与当局的关系。

（2）关心泰国政坛变化。潮人社团并非政党，许多社团向来也以"不涉及政治为宗旨"。尽管如此，关注泰国政坛的风云变幻，一直为潮人社团所重视，潮人社团的领导人跟军方、警察、政府机构、议会等部门的负责人多有交往，有的交情甚笃。社团的活动，经常请官方人士参加。而政坛人士，也喜欢通过参加潮人社团的各种活动来提高自己的知名度，增加选票。1995年泰国大选前夕，泰国商联总会还在潮州会馆举办"发扬民主演讲会"，主题是"泰人、泰籍华裔与三八年（1995年）大选"，让各界人士各抒己见，鼓励泰人、泰籍华裔踊跃参加投票，选出理想的人民代表。班限（中文名马德祥，祖籍潮阳）当选总理时，马氏宗亲总会专门请其出席该会的会员联欢大会，将其视为宗族之光。目前，在泰国的潮人已是泰国多民族中的一员，潮人社团越来越关心泰国政坛风云变幻，将是自然而然的事情。

（3）关心祖籍国，盼望中国统一，繁荣昌盛。近年来，潮人社团经常组团到中国大陆旅游观光，探亲访友，考察商机，寻求合作。尽管有些人由于历史的

---

① 洪林：《圣明君王，全民爱戴》，载《泰中学刊》，曼谷：泰国泰中学会，1999年，第1－2页。

原因，与祖籍故乡存在这样那样的隔阂，但对中国在改革开放后所取得的成就都感到由衷的高兴。虽然遭受 1997 年金融风波的影响，泰国潮人社团仍保持着支持故乡社会公益事业的热情。在国际上，泰国的潮人社团总是站在祖籍国一边，予以大力支持。如美国轰炸我驻南联盟使馆时，不少潮人社团表现出极大的愤慨，他们举行集会，声讨美国的强盗行径，支持祖籍国人民的正义斗争。2001年，发生中美南海撞机事件，泰国的潮人社团也一如既往，支持中国，谴责美国霸权主义。同年 7 月 30 日，泰国中华总商会和潮州会馆联合泰华各界一千多人，在曼谷香格里拉大酒店举行盛大酒会，庆祝中国北京成功获得 2008 年奥运会的主办权。2007 年，奥运火炬传递到泰国曼谷，泰国潮人社团的主要领导人都参与火炬传递活动，担当火炬手，并组织会员到现场为中国加油。潮人社团也十分关注中国的统一大业，希望两岸能和平统一，国泰民安。近年来，一些潮人社团分别举行各种形式的研讨会、座谈会，为两岸统一大业出谋献策。可以预见，随着中国国际地位的不断提高和综合国力的日益增强，在国际事务中，泰国潮人社团将进一步关注和支持祖籍国。

2. 努力保持潮人的文化传统

20 世纪上半叶，泰国推行对华侨华人的同化政策，第二次世界大战后尤甚，特别是对华文教育的禁锢，更使许多潮人的后代对自己的文化所知甚少，甚至一无所知。为了使子孙后代不忘根本，即使是在严厉实行同化政策时期，为数众多的潮州人也在自己的家中，要求子女讲潮州话。20 世纪 80 年代中后期以来，许多潮人社团积极采取各种措施，努力保持潮人的文化传统和习俗。有些宗亲总会除在泰国举行祭祖活动外，还组织编写族谱，并经常组织会员到国内寻根溯源。不少潮人社团在组织会员回祖籍故乡时，还鼓励会员带上自己的子女，亲身体验先辈故土的文化氛围。许多社团以中国传统的春节、元宵、清明、端午、中秋等节日为纽带，举办各种活动，加强会员的联系，增进亲情友谊。还多次邀请潮剧团到泰国演出，或组织会员回潮汕地区观看潮剧表演。今后，潮人社团以文化为纽带与故梓联系将是重要的会务形式。

3. 进一步加强与中国的经济合作

中国对外开放以来，泰国潮人由于血缘和地缘的因素，成为中泰之间经贸合作的桥梁。不少潮人社团，如泰国中华总商会、潮州会馆等，经常组织工商考察团到中国考察商机、洽谈贸易，或者邀请中方组团访泰，对促进双方的经贸往来起了积极的促进作用。目前，中泰的双边贸易额已达到数百亿美元，并互相在对方投资，这与泰国潮人的努力是分不开的。泰国的华人企业家中，潮州人仍占多数，他们对中国提出的"一带一路"倡议，也积极响应。随着中泰友好关系的进一步发展，泰国潮州人与中国的经贸合作必将提升到新水平。

第二节　泰国潮安同乡会的历史考察

在泰国，同乡会是较有代表性的社团。泰国潮安同乡会历史较长，直到今天还充满生机。本节以其作为海外潮人社团的个案进行历史考察，庶几能为考察其他海外潮人社团提供一个参考坐标。

一、泰国潮安同乡会的发展简史

泰国潮安同乡会正式成立于 1927 年元旦，曾先后名为潮安辅益社、旅暹潮安同乡会、泰国潮安同乡会，是泰国潮属华人社会中成立最早的一个县域地缘性社团组织。① 有关该会的历史，严捷昇先生②曾撰《旅暹潮安同乡会简史》，分别载于该会成立五十六周年和六十周年纪念特刊，之后该会出版的纪念特刊中相关文章多根据严文增删而成，从中可窥见该会发展的轨迹。

至 20 世纪初，泰国已有不少以潮州人为主体的华人社区，主要集中在曼谷地区。③ 1910 年，曼谷的华人人口中潮州人占了 53.38%，④ 为潮人同乡组织的成立提供了基础。泰国潮安同乡会虽正式成立于 1927 年，但此前在泰国实际上已有潮安同乡组织的雏形存在。据严捷昇言，"约在民国十年（1921 年）左右，即有潮安互助社及潮安研究社两团体之创立，实开本会前期之滥觞"。⑤ 之后，由于受乡人所称道，人数逐渐增多，遂于 1927 年元旦正式成立"潮安辅益社"，并向泰政府注册立案，成为合法侨团之一。⑥

第二次世界大战期间，日军南侵，泰国侨社人心惶惶，该会所有活动悉皆停止。

---

① 泰国潮属各县同乡会成立时间：大埔（1946 年）、潮阳（1946 年）、澄海（1947 年）、普宁（1948 年）、揭阳（1949 年）、丰顺（1963 年）、饶平（1965 年）、惠来（1986 年）。泰国全体潮州人的最高社团组织——潮州会馆，则成立于 1938 年。

② 严捷昇先生自 1949 年起服务该会，任总干事，先后凡 30 余年。

③ 可参阅旺威帕·武律叻达纳攀等：《吞武里王朝和曼谷王朝初期泰国社会中的潮州人》，载《泰国潮州人及其故乡潮汕研究计划第一辑：樟林港（1767—1850）》，曼谷：朱拉隆功大学亚洲研究所中国研究中心，1991 年，第 61～93 页。

④ 哇拉塞·玛哈塔诺本：《暹罗的华人文化——1851—1910 年的活动与演变》，载《泰国潮州人及其故乡潮汕研究计划第二辑：汕头港（1860—1949）》，曼谷：朱拉隆功大学亚洲研究所中国研究中心，1997 年，第 157 页。

⑤ 严捷昇：《旅暹潮安同乡会简史》，载《旅暹潮安同乡会成立五十六周年纪念特刊》，曼谷：旅暹潮安同乡会，1982 年，第 145 页。

⑥ 严捷昇：《旅暹潮安同乡会简史》，载《旅暹潮安同乡会成立五十六周年纪念特刊》，曼谷：旅暹潮安同乡会，1982 年，第 139 页。

"二战"结束后，潮安辅益社凭借其悠久的历史和巩固的基础，获得各地同乡一致拥护，在张兰臣主席领导之下，于1947年改称为"旅暹潮安同乡会"，订立会章，对组织、职权、选举与任期、会议、经费与财务以及会员的义务和权利等做出规定。之后又根据实际情况的需要不断进行必要的修改，充实完善。从此同乡会的会务活动进入有章可循阶段，会务迅速发展，并逐步规范。

1991年，该会第23届理事会通过将"旅暹潮安同乡会"改称为"泰国潮安同乡会"的决议，① 沿用至今。

二、泰国潮安同乡会的领导机构

1. 潮安辅益社时期（1927—1947）

采用执监事制，执监委员之任期，每届仅为一年。前后共18届，各届主席如下表：

表1　潮安辅益社历届主席

届别	第1届	第2届	第3届	第4届	第5~7届	第8~9届	第10届	第11~18届
主席	钟鹤洲	李寿岩	曾秀臣	钟鹤洲	何子欣	张兰臣	赖渠岱	张兰臣

资料来源：《旅暹潮安同乡会成立五十六周年纪念特刊》，曼谷：旅暹潮安同乡会，1982年，第146页。

2. 同乡会时期

可分为采用理监事制和理事制两个时期：

（1）采用理监事制时期（1947—1968）。共11届22年，每届任期2年。经由会员大会推举张兰臣先生出任第1届理事长，继且蝉联6届，历时12年。从第7届开始，设立名誉理事长一职。第11届开始，除名誉理事长外，增设名誉顾问一职。下表是该会采用理监事制时期担任理事长、副理事长及理监事人数情况。

---

① 关于改名原因和时间，该会现有资料记载不详。笔者曾去函泰国潮安同乡会咨询，蒙该会总干事苏文荣先生2012年7月4日函复："由于我会拆建礼堂办公厅，几次搬迁，所以一些资料档案，一时很难寻找。从'旅暹潮安同乡会'改为'泰国潮安同乡会'由来，据我记忆：在一次理事会上，有一位理事发言称，我会的名称'旅暹潮安同乡会'，就'旅'字的字义说，就是临时寄居，旅毕必归之意。现在大部分从家乡来泰乡亲及其后裔，均入泰籍，持随身证者也为数不多，也没有回归故国之意，都在泰国立地生根。所以'旅暹'二字已不适应了，故提议我会名称应改为'泰国潮安同乡会'更为符合实际。从会史碑志记载，于1991年第廿三届理事会通过将'旅暹潮安同乡会'改为今用之'泰国潮安同乡会'。但属第几次理事会议及何月何日没有记载。"

表 2　旅暹潮安同乡会理监事会正副理事长及理监事人数

届别	理事长	副理事长	理监事人数
第 1 届（1947—1948）	张兰臣	邱炳隆	28
第 2 届（1949—1950）	张兰臣	许璧松	28
第 3 届（1951—1952）	张兰臣	许璧松	28
第 4 届（1953—1954）	张兰臣	丘创志	28
第 5 届（1955—1956）	张兰臣	丘创志	28
第 6 届（1957—1958）	张兰臣	丘创志	28
第 7 届（1959—1960）	丘创志	陈作航	28
第 8 届（1961—1962）	丘创志	陈作航	28
第 9 届（1963—1964）	林维高	张旭江	28
第 10 届（1965—1966）	林维高	陈复文	28
第 11 届（1967—1968）	陈复文	黄景云	28

资料来源：《旅暹潮安同乡会成立五十六周年纪念特刊》，曼谷：旅暹潮安同乡会，1982年，第 147 – 149 页。

（2）采用理事制时期（1969 年至今）。自第 12 届起改为理事制，每届任期 2 年。此后理事、常务理事、副理事长名额不断增加，荣誉职位也逐渐增多。廖少贤先生自第 15 届至第 20 届一直担任该会理事长。第 21 届起理事长的任期限于连任两届 4 年。[1]

目前，该会的理事会设立荣誉会长、永远名誉理事长、荣誉理事长、名誉理事长、永远荣誉顾问、荣誉顾问、名誉顾问、理事长、副理事长、常务秘书、常务财政、常务稽核、常务理事、理事及会务顾问等职位。荣誉职位系该会为开展会务所需而敦请，一般不参与同乡会的具体事务。会务由理事长、副理事长、常务秘书、常务财政、常务稽核、常务理事、理事等组成的理事会负责。

---

① 参阅《泰国潮安同乡会章程》第二十条，载《泰国潮安同乡会成立七十八周年暨新建礼堂落成开幕特刊》，曼谷：泰国潮安同乡会，2004 年，第 434 页。

表 3　旅暹潮安同乡会及泰国潮安同乡会正副理事长及理事会人数

届别	理事长	副理事长人数（人）	理事人数（人）
第 12 届（1969—1970 年）	陈复文	1	41
第 13 届（1971—1972 年）	黄景云	2	41
第 14 届（1973—1974 年）	黄景云	2	41
第 15 届（1975—1976 年）	廖少贤	2*	41
第 16 届（1977—1978 年）	廖少贤	2	41
第 17 届（1979—1980 年）	廖少贤	4	48
第 18 届（1981—1982 年）	廖少贤	4	51
第 19 届（1983—1984 年）	廖少贤	4	51
第 20 届（1985—1986 年）	廖少贤	6	61
第 21 届（1987—1988 年）	陈锐攀	8	71
第 22 届（1989—1990 年）	陈锐攀	8	71
第 23 届（1991—1992 年）	吴梧藩	10	76
第 24 届（1993—1994 年）	吴梧藩	10	81
第 25 届（1995—1996 年）	张荣炳	12	85
第 26 届（1997—1998 年）	张荣炳	12	104
第 27 届（1999—2000 年）	张远发	14	102
第 28 届（2001—2002 年）	张远发	14	124
第 29 届（2003—2004 年）	苏岳章	19	113
第 30 届（2005—2006 年）	陈绍扬	14	116
第 31 届（2007—2008 年）	陈绍扬	17	120
第 32 届（2009—2010 年）	张建基	19	111
第 33 届（2011—2012 年）	张建基	19	106
第 34 届（2013—2014 年）	严娘赐	23	93

资料来源：泰国（旅暹）潮安同乡会成立五十六、六十、六十六、八十五周年纪念特刊。

＊2004 年和 2012 年出版的特刊记杨英桂为副理事长。但 1994 年以前出版的会刊均记杨英桂为常务理事秘书。根据严捷昇先生撰于 1982 年的《旅暹潮安同乡会简史》，当时只有 2 名副理事长，杨英桂为常务理事秘书。严捷昇服务潮安同乡会多年，第 15 届理事会是其任职内发生的事情，本文采信严捷昇资料。

3. 泰国潮安同乡会理事会设置的变化特点

（1）人数不断增加。辅益社时期由于会员人数不多，现有的历史资料中只记录当时的各届主席，相信其领导层的人数也不多。改为同乡会后，初期的理监事会只由 28 人组成，设正副理事长各一名。此后，副理事长人数不断增加，近年增至 20 多人，理事会人数也在百人左右。

（2）内设机构和职位不断增加。如实行理监事制的第 1～11 届（1947—1968年），除正副理事长各 1 名外，只设秘书、财政、监事长各 1 名，稽核 2 名，其余为理事或监事。第 12 届起改为理事制后，初时设理事长 1 名，副理事长 2 名，秘书、财政各 1 名，稽核 2 名，常务理事、理事若干名。此后各届的副理事长、常务理事、理事的人数逐渐增加的同时，又不断增设相关机构。目前在理事会架构下，设立有韩江山庄管理委员会、奖助学金保管委员会、发展会务基金保管委员会、会员股、山庄股、福利股、文教股、交际股、调解股、宣传股、康乐股、妇女股、青年股和工商股。

（3）荣誉职衔及人数不断增加。泰国潮安同乡会自第 7 届起设立名誉理事长，当时此职实为长期担任该会理事长但年事已高的张兰臣先生而设。之后，每届几乎都增设荣誉职衔。所有荣誉职务，均为义务职位，由理事会根据会章规定，聘请曾任该会理事、常务理事、正副理事长以及对该会有贡献者担任。①

理事会的不断扩大，其中既有同乡会组织的扩大和会务发展的需要，也有因为曾经担任该会领导而仍健在者不断增多，必须给予相应名分的因素。

三、泰国潮安同乡会的社会功能

泰国潮安同乡会的社会功能，似可从其对在泰国的同乡和当地社会，以及对潮州原乡的作用等方面来考察。

1. 对泰国潮安同乡的作用

（1）雅集结社时期（1927 年之前）。由于组织尚未定型，且缺少资料可以探明其时的活动，估计当时两社的活动实际上只是旅居暹罗的同乡人之间定期或不定期聚会，并提供力所能及的相互帮助而已。严捷昇指出："十余同乡，赁屋以居，以为公余雅集之地，互通声气之所，范围既狭，组织亦简，然也能做到疾病相顾，患难相助之旨，孤身羁旅，相濡以沫，对于益友辅仁之古训，显然有卓著之表现，而为同乡人士所称道。"② 应是比较贴切的叙述。

（2）潮安辅益社时期。由于"有关本会成立以来的一切资料，在战争期间，大部分已告散失，无可稽考"③，现在已很难具体描述出当时的会务情况，但严

---

① 参阅《泰国潮安同乡会章程》第十四条，载《泰国潮安同乡会成立七十八周年暨新建礼堂落成开幕特刊》，曼谷：泰国潮安同乡会，2004 年，第 433 页。

② 严捷昇：《旅暹潮安同乡会简史》，载《旅暹潮安同乡会成立五十六周年纪念特刊》，曼谷：旅暹潮安同乡会，1982 年，第 139 页。

③ 何纪梅：《本会出版的纪念特刊》，载《泰国潮安同乡会成立七十八周年暨新建礼堂落成开幕特刊》，曼谷：泰国潮安同乡会，2004 年，第 180 页。

捷昇曾概述："本会在野虎路此一段时间，共达 20 年之久。不但为团结同乡，促进联系，办理喜庆丧吊服务事项，救贫恤难种种福利工作，尽其最大努力。"① 谢英华也曾写道："我的先考若言公，一向经商于叻丕府，在我幼年时期，他老人家每月前往曼谷买办货物时，曾多次带我晋京游览和观光，他每次晋京时，是经常住宿于潮安辅益社（社址位于野虎路），他常对我说，他不是想要节省费用而住宿于辅益社，他住辅益社的原因，是因为我们是府城人，辅益社是府城人的团结中心，在有暇时可以和乡亲们聚首谈心，联络感情，同时亦可以互相交换家乡的讯息，因此，每次他都要把潮安辅益社作为晋京居停之所。"② 从他们的叙述中，可窥见当时潮安辅益社设有简易的住房，可供来往曼谷的乡亲住宿，彼此交流信息，起着团结同乡、联络乡谊、服务同乡、救贫恤难等作用。

（3）同乡会时期。中华人民共和国成立后，由于意识形态的不同，并没有与泰国建立外交关系，泰国的华侨华人与中国大陆的往来受到诸多限制。直到 1975 年中泰正式建交，泰国华侨华人与中国大陆的联系才逐渐增多。但建交后两国不承认双重国籍，绝大多数华侨及其后裔因此加入了泰国国籍，成为泰国公民；少数人仍保留着中国国籍。该会因应形势的变化，先是于 1947 年改称为旅暹潮安同乡会，1991 年又改称为泰国潮安同乡会。

廖少贤先生在为该会成立 60 周年特刊作序时说："成立以来，经历届理事之努力，全体会员之支持赞助，使本会会务，获得迅速进展，各项重要建设，诸如购置会址、创办潮安学校、建筑兰臣堂、创办韩江山庄、附设韩江慈善会、设立奖助学金，俱已次第完成，又曾历次组织泰国内地访问团，访问泰国各地乡亲。"③ 此段话勾画出该会自 20 世纪 40 年代末至 80 年代末的会务梗概。进入 90 年代后，会务又在此基础上更进一步发展。考其改称同乡会以来的会务，可概括为如下几个主要方面：

第一，致力同乡会自身建设，使之成为敦睦乡谊中心。

（1）建设永久会址，加强组织管理。改称同乡会后，因会务日渐进展，该会遂于 1949 年购置攀多社纳甲盛巷（No. 12 soi Narkkasem Yossay，Bangkok 10100 Thailand）的现址，并于 1950 年 1 月正式迁入办公，实现多年来全体同乡渴望自置会址之夙愿。1962 年 5 月 12 日，大礼堂建成，并命名为"兰臣堂"，以纪念张兰臣先生毕生领导该会之劳绩。该礼堂于 2002 年 9 月 23 日净土奠基重修，2004 年 5 月 22 日落成，仍名为"兰臣堂"。

该会于 1949 年购买现有会址产业时，因手续关系，一切均委托私人保管。

① 严捷昇：《旅暹潮安同乡会简史》，载《旅暹潮安同乡会成立五十六周年纪念特刊》，曼谷：旅暹潮安同乡会，1982 年，第 140 页。

② 谢英华：《从认识潮安辅益社谈到潮安同乡会》，载《旅暹潮安同乡会成立五十六周年纪念特刊》，曼谷：旅暹潮安同乡会，1982 年，第 232 页。

③ 廖少贤：《序》，载《旅暹潮安同乡会成立六十周年纪念特刊》，曼谷：旅暹潮安同乡会，1987 年。

但因时间推移，人事屡有更易，为避免出现产权纠纷，该会几经努力，依照法律手续，于 1977 年 5 月间向土地厅办妥过名手续，将产业权以该会名义保管，使曾困扰该会 30 多年的会产保管问题获得妥善解决。

为保证经费来源，1998 年 10 月，时任理事长张荣炳先生发起设立会务发展基金，得到各位理事的热烈赞助。并于 1999 年，成立发展会务董事局，负责措理会务基金应用事宜。

20 世纪 90 年代以前，该会虽然设有韩江慈善会（韩江山庄）及潮安中学，但一直是三方各自为政。90 年代初，理事长吴梧藩对此进行改革，在原有各股组由常务理事或理事出任正副股长的基础上，分工各副理事长直接负责有关股组和办公厅、韩江山庄、潮安中学的业务，使三位一体，管理上更为完善及便利。同时分配各位副理事长轮流作为乡会红白事的值日者，主管有关会员的婚丧庆吊等事务。如是人事安顿，对推动整体会务发展，具有积极作用，亦是开泰国华人社团行政人事组织之先河。

（2）开展会员登记。1947 年改称同乡会之后，该会即开始在内地设立登记处，面向全泰国进行会员登记，会员迅速增加。"在最初一年之间，即在内地设立会员登记处四十余处，分别敦请当地同乡侨领担任登记处主任，由是内地同乡参加本会者，至为普遍，日见踊跃……民国卅八年（1949），会员人数，已达三千以上。"[1] 每年于元旦日下午 6 时开始，在同乡会会址广场，举行会员联欢暨庆勋聚餐会。来自泰国各地的潮安乡亲，聚集一起，互致新年祝福，共庆新年到来。联欢会内容一般是，先向泰皇室成员致敬祝福，再向该年度荣获泰皇御赐勋章人员授勋，颁发奖助学金，期间还举行幸运抽奖，以及歌舞助兴等活动，参加者每年均超过千人。至此，该会已经确立泰国全体潮安乡亲的同乡会组织的地位。

1979 年该会开始组团访问泰国各府乡亲，促进成立各地分会及联络处。是年，由廖少贤理事长亲任团长，副理事长杨英桂、陈家义担任副团长，三次组团访问各地。所到之处，均受到当地联络处主任暨乡亲之热烈欢迎款待，有效地达到团结乡亲、密切乡谊与促进会务之目的。1980 年，清迈分会率先成立；坤敬分会、泰南分会则分别于 1983 年和 1985 年成立。此后，其他各地分会或联络处也相继成立。至 2016 年，已在泰国各地设立 21 个分会或联络处。

进入 20 世纪 90 年代，该会与泰国各地乡亲联系更上一个台阶，先后组织理事代表团访问各地分会。并于 1994 年 10 月 15 日、16 日，在曼谷正式举办全泰国潮安乡亲联谊大会，此后每两年举办一次，由各地分会或联络处轮流主办。这些活动加强了曼谷总会与各地分会及联络处的联系，也促使全泰潮安乡亲相互了

---

① 严捷昇：《旅暹潮安同乡会简史》，载《旅暹潮安同乡会成立五十六周年纪念特刊》，曼谷：旅暹潮安同乡会，1982 年，第 140 页。

解和合作，从而使该会成为团结和联系全泰国潮安乡亲的纽带。

表4　1979年以来总会与各地分会及联络处来往情况

时间	活动内容
1979年1月19日、20日	总会组团访问呵叻、素辇、武里南等府及其属县地区
1979年5月17日、18日	总会组团访问披集府、竹板杏县、彭世洛府、素可泰等府县
1979年8月16日、17日	总会组团访问清迈、南邦二府
1991年2月24日	总会组团参加坤敬分会成立八周年庆典联欢会
1993年7月17日	彭世洛联络处组团访问总会
1994年1月7日	总会组团访问中北部北榄坡分会、竹板杏联络处、彭世洛联络处、南邦联络处、清迈分会
1994年1月17日	总会组团访问泰南陶公、北大年、也拉三府分会
1994年1月21日	总会组团访问东北部呵叻、吁隆、坤敬等地联络处及分会
1994年3月19日	总会组团前往祝贺呵叻联络处升格为分会
1994年4月19日	总会组团前往祝贺吁隆府分会正式成立
1994年5月29日	总会组团前往祝贺竹板杏分会成立
1998年4月21日	总会组团访问泰北及中部南邦、清迈、猜纳、竹板杏、程逸、素可泰、彭世洛、北榄坡各分会及联络处
1999年2月24日	总会组团参加春武里府联络处常年联欢会
2001年2月17日	总会组团访问南邦、程逸、清迈等地乡亲，参加清迈分会成立二十周年庆典
2001年5月25日至27日	总会组团访问东北部分会及联络处
2001年6月29日至7月1日	总会组团访问中部各分会及联络处
2001年8月3日至5日	总会组团访问廊央、武里南、乌汶乡亲
2004年1月13日	总会组团参加巴蜀府邦武里医院揭幕仪式，该医院由名誉理事长李宝发捐资3 000万余铢兴建
2004年4月17日	总会组团参加春武里分会成立暨第一届理事会就职仪式
2004年8月16日	总会歌唱组赴巴蜀府邦武里县参加该会名誉理事长李宝发72岁寿诞，并登台献艺。李宝发捐100万铢助会务发展基金
2004年9月14日	呵叻分会组团莅总会通报筹备第6届潮安乡亲联谊大会情况
2005年2月19日	总会组团分别参加清迈分会成立二十五周年、北榄坡分会成立十四周年庆典
2005年3月5日	总会组团参加春武里分会成立十周年庆典

时间	活动内容
2005 年 10 月 22 日	总会组团参加清迈分会第 13 届理事会就职庆典仪式
2006 年 1 月 19 日	吁隆分会首长访问总会，请教主办乡亲联欢活动经验
2006 年 9 月 15 日至 10 月 20 日	总会先后组团三次访问东北部、泰北部、中部竹板、杏武里喃、廊央等地分会及联络处
2006 年 12 月 7 日	总会组团参加春武里分会新址揭幕及理事喜庆活动
2007 年 2 月 24 日	陈绍扬理事长率团参加坤敬分会成立二十五周年庆典
2007 年 3 月 2 日	陈绍扬理事长率团参加春武里分会成立 12 周年庆典暨新春联欢活动
2008 年 2 月 16 日	陈绍扬理事长率团参加清迈分会新春联欢暨颁发奖助学金仪式
2008 年 4 月 25 日	陈绍扬理事长率团参加春武里分会第 3 届理事会成立典礼
2009 年 10 月 3 日至 11 月 29 日	总会组团访问各地分会、联络处乡亲
2010 年 2 月 27 日	总会组团参加清迈分会成立三十周年庆典
2011 年 2 月 19 日	总会分别组团参加北榄坡分会、春武里分会、旅泰古巷乡陈氏族亲会新春联欢会
2011 年 5 月 5 日	总会组团赴清迈出席新理事就职仪式，顺途旅游泰北金三角、老挝金三角特区及清莱名胜
2011 年 5 月 16 日	磨艾乡贤詹益明来会商谈恢复联络处事宜
2011 年 11 月 12 日	总会组团参加南邦联络处升格为分会暨首届理事会就职典礼

资料来源：泰国（旅暹）潮安同乡会成立五十六、六十六、七十八、八十五周年纪念特刊。

表 5 全泰潮安乡亲联谊会情况表

届别	时间	主办单位	地点	参加单位数及人数
第 1 届	1994 年 10 月 15 日、16 日	泰国潮安同乡会	曼谷	17 个，292 人
第 2 届	1996 年 11 月 15 日、16 日	清迈分会	清迈	约 400 人
第 3 届	1998 年 11 月 14 日、15 日	坤敬分会	坤敬	18 个，379 人
第 4 届	2001 年 1 月 6 日、7 日	泰南三府分会	也拉、合艾	约 400 人

届别	时间	主办单位	地点	参加单位数及人数
第5届	2002年11月23日、24日	北榄坡分会	北榄坡	18个，约400人
第6届	2004年11月19日、20日	呵叻分会	呵叻府	400余人
第7届	2006年11月24日、25日	吁隆分会	吁隆	19个，420人
第8届	2008年12月13日、14日	竹板杏分会	竹板杏	19个，约500人
第9届	2010年9月17日、18日	春武里分会	春武里	19个，700余人

资料来源：泰国（旅暹）潮安同乡会成立六十六、七十八、八十五周年纪念特刊。

（3）出版纪念特刊，保存会史。该会曾于1949年出版成立二十一周年纪念特刊，但因年代久远而告湮没。之后的1974年、1982年、1987年、1994年、2004年和2012年均曾出版纪念特刊。但1974年特刊目前已较难寻。① 编辑出版特刊的意义，诚如黄景云理事长在1974年特刊《献词》所云："是故四十八周年特刊之印行，旨在保存先侨血汗之遗迹，彰明历届理事之光辉，或凭图片以见先达之德业，或由实录以明时贤之事功，察乡土之史地人文，知今昔之风尚政教，此皆足以启发我人之志气，建立后代之楷模，意义重大，不可言喻。"②

第二，服务同乡，增强同乡归属感和凝聚力。

（1）建学校，设奖助学金，解决会员子女接受教育问题。进入20世纪中期，许多潮州人已在泰国定居，建立家庭。面对会员子女教育问题，该会决定创办学校，后又设立奖助学金，鼓励和帮助会员子女读书升学。

1957年，在理事长张兰臣、副理事长丘创志暨全体理监事倡议之下，该会于当年11月，完成两层教学楼1座，课室20间，并购置课桌椅等物，完备办学所需之设备。在随后的1957年至1962年间，继续筹款兴建围墙大门及篮球场各项工程。1959年获准创办泰文潮安中学一所，同年5月18日正式开学。

学校创办之后，学生不断增加，该会遂于1966年建设新校舍。新校舍长60米，高3层楼，全座钢筋水泥结构，共有教室14间，礼堂一座，足以增收学生600余人。2009年2月，位于同乡会礼堂两旁的两座旧校舍重建成教学楼，西座命名为"陈若材教学楼"（陈若材捐款1 000万铢），东座命名为"华侨报德善堂教学楼"（华侨报德善堂捐款800万铢）。2010年8月15日，潮安中学所属之潮

---

① 何纪梅：《本会出版的纪念特刊》，载《泰国潮安同乡会成立七十八周年暨新建礼堂落成开幕特刊》，曼谷：泰国潮安同乡会，2004年，第179页。

② 该刊现已难寻到，此处转引自严捷昇：《旅暹潮安同乡会简史》，载《旅暹潮安同乡会成立五十六周年纪念特刊》，曼谷：旅暹潮安同乡会，1982年，第143页。

安语言学院及潮安幼稚园的两座新教学楼举行落成揭幕典礼。

创办泰文学校原非该会初衷，原拟计划筹办可以兼教华文之小学一所，但未如愿。虽属受当时客观条件所限的权宜之举，但也在一定程度上帮助会员子女入学就读。泰国政府于20世纪90年代初开始放松对华文教育的限制，且随着形势发展的需要，该校教学内容不断改革。如从1993年新学期开始，增办电脑班，让高年级学生在正规课程之外，学习电脑科技知识。1999年10月9日，潮安中学开办华文班，分基础班、成人班、少年班。

潮安中学毕竟难以全面解决会员子女的入学问题，为"培育会员子女之品德学业，鼓励有志青少年积极向上之求学精神，俾得成为未来社会之有用人材"①，廖少贤在第16届第3次理事会议上提议设立奖助学基金，办理会员子女奖助学金之事宜，获全体理事一致赞同，并组织奖助学基金委员会，敦请全体理事为当然委员。1977年底，已筹得基金128万铢，遂于1978年度开始颁发。此后每年均对会员子女颁发一次奖助学金。

1996年，为"鼓励我乡学子奋发图强，立志求学，为国家培育人才，为社会造就精英，为本会栽培接班人"②，该会又设立"海滨邹鲁奖"，奖励对象为该会会员及会员之夫人、子女、儿媳，奖励条件为考上泰国教育部或大学部辖下各大学，泰国政府承认学位资格之外国各大学，中国大陆、台湾、香港、澳门公立大学之博士学位、硕士学位、学士学位者。③ 在发放"海滨邹鲁奖"的同时，原有的奖助学金仍继续发放。1996年至2011年，共颁发5次"海滨邹鲁奖"，计有博士33名、硕士180名④、学士277名获得奖励。2011年6月25日，奖助学金审查临时小组委员会决议，自该年度起，仅颁发奖学金，取消助学金；而"海滨邹鲁奖"仅发放博士及硕士学位奖，取消学士学位奖项。

（2）设典礼组，为会员提供婚丧庆吊服务。"50年代曼谷侨社，婚丧喜庆场合，嘉宾如云，事主接待不周，不得不向有关社团请求帮助，于是同乡会、佛教团体之福利股，遂应时而兴，且有典礼组之设，以应会员同乡需求，泰国潮安同乡会福利股及典礼组，也在此段侨社酬酢风气大盛之时，正式宣告成立。"⑤ 无论婚丧喜庆，典礼组均有熟谙红白事礼专业人才，负责指挥实施。因而能确保按

---

① 严捷昇：《旅暹潮安同乡会简史》，载《旅暹潮安同乡会成立六十周年纪念特刊》，曼谷：旅暹潮安同乡会，1987年，第213页。

② 《本会举办颁发海滨邹鲁奖》，载《泰国潮安同乡会成立七十八周年暨新建礼堂落成开幕特刊》，曼谷：泰国潮安同乡会，2004年，第274页。

③ 见《海滨邹鲁奖章程》，载《泰国潮安同乡会成立七十八周年暨新建礼堂落成开幕特刊》，曼谷：泰国潮安同乡会，2004年，第277页。

④ 2012年出版的《泰国潮安同乡会成立八十五周年纪念特刊》将第二次海滨邹鲁奖中的硕士人数误记为16名，根据该会78周年纪念特刊所载校正。

⑤ 詹海清：《本会福利股典礼组》，载《泰国潮安同乡会成立七十八周年暨新建礼堂落成开幕特刊》，曼谷：泰国潮安同乡会，2004年，第289页。

部就班，顺利完场。典礼组提供的服务，"乃是维护中国传统礼仪，内中包含'婚丧庆吊'等之程序与仪式，重点是为广大会员与乡亲服务，借以发扬乡会会务，为乡会争取同乡对本会支持，同时又能产生吸收新进会员之效，以及事主对本会之赞助福利金"。[①]

20 世纪 50 年代后，由于与中国原乡的往来受到阻碍，不少潮州人无法实现叶落归根的愿望。为使会员终老时有所归宿，1969 年，该会在北标府景溪县购买考拍山麓山地 200 余莱（约 32 万平方米），作为创办韩江山庄之地址，并完成筑路及铲平山地之初步建设。[②] 1971 年第 13 届理事会成立后，在黄景云理事长的领导下，筹款约 100 万铢，展开山庄各项建设，先后完成牌楼、礼堂、福利祠、食厅、办事处等建筑物。之后，分别于 1977 年、1990 年和 1993 年三次增购土地，增添设施，扩展规模，并制定墓地收费标准，其收入充作会务经费。2005年 3 月 4 日，陈绍扬理事长提出全面规划，整顿山庄，种花植草，整修庄内道路，美化环境，建成"韩江花园山庄"。韩江山庄在为各界提供可以凭吊先人场地的同时，实际上也为该会提供了可观的经费来源。

每年清明节，同乡会在韩江山庄举行祭扫安葬在该处的已故会员暨各界先侨仪式。通常由当届理事长主祭，全体理事陪祭。公祭活动，成为同乡会的例俗，通常有几百人参加公祭典礼。

（3）赈济受灾会员，体现互助精神。同乡会每年都赈济泰国各地遭受自然灾害的乡亲，如 1983 年至 1986 年赈济情况如表 6：

表 6　赈济受灾会员情况（1983—1986 年）

时间	宗数、户数及人数	赈款（铢）	互助费（铢）	合共金额（铢）
1983	22 宗，52 户，290 人	29 000	3 人，1 500	30 500
1984	12 宗，29 户，204 人	20 400		20 400
1985	27 宗	31 800		31 800
1986	15 宗，20 户，112 人	11 200	1 人，500	11 700

资料来源：《旅暹潮安同乡会成立六十周年纪念特刊年度会务报告书》，载《旅暹潮安同乡会成立六十周年纪念特刊》，曼谷：旅暹潮安同乡会，1987 年，第 197 – 234 页。

---

① 詹海清：《本会福利股典礼组》，载《泰国潮安同乡会成立七十八周年暨新建礼堂落成开幕特刊》，曼谷：泰国潮安同乡会，2004 年，第 290 页。

② 张兰臣先生德配林凤莲夫人生前曾捐赠位于泰京然那哇县越隆路地产一片，拟作建设山庄之用，因位于市区范围，未获政府批准。该会遂于 1969 年 12 月以投标方式出让该地块，得款 90.4 万铢，充作建设山庄经费。为追怀林凤莲夫人生前捐助地产之功绩，该会特于 1972 年通过组织韩江慈善会，将泰文注册名称定为"沙哈凤慈善会"，以资纪念。

此外也协助同乡解决一些实际困难。如 1977 年，协助同乡朱绍蔡、朱曾氏夫妇缴纳积欠随身证例费 3 600 铢，赞助同乡薛作仁治丧费 1 000 铢等。

（4）发展文娱活动，活跃会员生活。进入 20 世纪 90 年代后，该会因应形势的变化和会员的要求，文娱活动明显增加。康乐股中的太极拳组（1993 年）、歌唱组（1996 年，后改名韩江歌唱团）、舞蹈组（1996 年）、篮球队（1998 年）、健步组（1999 年）等相继成立，并经常开展各种活动，同乡会逐渐成为会员娱乐活动的组织者，所举办的各种活动中经常伴有会员登台歌唱表演等。1998 年，新辟藏书楼，收藏各种书籍，供会员及有关人士查阅。2004 年第 29 届理事会第 12 次会议上，张远发提议编写会歌，并成为此后同乡会活动时的必唱歌曲。2007 年 1 月 13 日，妇女股成立，招收各理事夫人及女同乡为股员，扩大襄助社会公益活动及推行对乡亲服务工作。

正是开展各种活动，服务会员，才增强了同乡会的凝聚力。

2. 对泰国社会的作用

泰国潮安同乡会团结和联系同乡，使之安居乐业，本身已是对泰国社会的贡献。而更易为社会所见的是该会对当地慈善事业所起的作用，广受官民好评。

"（20 世纪）50 年代，曼谷火灾频传，当时市区多是一些古老木板屋，栉比鳞次，不幸遭到祝融光顾，往往一发不可收拾，有时蔓延极广，整个社区化为乌有……灾民财产蓄积荡然无存，嗷嗷待哺，情极可怜。本会迁入攀多社纳甲盛巷之后，正是邻近地区火灾遍起、灾情严重之时，本会当时在张兰臣理事长领导之下，确实做了很多福利工作，对参加侨社联合救灾恤难，出钱出力，责无旁贷，起了极大作用。"[①]

该会对当地的慈善事业一般通过三种形式进行：一是参与由华侨报德善堂牵头各侨团组成的泰华联合救灾机构，每逢泰国遭遇自然灾害时，对灾区予以救助。如 1961 年泰国发生水灾时，由华侨报德善堂牵头发动泰华各界联合救灾，"福建会馆、潮安同乡会、报德善堂、潮阳同乡会、澄海同乡会、普宁同乡会棉被各 120 条，白米各 6 包"。[②] 2004 年 12 月 26 日，泰南遭受海啸袭击，灾情严重。该会响应政府号召，于 2005 年 2 月 18 日向华侨报德善堂捐泰币 10 万铢以帮助修建灾民房屋一间；于 2 月 4 日以各理事私人名义共捐款泰币 106.3 万铢，向国务院总理他信呈献。二是参与潮州会馆联合潮属各县同乡会的救灾活动。如 1995 年，泰国 64 府遭受洪患，潮安同乡会参与潮州会馆暨各县同乡会赈灾捐款共 50 万铢的活动，呈献最高统帅部。三是独立开展慈善救助活动。此类活动涉及面很广，如赞助同乡医药、丧葬等费用，赞助泰国有关节庆以及佛寺活动，慰

---

① 詹海清：《本会福利股典礼组》，载《泰国潮安同乡会成立七十八周年暨新建礼堂落成开幕特刊》，曼谷：泰国潮安同乡会，2004 年，第 289 页。

② 林悟殊：《泰国大峰祖师崇拜与华侨报德善堂研究》，台北：淑馨出版社，1996 年，第 113 页。

问警察、边防军警，赞助有关慈善机构的救灾款等。如1977年曾赞助皇储大婚筹建医院基金1万铢，联合潮州会馆主办越央佛寺解夏布施礼赞助经费2000铢。仅1983年度（1982年12月至1983年11月），赞助有关事宜就达15项，金额合共32.48万铢。[①] 1997年中，泰国爆发金融危机，该会响应政府"泰助泰"的号召，晋见内务部长沙喃，呈献义款50万铢。2008年3月18日，该会妇女组慰问北革妇女养老院。该会永远名誉理事长谢慧如先生生前在泰国捐巨资举办各种慈善公益事业，被誉为大慈善家。[②]

潮安同乡会为慈善事业所做出的贡献，在泰国反响良好。1987年该会成立60周年时，泰国佛教公会理事长、泰国社会福利院主席巴博·蔚猜教授称赞："旅暹潮安同乡会一向对促进教育事业不遗余力，对贫苦学生经常给予经济上赞助，至于其他社会公益事业，也均大力支持，堪称是一个热心造福国家永恒富强繁荣之工作单位，其善举值得令人崇敬与称颂。"警察总监那隆·玛哈暖警上将则说："在这长远过程中，旅暹潮安同乡会协助政府尤其警厅培育少年，使其对社会负有责任心。"教育部长乃玛律·汶纳认为："旅暹潮安同乡会是一个互助教育，以及其他社会福利公益事业的机构，应予以高度赞扬"。民会主席乃川·立派希望该会"继续为国家培育人材，资助清寒学子，以至其他社会慈善福利事业"。[③] 2012年，泰国总理英拉·西那瓦为该会题词："泰国潮安同乡会致力于发展社会公益事业，迄今已经历85年漫长岁月，证明该会全体会员一向精诚团结无间，致力于促进各项会务发展，造福社会。尤其对促进教育事业，照顾保健，以及设立学校、基金会与慈善机构，同心协力为会员、各界人士与社会谋福利，堪称为国家良好公民之典范，值得赞扬。"[④]

3. 对祖籍原乡的作用

该会早期对原乡的作用，主要体现在支持桑梓的各项慈善公益事业上，特别是赈济灾民方面。严捷昇说："而对故乡桑梓各项慈善公益，亦莫不尽其绵薄，以期有所贡献，例如为防止韩江每年泛期发生水灾而多次筹款协助修理北堤，每逢旧历岁暮，为济贫善举，而逐年汇款举办家乡暮年施赈，抗日战争胜利之初，为救济家乡饥荒，则筹募白米3 000包，迅速运往故乡发赈……"[⑤] 曾任同乡会

① 参阅《会务报告书》，载《旅暹潮安同乡会成立六十周年纪念特刊》，曼谷：旅暹潮安同乡会，1987年，第260－261页。

② 杨锡铭：《试论泰国谢慧如先生公益奉献精神之形成》，载《第八届潮学国际研讨会会议论文》，广州：中山大学，2009年，第371－380页。

③ 巴博·蔚猜、那隆·玛哈暖警、乃玛律·汶纳等：《贺词》，载《旅暹潮安同乡会成立六十周年纪念特刊》，曼谷：旅暹潮安同乡会，1987年。

④ 英拉·西那瓦：《贺词》，载《泰国潮安同乡会成立八十五周年纪念特刊》，曼谷：泰国潮安同乡会，2012年。

⑤ 严捷昇：《旅暹潮安同乡会简史》，载《旅暹潮安同乡会成立五十六周年纪念特刊》，曼谷：旅暹潮安同乡会，1982年，第140页。

秘书的杨素华回忆："当时祖国发生粮荒，灾情空前严重。海外华侨纷起募捐购粮，运返祖国救灾。泰国方面，由郑午楼先生领导'华侨救济祖国粮荒委员会'进行募捐运动，各侨团均合力推动，一时风起云涌，百川成大海。泰国华人众多而有组织，故能及时救济灾黎。我在潮安同乡会，与林陶生先生同往耀华力路潮剧院登台演讲，募捐救灾。林先生带一募捐箱在台下收捐款，我在台上报告祖国粮荒灾情，因我刚来自祖国，对于国内饥民惨状，像饿死街上，吃草根、树皮等情形，皆亲自见过。说得真切，戏院内听众竟有流泪的！大家纷纷掏出袋里的钱，林先生脚忙手乱地收钱，因恐时间拖长了影响了演戏的时间。"①

中华人民共和国成立后至 70 年代，由于各种因素，该会与原乡的联系一度处于中断状态。

1975 年，中泰正式建交。之后，中国开始实行改革开放，与外界的联系逐渐发展，中泰双边往来不断增多。进入 20 世纪 80 年代之后，随着两国关系的好转，加上潮州原乡贯彻落实有关华侨政策，泰国的潮州人关注原乡的热情不断高涨。许多人返回原乡，捐资兴办教育医疗、修桥造路等社会公益事业，造福桑梓。1986 年开始，同乡会的永远名誉理事长谢慧如先生在中国的潮州市、汕头市以及其他地方，捐巨款，兴公益，享誉中泰。② 其他成员也在原乡的公益事业方面贡献良多。此时期该会对祖籍原乡的作用主要体现为沟通中泰联系、促进文化交流、赈济自然灾害、支持社会公益事业等。

（1）赈济自然灾害。对中国尤其是原乡发生的自然灾害，该会不遗余力发动会员捐款捐物，及时赈济灾区。如 1986 年 7 月 14 日，潮州市遭受台风袭击，受灾严重，该会曾致电慰问。③ 1991 年，强台风袭击潮汕地区，该会组织慰问团赴潮州市慰问灾区，捐赠港币 75.532 万元，连同认捐潮州会馆统筹的潮属十县同乡会慰问白米 700 包（折合港币 15.532 万元），两项共计港币 91.064 万元。④ 1994 年中国华南 6 省发生严重水灾，该会参与潮州会馆暨各县同乡会联合捐助灾区大米 3 000 包（每包泰币 550 铢）。⑤ 1998 年中国长江流域和东北地区遭受洪患，参与潮州会馆暨各县同乡会联合向灾区捐款 100 万铢。⑥ 2006 年 7 月 15 日，

① 杨素华：《我任潮安同乡会秘书的回忆》，载《旅暹潮安同乡会成立五十六周年纪念特刊》，曼谷：旅暹潮安同乡会，1982 年，第 247 页。

② 杨锡铭：《试论泰国谢慧如先生公益奉献精神之形成》，载《第八届潮学国际研讨会会议论文》，广州：中山大学，2009 年 11 月，第 371 – 380 页。

③ 《旅暹潮安同乡会佛历 2529 年度会务报告书》，载《旅暹潮安同乡会成立六十周年纪念特刊》，曼谷：旅暹潮安同乡会，1987 年，第 285 页。

④ 《血浓于水同胞爱》，载《泰国潮州会馆成立五十五周年纪念特刊》，曼谷：泰国潮州会馆，1993 年，第 138 页。

⑤ 《泰国潮州会馆六十年会务概述》，载《泰国潮州会馆成立六十周年纪念特刊》，曼谷：泰国潮州会馆，1998 年，第 196 页。

⑥ 《泰国潮州会馆六十年会务概述》，载《泰国潮州会馆成立六十周年纪念特刊》，曼谷：泰国潮州会馆，1998 年，第 266 页。

台风"碧利斯"袭击潮州市，陈绍扬理事长率团亲往灾区慰问，捐助人民币 60 万元（折大米）。2008 年 2 月 22 日，中国受到严重雪灾，该会捐助善款 50 万铢。2008 年 5 月 12 日，中国四川省汶川县发生特大地震，同乡会分三次共捐出义款 283.65 万铢。[1]

（2）支持社会公益事业。从 20 世纪 80 年代开始，同乡会多次动员会员乡亲，捐资捐物支持潮州市修复开元寺，修建体育馆、韩江大桥以及乡村学校医院等公益事业。2000 年 8 月 16 日，该会理事暨潮安乡亲响应潮安县人民政府善举，共集资人民币 40.586 万元，赞助筹建潮安县人民医院。[2] 2003 年，捐款人民币 90.4 万元，作为潮州市修复广济桥（湘子桥）经费。[3] 而原乡其他需要泰国乡亲支持的公益事业，有关部门也多通过同乡会向泰国的乡亲做工作。

（3）双向交流。该会于 20 世纪 70 年代末开始组团回原乡观光旅游，参加有关社会活动。20 世纪 80 年代开始，来自潮州原乡的访问团组常年不断，双向往来活动相当频繁，同乡会成为原乡联系泰国的桥梁。原乡的有关部门在与泰国进行双向交流时，总是将同乡会视为在泰国的对应单位，或者是泰国潮安同乡的总代表。1995 年中泰建交 20 周年时，该会永远名誉理事长谢慧如先生率庆贺团一行 400 多人到访北京等地，成为中泰民间友好往来的一大盛事。

文化交流成为此时期的亮点。潮剧是潮州人喜闻乐见的艺术，同乡会多次邀请潮州市潮剧团莅泰演出。该团于 1991 年 1 月 19 日至 2 月 1 日应泰国红十字会和潮安同乡会邀请，首次莅泰作慈善义演。一共演出 17 场次，是泰国潮剧史上的一次空前盛会。1994 年 10 月 5 日至 25 日，该会与泰华福利院、泰华文化教育基金会联合邀请潮州市潮剧团莅泰义演，为谢慧如先生祝寿。2004 年 4 月 21 日至 5 月 6 日，再次邀请潮州市潮剧团在新建礼堂兰臣堂演出 17 场次。2006 年 4 月 26 日，邀请潮州市潮剧团在大礼堂演出多场。2010 年 8 月 15 日，潮安中学所属之潮安语言学院及潮安幼稚园的两座新教学楼举行落成揭幕典礼，潮州市少儿演艺团应邀莅泰演出 5 晚 5 场。

1995 年初，经该会谢慧如先生的努力，中国西安法门寺佛指舍利来到泰国供奉，此系该寺佛指舍利首次出国门，在中泰文化交流史上增添了灿烂篇章。同样在谢慧如先生的努力下，一座泰式佛殿于 20 世纪 90 年代中期在潮州市区落成。1997 年诗琳通公主还专门莅临潮州市参观泰佛寺。泰佛寺与后来的淡浮院在潮州落户，成为中泰文化交流的见证。

---

[1] 资料室：《泰国潮安同乡会成立八十五周年会务发展大事记》，载《泰国潮安同乡会成立八十五周年纪念特刊》，曼谷：泰国潮安同乡会，2012 年，第 146 - 147 页。

[2] 《会务报告——佛历 2543 年》，载《泰国潮安同乡会成立七十八周年暨新建礼堂落成开幕特刊》，曼谷：泰国潮安同乡会，2004 年，第 192 页。

[3] 资料室：《泰国潮安同乡会成立八十五周年会务发展大事记》，载《泰国潮安同乡会成立八十五周年纪念特刊》，曼谷：泰国潮安同乡会，2012 年，第 145 页。

潮安同乡会还促进其他方面的文化交流活动。20 世纪 60—90 年代，多次邀请饶宗颐教授到泰国演讲、办画展，传播中国文化。[1] 2003 年 3 月 8 日，接受饶宗颐赠送该会的书法《辅仁益义》，苏石风赠的国画《莲花》。8 月 9 日，捐赠 10 万港元赞助饶宗颐教授出版《华学》第 7 辑。[2] 2007 年 11 月 22 日，联合泰华进出口商会及华商联谊会，主办"中国苏州华人德教授书法展"，华人德教授现场书"融和致远"墨宝予该会。

双向往来详细情况，可见表 7、表 8：

表 7　1979 年以来泰国潮安同乡会组团访华情况

时间	人数	内容
1979 年 9 月	27	首次组团回中国观光探亲
1980 年 9 月	28	组团回中国观光
1980 年 9 月	44	组团回潮州探亲
1981 年 9 月	39	组织庆贺团参加潮安县华侨大厦落成典礼
1985 年 11 月	28	组团参加潮州市韩江大桥奠基礼及回乡探亲
1986 年 9 月	19	组团赴北京参加中华人民共和国国庆典礼及回乡探亲
1991 年 8 月	6	组团赴潮州市慰问受太平洋七号台风袭击受灾乡亲
1992 年元宵	72	参加潮州市元宵联谊会暨经贸洽谈会，其间先后参加潮州体育馆、谢慧如图书馆、泰佛殿、艺乐宫等项目落成典礼
1993 年 2 月	不详	应邀参加第六届潮汕迎春节
1994 年 9 月	23	考察潮州地区经贸
1995 年 6 月 29 至 7 月 2 日	约 400	谢慧如先生率领的庆贺团到访北京等地，庆贺中泰建交 20 周年
2000 年 2 月	12	参加潮州市文化美食节
2001 年 10 月	5	组团赴北京出席第 11 届国际潮团联谊年会
2001 年 10 月	8	参加 28 日晚在人民广场举行的"同一首歌——走进侨乡潮州"演唱会
2002 年 4 月	6	参加潮州市升格扩大区域 10 周年庆典活动
2002 年 9 月	54	赴潮州市进行友好访问
2003 年 11 月	23	参加潮安县人民医院奠基典礼

　① 参阅杨锡铭、王侨生：《饶宗颐教授与泰国的缘分述略》，载黄挺主编：《潮学研究》第 12 期，香港：文化创造出版社，2005 年，第 6–20 页。
　② 《会务报告——佛历 2546 年》，载《泰国潮安同乡会成立七十八周年暨新建礼堂落成开幕特刊》，曼谷：泰国潮安同乡会，2004 年，第 199 页。

时间	人数	内容
2004 年 9 月	9	参加潮州市首届文化旅游节
2005 年 4 月	132	访问潮州市及所属县区，人数为历来之最
2005 年 11 月	33	参加在澳门举行的第 13 届国际潮团联谊年会
2006 年 7 月	5	赴潮州市慰问受台风碧利斯影响的灾民
2007 年 3 月	46	回乡观光并到深圳、广州等地旅游
2007 年 6 月	18	参加潮州市第二届文化旅游节活动
2007 年 9 月	76	韩江合唱团赴潮州市表演，并到厦门观光旅游
2007 年 10 月	7	参加香港潮安同乡会成立 34 周年暨第 18 届会董就职仪式
2008 年 4 月	50	到上海、黄山、杭州、义乌等地旅游
2008 年 11 月	8	参加在汕头市举行的首届粤东侨博会暨汕头市招商洽谈会
2009 年 10 月	7	参加深圳市韩江文化研究会成立一周年庆祝大会
2009 年 11 月	40	参加在潮州市举行的第二届粤东侨博会暨第三届潮州市旅游节
2009 年 11 月	40	参加在广州举行的第 15 届国际潮团联谊年会
2010 年 3 月	41	访问潮州市及所属区县
2010 年 7 月	4	到香港邀请乡贤出席潮安同乡会辖下潮安学校落成揭幕典礼

资料来源：泰国（旅暹）潮安同乡会五十六、六十、六十六、七十八、八十五周年纪念特刊。

表8　1980 年以来泰国潮安同乡会接待来访团组情况

时间	活动内容
1980 年 8 月	香港潮安同乡会及香港庵埠同乡会莅泰访问
1983 年 11 月 19 日、20 日	联合潮州会馆暨各县同乡会，主办在曼谷举行的第二届国际潮团联谊年会。20 日举行联欢宴会，欢迎莅泰的各个国家和地区的潮安乡亲
1984 年 8 月 28 日	方明生率领汕头市工商考察团莅会访问
1985 年 2 月 6 日	陈作民为团长的汕头市经济考察团莅会访问
1985 年 4 月 1 日至 14 日	潮州市委书记林锡荣为团长的潮州市经济考察团应邀莅泰访问
1985 年 7 月 31 日	马来西亚槟城北马潮安同乡会莅泰访问
1985 年 11 月 14 日	广东潮剧团乡亲团员莅会访问
1986 年 7 月 30 日	槟城北马潮安同乡会访问团莅泰访问
1994 年 5 月 13 日	潮州市湘桥区侨联会莅会访问

时间	活动内容
1994 年 7 月 9 日	潮安县委书记秦昌大率团莅会访问
1997 年 12 月 22 日	中国中央电视台代表团一行 5 人莅会访问
1998 年 4 月 29 日	潮州市政协前主席、市利民慈善会名誉会长杨洲发等 7 人莅会访问
1998 年 7 月 2 日	潮州市市长李清一行 4 人莅会访问
1998 年 8 月 7 日	潮州市委统战部暨侨联访问团一行 4 人莅会访问
1998 年 8 月 26 日	潮州市海外联谊会代表团一行 7 人莅会访问
1999 年 3 月 23 日	中国国务院侨办主任郭东坡访问泰国
1999 年 4 月 6 日	潮州副市长陈浩文率潮州市侨务访问团一行 7 人莅会访问
1999 年 5 月 8 日	潮州政协副主席吴志锐率潮州市政协访问团一行 13 人莅会访问
1999 年 5 月 15 日	汕头市委书记庄礼祥率汕头市友好访问团一行 10 人莅会访问
1999 年 9 月 4 日	中国国家主席江泽民访问泰国
1999 年 10 月 20 日	第 10 届国际潮团联谊年会在泰国芭提雅举行，泰国潮安同乡会举行午宴，欢迎出席盛会的世界各地的潮安乡亲
2000 年 7 月 4 日	中国国家副主席胡锦涛访问泰国
2001 年 8 月 11 日	潮州市委书记陈冰率潮州市友好代表团访问泰国 潮安县古巷镇访问团访问泰国
2002 年 7 月 23 日	潮州市教育访问团访问同乡会
2002 年 9 月 4 日	中国人大常委会委员长李鹏访问泰国
2002 年 12 月 21 日	潮安县人民政府访问团一行 9 人访问泰国
2003 年 1 月 23 日	中国国务院副总理李岚清访问泰国
2003 年 11 月 19 日	潮州市市长骆文智率团一行 18 人访问泰国
2004 年 4 月 21 口至 5 月 6 日	潮州市潮剧团应邀在新建礼堂（兰臣堂）演出 17 场
2004 年 5 月 23 日	潮州市委书记江泓率团访问泰国，参加同乡会新礼堂落成庆典仪式和在曼谷举办的潮州市经贸洽谈会（由潮安、饶平两县同乡会协办）
2005 年 2 月 24 日	潮安县侨联暨彩塘镇侨联访问团莅会访问
2005 年 5 月 19 日	潮安古巷镇访问团莅会访问
2005 年 5 月 23 日	潮安县铁铺镇访问团莅会访问
2005 年 6 月 15 日	潮安县人民政府访问团访问泰国
2005 年 8 月 15 日	潮州市人民政府在曼谷举行招商产品推介会
2005 年 9 月 25 日	潮州市委副书记田映生率团莅会访问
2005 年 11 月 21 日	潮州市委书记骆文智率团访问泰国，与曼谷市政府签订友城协议

（续上表）

时间	活动内容
2005 年 12 月 9 日	中国人民解放军海军军舰"深圳号""微山湖号"抵泰访问
2006 年 3 月 8 日	汕头市泰国归侨联谊会访问团莅会访问
2006 年 4 月 26 日	潮州市潮剧团应邀在同乡会礼堂演出多场，庆祝同乡会成立 80 周年
2006 年 6 月 22 日	广东潮剧院二团访问团莅会访问
2006 年 7 月 23 日	潮州市金山中学访问团莅会访问
2006 年 8 月 24 日	潮州市政府副秘书长陈小丽率少儿运动员参加第 40 届国际少儿运动会，并莅会访问
2007 年 1 月 27 日至 2 月 22 日	潮州市电视台采访组在泰国采访潮州人过春节活动
2007 年 1 月 8 日	潮安县侨联访问团莅会访问
2007 年 2 月 6 日	孙中山孙女孙穗芳博士访问同乡会
2007 年 6 月 30 日	潮安县浮洋镇人民政府访问团莅会访问
2007 年 9 月 19 日	潮州市侨联会访问团访问泰国
2008 年 3 月 28 日	潮州市副市长刘波率团参加第 5 届国际潮青联谊年会并莅会访问
2008 年 5 月 29 日	潮安县古巷镇访问团莅会访问
2008 年 6 月 6 日	潮安县江东镇政府访问团莅会访问
2008 年 8 月 3 日	潮州市金山中学星马访问团莅会访问
2008 年 9 月 29 日	潮汕世界苏氏总会访泰团莅会访问
2010 年 3 月 31 日	潮安县侨联主席温俊杰率团莅会访问
2010 年 8 月 11 日	潮州市少儿演艺团应邀莅泰，从 8 月 15 日至 20 日共演出 5 晚 5 场
2010 年 8 月 13 日	潮州市政府庆贺团莅泰参加新教学楼揭幕仪式
2010 年 9 月 7 日	潮安县铁铺镇政府访问团莅会访问
2010 年 9 月 9 日	潮州市政府在曼通他尼商展第四厅举办"潮州市招商展览会"和"投资环境推介会"
2010 年 12 月 1 日	参与潮州会馆欢宴中国国务院侨办访问团
2010 年 12 月 18 日	湖南省道经县在泰国举行经贸座谈会
2011 年 6 月 8 日	参与潮州会馆欢迎汕头市访问团莅泰访问宴会
2011 年 7 月 11 日	潮州市人大友好访问团莅会访问
2011 年 8 月 15 日	潮州市人民政府副秘书长曾武雄率团出席在曼谷举行的世界广东社团联谊年会，并莅会访问
2011 年 12 月 23 日	参与接待中国国家副主席习近平访问泰国活动

资料来源：泰国（旅暹）潮安同乡会成立五十六、六十、六十六、七十八、八十五周年纪念特刊。

四、对泰国潮安同乡会未来的展望

泰国潮安同乡会从成立到现在，已经走过 90 年的历史。在全球化的今天，在当今泰国社会中，该会是否有继续存在的理由，或者将如何继续存在，将会发挥何种作用？对此，笔者曾与泰华有关人士进行过探讨，并根据自身与该会多年来的交往体会，对其未来发展趋势试述如下：

首先，从其会员情况看，目前其成员绝大多数是在泰国出生的潮人后裔。"现在大部分从家乡来泰乡亲及其后裔，均入泰籍，持随身证者也为数不多，也没有回归故国之意，都在泰国立地生根。"① 这些潮人后裔，许多已经不会讲潮州话，或者从来没有到过其前辈的原乡，对潮州的地域概念甚淡。他们参加同乡会，是为实现自身身份的转换，即视在其中有一定的职位为光宗耀祖（该会的副理事长越来越多，从某种角度上可以说明这一点），或是因为认同"潮安"所代表的潮州人的婚丧喜庆、时年八节习俗，或是因为参与其中的文娱活动。也即多基于文化和心理认同的原因而加入同乡会。尽管近年来，该会注重吸收 20 世纪80 年代以来移居泰国的潮安人参加同乡会，其中有的已进入理事会，个别人已担任理事、常务理事，甚至副理事长，但直接来自原乡的潮安人数量很少。虽然该会仍以地缘作为界别，但地缘的纽带作用渐淡，文化和心理认同的因素增强。从旅暹潮安同乡会到泰国潮安同乡会的转变，说明该会已经从中国侨民的地缘性组织，转变成为泰籍华人公民的非政府组织。

其次，该会的社会功能在一定程度上仍然继续发挥作用。例如在发展文化教育，奖励会员子女求学，兴办社会公益和慈善事业，沟通中泰，促进与其他国家和地区的潮人组织的联系方面仍可发挥重要作用。自 20 世纪 80 年代以来，同乡会与原乡的双向往来一直频密，近年来与马来西亚、新加坡和中国香港等地的潮安同乡会组织联系也比较密切，说明今后该会仍可作为泰国潮安人的代表组织，发挥其与原乡和世界其他地区的潮人社团联系的桥梁作用。

再次，考察其发展历程可以看出，在帮助同乡和服务会员方面，该会已从直接提供资金和物质帮助，或协助办理有关手续等，逐渐转为向会员提供文娱活动，以及婚丧喜庆的典礼，乃至工商信息等方面的服务等。今后，组织文娱活动，以及婚丧喜庆等典礼服务将成为该会服务会员及同乡的主要内容，同乡会逐渐显现俱乐部的某些功能特征，而这将成为吸引会员的重要因素。

最后，该会目前的会员多数是比较年长者，年轻人相对比较少，后继乏人现象相当突出。虽然该会也意识到这种情况，并且在 2007 年设立青年股，吸收一

---

① 引自该会总干事苏文荣先生的复函。随身证是泰国政府发给外籍公民的一种居留证件，相当于美国等国家的绿卡。

些年轻人加入理事会，但实际效果尚不甚理想。而理事会机构的日益庞大，加上缺乏像张兰臣、谢慧如等德高望重者作为乡会的领头人，也使其决策效率下降，并影响其在泰华社会的地位。像这样一个百年潮人社团，今后如何吸引年青一代参与同乡会的活动，吸引有社会威望者加入，从而焕发青春活力，继续发挥其社会功能，将是今后一个严峻的问题。

总之，泰国潮安同乡会作为泰国社会中的一个潮人社团组织，已经从原来以地缘为联系纽带的中国侨民同乡会，转变成以认同潮州文化为共同心理的泰籍华人公民的非政府组织。在可预见的未来，它仍在一定的范围内继续发展，发挥其作用。

第三节　泰国潮人社团中家族传承现象

本节尝试探讨泰国潮人社团中存在着的家族传承现象及其产生的原因，以及未来潮人家族与泰华社团关系的发展趋势。

如前所述，泰国的华侨华人很早就建立起各种社团。但早期这些团体实为社团雏形而已，不但人数不多，组织不健全，制度不完善，也未获政府认可。泰国早期华侨华人社团的状况，大致也与此相同或相近。第二次世界大战结束之后，泰华社团大量涌现于泰国各地和各行各业。考察泰国潮人社团的发展历程，可以看出，在其领导层（董事会、理事会或执委会）中存在着家族传承的现象，即同一家族的成员先后在同一社团中任职，或者同时在不同社团担任职务。

一、泰国潮人社团中普遍存在的家族传承现象

家族传承的现象普遍存在于各潮人社团领导层中。较大家族如赖渠岱家族、陈景川家族、余子亮家族、郭鹏家族、黄子明家族、郑明如家族、廖少贤家族、许朝镇家族、丁家俊家族等，他们的后辈在社团中相继担任一定的职务。一些相对较小的家族，也有相同的情形。如长期从事木业的王木松，1965 年起担任潮安同乡会监事、理事、常务理事等职，其子王侨生从 1987 年起先后担任潮安同乡会的理事、常务理事以及其他社团的相关职务，王侨生的兄弟也相继担任木业公会要职。

此外还有一些兄弟、夫妻先后或同时在社团中任职的现象。如郑午楼之弟郑鹤楼，自 1972 年起连续担任潮州会馆第十八至二十四届副主席，1988 年起任名誉主席。又如陈绍勋和陈绍扬兄弟、张荣炳和张荣城兄弟等，以及欧史理和梁冰夫妇、丁家骏和丁危秀云夫妇等，同样是一种家族传承的现象。

郑午楼（1913—2007），原籍广东潮阳，是泰国著名银行家、实业家、社会

活动家。据笔者所知，其家族是泰华社团中历时最长的家族之一。其父郑子彬早年加入同盟会，是潮州会馆发起人之一，曾任潮州会馆第一届（1938—1939年）执监委会常务委员。[①] 郑子彬曾协助改组华侨报德善堂，使之成为华侨民众谋求福利及救济之中心；历任中华总商会常务委员、救国公债暹罗劝募委员会主席等职，在泰华社团中德高望重。

郑子彬有子女12人，八男四女。长子郑午楼在1937年时，年仅23岁即出任华侨报德善堂第四届董事长，之后一直是该堂的主要领导人之一，1972年起再度担任该堂董事长，前后长达几十年。1940年起担任潮州会馆第二届（1940—1941年）执监委会财政，连任第五届（1946—1947年）、第六届（1948—1949年）执监委会副主席，后长期担任潮州会馆财政；1980年起，被推举为该会馆的永远名誉主席。郑午楼也是郑子彬慈善基金会创办人兼主席、泰国公益金委员会倡议人并任首届主席。抗日战争胜利后，郑午楼与各界侨领发起成立暹罗华侨救济祖国粮荒委员会并任理事长，领导募集米粮，救济中国灾区，并组织监赈团，亲自回国监赈。1970年，郑午楼发起成立泰国郑氏宗亲总会，连任11届理事长共20多年。1980年起被中华总商会敦请为永远名誉主席。1989年、1993年先后被天华医院聘请为名誉董事长、永远名誉董事长。此外，还被介寿堂等社团机构聘请为永远名誉主席。

20世纪70年代初，郑午楼不再担任中华总商会、潮州会馆、天华医院等社团的实际职务，其长子郑伟昌于1972年开始担任中华总商会新第三届会董会的副财政等职。1971年起，郑伟昌先后担任天华医院的董事、常务董事、财政、副董事长等职。1976年起担任潮州会馆执委、财政。2016年任华侨报德善堂董事长，此前已任该堂副董事长多年。

潮州会馆的另一发起人张兰臣，曾任该会馆第三、四届主席，第八至十届监委，第十一、十二届监察主任。1942年起连任5届中华总商会主席。先后任潮安辅益社（潮安同乡会前身）第八、九、十一至十八届主席，潮安同乡会第一至六届理事，天华医院董事长，中华赠医所主席，华侨报德善堂董事长等职。20世纪60年代初不再担任社团的实际职务后，其子张卓如1962年起任潮州会馆第十三至二十届执委，1960年起担任潮安同乡会第十一届理事、第十二至十七届常务理事，第十八届起被敦请为荣誉顾问。1963年起担任天华医院第四十八至五十届董事长，1969年起担任该院名誉董事长。还担任过世界龙岗亲义总会永远名誉会长、泰国龙岗亲义总会会长等社团要职。

许朝镇家族对澄海同乡会的影响深远。出生于泰国的许朝镇，原籍广东澄海县澄城镇。其事业起步于经营猪油小生意，逐渐扩展到经营椰油、无味油、花生

---

① 潮州会馆第一届执监委共有23人，设正副主席各一人，财政、秘书、常委各一人，然后才是执委和监委等职，因而常务委员是当时该馆的核心人物之一。

油、麻籽油，是泰国知名实业家。许朝镇在社团中担任要职应始于许氏宗亲总会，"先生事业有成，抱着'取之社会，用之社会'宗旨，于佛历2519年（1975）获泰国许氏宗亲总会会员之拥戴，出任第六届理事长……先生历任三届，及至任满而让贤，宗族为念先生之贤劳，推荐为永远名誉理事长"。[1] 在担任许氏宗亲总会理事长后的1978年，许朝镇即开始担任澄海同乡会第十六届理事长，并一直连任至第二十三届，长达25年。其子许继荣于1987年开始任澄海同乡会理事、常务稽核兼泰文秘书、常务副秘书兼副文化股长、常务秘书兼文化股长，2008年起任第二十五、二十六届理事长，之后被推举为永远名誉理事长。许朝镇、许继荣父子两人先后担任澄海同乡会理事长长约30年。

二、潮人家族对社团发展的作用

据笔者观察，潮人家族成员在泰国潮人社团中能够延续者，多是富商巨贾，泰华许多社团的运转实际上离不开这些家族的支持。

（1）富商巨贾家族能够为泰华社团提供必要的资金来源。泰国潮人社团领导层中家族传承现象存在的重要因素在于这些家族本身是股商，能够为社团的运作提供必要的资金资助，使其能够正常运转。许多社团本身并没有收入（尤其是初创阶段），[2] 通常由会员交纳的会费和会董们按不同职位交纳的经常费，[3] 只能满足其基本的运转费用。但建设会址、赈灾扶贫、发展会务等活动，或是社团本身遭遇某种困难，则需另外募集资金。这些费用，大都来自泰华富裕家族。

"二战"后，潮安辅益社于1947年改组成为旅暹潮安同乡会。"及至民国三十八年，会员人数，已达三千以上，会务日渐进展，本会同人，因鉴于野虎路旧址，已渐感不足敷用，且属租赁性质，更非永久基业，于是决定购买会址，以谋基础之巩固，遂于同年十月间，以泰币五十万铢，购买攀多社纳甲盛巷现址，面积广达三莱，并于民国三十九年一月正式迁移办公。"[4] 购地后，潮安同乡会相继兴建礼堂、学校、篮球场暨围墙大门、创办韩江山庄[5]等工程，所需费用巨

① 佚名：《许朝镇先生传略》，载《泰国澄海同乡会成立四十五周年纪念特刊》，曼谷：泰国澄海同乡会，1992年，第167页。

② 经过多年的发展，现在一些泰华社团已拥有相当可观的物业收入，如山庄、学校、楼宇、基金等。

③ 如泰国潮安同乡会1980年修正的章程规定：永远会员入会时需一次性交纳基本金100铢，会费400铢，福利费400铢；基本会员入会时交纳基本金100铢，每年交纳会费40铢，福利费40铢。1991年修正为：永远会员入会时一次交纳基本金100铢、会费600铢、福利费600铢。不再设基本会员类项。潮州会馆第三十二届执委会（2002—2003年）规定职别经常费：主席每届40万铢，副主席每届每人20万铢，常委每届每人10万铢，新任常委每届每人25万铢，执委每届每人5万铢，新任执委每届每人20万铢。

④ 严捷昇：《旅暹潮安同乡会简史》，载《旅暹潮安同乡会成立五十六周年纪念特刊》，曼谷：旅暹潮安同乡会，1982年，第140页。

⑤ 泰华社会称坟场为山庄，韩江山庄是潮安同乡会下属的坟场，初时系提供给去世的会员及其亲属安葬的公益性坟场，后已改为收取一定费用的坟场，其收入充作会务经费。

大：兴建大礼堂需筹款泰币 120 万铢，[1] 建筑学校需 200 万铢，[2] 学校新校舍建筑费用 160 万铢，[3] 韩江山庄耗资将近 300 万铢。[4] 面对这些巨额资金，会员所交纳的会费显然是杯水车薪，难敷其用，自然必须另行募集。张兰臣家族为这些工程贡献颇多。他"自本会购置会址、创办学校、建筑礼堂各项建筑事业，莫不躬亲领导，首捐巨款，为同乡倡"。[5] 其夫人林凤莲女士在 1947 年将位于曼谷然那哇区与潮州山庄接壤一片面积广达二莱余地产，赠送潮安同乡会建设山庄之用。后因该片土地地处市区，兴建坟场未获政府批准。在 1969 年潮安同乡会创办韩江山庄时，该会以投标方式将该地块出让，获款 90.4 万铢，充作建筑韩江山庄的费用。[6] 1959 年筹建新校舍时，张兰臣之子张卓如捐款 30 万铢，为当时捐款最多者。[7]

许朝镇 1976 年出任泰国许氏宗亲总会第六届理事长时，"就职伊始，即落力筹划建筑许氏大宗祠，捐出 120 万铢巨款，作为建祠基金，另无息借款 180 万铢，此一首倡，得到众位宗亲响应，于是宗祠大业，即底于成"。[8] 1978 年其担任澄海同乡会理事长，即倡导改建同乡会旧礼堂，使之成为具有办公厅、会客厅、理事长室、地下停车场、大礼堂的崭新大厦。1975 年，其斥巨资在新城地区创建"镇长发全科医院"。"于是侨社上有称'许朝镇先生三大贡献'的美称。"[9]

（2）一些重要的家族能够为社团解决难题。社团内部或与社会其他部门之间，经常会产生一些问题和矛盾，社团本身不具有行政能力，只能靠协商解决。早期的泰华社会存在着私会党等帮派势力，帮派内外发生矛盾时，需要拥有社会权力（social power）、非正式的政治权力（informal political power）和强制权力

① 严捷昇：《旅暹潮安同乡会简史·建筑兰臣堂》，载《旅暹潮安同乡会成立五十六周年纪念特刊》，曼谷：旅暹潮安同乡会，1982 年，第 141 页。

② 佚名：《敬请赞助建筑学校缘起》，载《旅暹潮安同乡会成立五十六周年纪念特刊》，曼谷：旅暹潮安同乡会，1982 年，第 206 页。

③ 严捷昇：《旅暹潮安同乡会简史·筹建新校舍》，载《旅暹潮安同乡会成立五十六周年纪念特刊》，曼谷：旅暹潮安同乡会，1982 年，第 142 页。

④ 严捷昇：《旅暹潮安同乡会简史·完成山庄建设》，载《旅暹潮安同乡会成立五十六周年纪念特刊》，曼谷：旅暹潮安同乡会，1982 年，第 142 页。

⑤ 佚名：《张兰臣先生事略》，载《旅暹潮安同乡会成立五十六周年纪念特刊》，曼谷：旅暹潮安同乡会，1982 年，第 213 页。

⑥ 严捷昇：《旅暹潮安同乡会简史·创办韩江山庄》，载《旅暹潮安同乡会成立五十六周年纪念特刊》，曼谷：旅暹潮安同乡会，1982 年，第 142 页。

⑦ 严捷昇：《旅暹潮安同乡会简史·筹建新校舍》，载《旅暹潮安同乡会成立五十六周年纪念特刊》，曼谷：旅暹潮安同乡会，1982 年，第 141 页。

⑧ 佚名：《许朝镇先生传略》，载《泰国澄海同乡会成立四十五周年纪念特刊》，曼谷：泰国澄海同乡会，1992 年，第 167 页。

⑨ 佚名：《许朝镇先生传略》，载《泰国澄海同乡会成立四十五周年纪念特刊》，曼谷：泰国澄海同乡会，1992 年，第 167 页。

（coercive power）的人物来作为协调者。而这些协调者往往出自一些重要的泰华家族，他们在各自的发展过程中，建立了错综复杂的社会关系，不断积累着上述三种权力，从而在泰华社会中呼风唤雨。随着社会的进步，现在的泰华社会已今非昔比。能够充当社团的协调者更多的是具有一定的人格型权力，也即是其社会影响力。他们具有受到泰华社会崇敬的超凡品质、个人魅力和启示力，是德高望重者。这些德高望重者通常来自某些重要家族。如1982年底，天华医院第五十五届董事会任期届满，依章重新选举新一届董事会。因有落选董事以该次选举有欠公允而上诉到法庭，导致是次选举搁浅，故仍由第五十五届董事会主理院务。1983年，泰华著名人物郑午楼先生亲自邀请九属会馆及潮属十县同乡会首长协商斡旋，达成和解。并于1984年重新举行选举，组成以张昭荣为首的董事会，改为"新第一届"，作为新纪年之始，任期从1985年至1988年，共四年。新一届董事会成立时，该院因长年经济入不敷出，分别积欠京都银行和京华银行各400余万铢，而遭银行催讨。几经商谈，京华银行董事长郑午楼同意免除全部拖欠之利息，又向医院慈善基金捐款100万铢，合共200余万铢；加上京都银行董事长吴多福同意免除部分利息并捐款50万铢、谢慧如捐助100万铢、张绍荣50万铢、丘书亮和丁家骏各25万铢，以及其他董事的捐款，终于还清上述两家银行欠款，从而使天华医院渡过难关。①

介寿堂的创建缘起于第二次世界大战结束翌年，适逢蒋介石六十大寿，时任中国驻泰国大使李铁铮呼吁侨社集资，建一座"介寿堂"为蒋介石祝寿，并作为侨社文化活动中心。当时中国作为战胜国，旅泰侨胞人心振奋，很快就筹集了足够资金开始建设，并于1963年10月建成。但战后泰国政府对于土地买卖有严格的规定，因当时介寿堂尚未正式注册为法人团体，故所购得的地产依法不能过名，该堂决议以时任该堂主席伍竹林先生名义过名作为该地产的保管人。但后来伍竹林不幸突然逝世，生前未留下遗嘱说明该地产系代介寿堂保管。经与伍氏家族交谊甚深的时任天华医院董事张昭荣协调，伍氏家族同意将该地产过名归还介寿堂。但其时介寿堂仍无法正式注册为法人团体，故只能由时任该堂主席黄作明代为过名作为保管人，因而该地皮产业在做契证时用的是黄作明的名字，从法律的角度上讲，属于私产。到20世纪80年代末黄作明病重住院时，该处地皮及房产的价值已达10亿铢以上。许多侨领担心黄氏去世后，介寿堂产业是公是私说不清楚，要求尽快理顺产权归属，让公产归公，把介寿堂办成真正的慈善机构。此前也曾有过努力但未果。其时谢慧如在泰华社会"由于先生慷慨解囊，备受各有关社团尊敬，尊为元老"，② 名重朝野，德高望重，被大家推举来处理此事。

① 翁绍雄：《新第一届董事会·本院史略》，载《泰京天华医院成立九十周年纪念特刊》，曼谷：泰京天华医院，1994年，第97页。

② 佚名：《谢慧如先生传略》，载《泰国潮安同乡会成立六十六周年纪念特刊》，曼谷：泰国潮安同乡会，1994年，第268页。

谢慧如亲自到医院看望黄作明，表明必须改变介寿堂房地产契证户主的道理，双方商妥处理的办法。谢慧如得知黄作明的儿子曾以参股方式为该堂建了一座医院，用以救死扶伤，为社会做善事，介寿堂要补偿此项投资尚欠缺资金，便主动捐资 500 万铢，从而使这一最为泰华社会关注的问题得以顺利解决。之后，介寿堂改名为介寿堂慈善会，成立董事会进行管理，成为泰华社会一个知名的慈善机构。介寿堂物业归属问题的圆满解决，轰动当时的泰华社会。

（3）某些潮人家族左右着潮人社团的会务。如理事会（执委会、董事会）的人数、任期、会务兴革及运作等，实际上由某些家族所掌控。郑午楼 23 岁任华侨报德善堂第四届董事长，后长期任该堂主要领导人，1972 年起再度担任董事长直至其晚年。1937 年该堂附属之救护医院改组为华侨医院，1970 年 22 层高的华侨医院大厦筹划建筑，以及 1990 年倡导将该堂主办的华侨学院，扩办为一所综合大学——华侨崇圣大学等，莫不与郑午楼息息相关。华侨崇圣大学筹建时，郑午楼还亲任建校委员会主席，率先以其先翁郑子彬名义捐款一亿铢，作为建造大礼堂之用，带动泰华各界响应，纷纷捐款兴建崇圣大学。是以"今天若问此间中泰人士，可能有不认识某一机构，但却无不知有'报德堂'；可能有不知其他医院，但却无不知有'华侨医院'；可能有不认识某一要员，却不会不知有'郑午楼'其人"。[1] 足见其对华侨报德善堂的影响程度。

泰国澄海同乡会成立于 1947 年，至今有 70 多年历史。而许朝镇父子先后担任该会理事长约一半时间，并且在许朝镇担任理事长期间，其子许继荣已于 1987 年开始出任该会理事，此后一直担任常务稽核兼泰文秘书、常务副秘书兼副文化股长、常务秘书兼文化股长等职，许氏父子在该会的影响不可谓不大。如果说此段时间该会的运作与许氏父子密不可分，绝不为过。

周鑑梅 1984 年任潮州会馆第二十三届主席。[2] 1990 年，潮州会馆修改章程，将主席任期不得超过两届共四年的规定，改变为可以连选连任，[3] 从而使其能够一直连任潮州会馆的主席直至第三十届（1998—1999 年），前后共 15 年。2000 年，胡玉麟出任潮州会馆第三十一届主席时，提议"本会人才济济，贤者众多，会馆主席之职，每届任期二年，连任不得超过二届"[4]，才结束了该馆实际存在的主席终身制现象。中华总商会也存在着同样的问题。1932 年至 2007 年的 75 年中，分别只由陈守明（第十三、十四届，第十八、十九届）、张兰臣（第十七

---

① 佚名：《郑午楼先生传略》，载《泰国潮州会馆成立四十周年暨新馆落成揭幕纪念特刊》，曼谷：泰国潮州会馆，1979 年，第 1 页。

② 第 23 届主席在届中交替，第一年度（1983—1984 年）主席是金崇儒，第二年度（1984—1985 年）主席是周鑑梅。

③ 佚名：《泰国潮州会馆五十五年会务简报》，载《泰国潮州会馆成立五十五周年纪念特刊》，曼谷：泰国潮州会馆，1993 年，第 174 页。

④ 佚名：《泰国潮州会馆六十五年会务简报》，载《泰国潮州会馆成立六十五周年纪念特刊》，曼谷：泰国潮州会馆，2003 年，第 118 页。

届、第二十至二十七届）、黄作明（第二十八至三十届，新第一至十届）、郑明如（新第十一至二十届）四人担任主席，其间该会各种会务的开展无不与这四人及其家族相关联。直到 2008 年吴宏丰出任新第二十一届主席时，该会才改为主席每届任期两年，可以连选连任，但连任不得超过两届，即最多只能任主席四年。[①]

三、泰华社团中家族传承现象之原因

泰华社团中家族传承现象的原因，管见以为有四个方面的因素：

（1）社团本身的因素。泰国潮人社团中存在家族传承现象，从社团本身来说，如上所述，由于这些殷商巨贾，能够为社团提供必要的帮助，社团自然会给予他们相应的地位，甚至主动聘请他们担任社团的某种职务，以争取更多的支持，尤其是在社团需要资金开展某项活动时更是如此。如张兰臣、张卓如、郑午楼、谢慧如等，即使他们不再担任社团中的实际职务，众多社团还是敦请他们担任荣誉职位。而泰华社团，特别是潮州会馆、中华总商会、华侨报德善堂、天华医院、各属会馆和各县同乡会等，在泰国均是重要的华人社团组织，泰国官方对这些社团也刮目相待。泰国前总理乃挽限·信拉巴阿差曾去信祝贺中华总商会成立八十五周年。潮州会馆成立七十五周年时，泰国国会专门发了贺函。2012 年潮安同乡会出版成立八十五周年纪念特刊，时任泰国总理英拉、上议院主席蒂拉勒·美翩也分别发了贺词。因而这些社团对华侨华人商贾产生一定的吸引力，使其愿意为之出钱出力，以求在其中获得相应的职位，并保持其家族成员在其中的延续。

（2）泰国潮人家族自身的因素。泰华社会受中国文化，尤其是其中的潮州文化影响深厚。泰国学者哇拉塞·玛哈塔诺本曾经指出：20 世纪初"潮州人大多聚居在曼谷……而当年的曼谷省正处在领导暹罗走向全面君主专制的集权大改革时期，当时该省的文化变更来势迅猛与明显，当然其中包括以潮州为'主角'的海外华人文化"。他又说："东南亚的海外华人所'输入'的就都是中国南方所特有的，来源于儒教、道教和大乘佛教的互动的意识形态。""曼谷王朝建都，也即是曼谷王朝建立初期，华人文化对暹罗从一开始就产生互动关系。……暹罗之所以广泛接受这一外来的中华文化，其原因不外乎：一，暹罗曾经长期接受中华文化；二，暹罗文明与中华文明的学术基础和技术基础没有多大的区别。""当我们看到华人社区在中国各个节日里举行各种典礼，尤其当我们把眼光缩小

[①] 陈守明，祖籍澄海；张兰臣，祖籍潮安；黄作明，祖籍普宁；郑明如，祖籍丰顺留隍；吴宏丰，祖籍潮阳。五人均是潮州人。修改后的《泰国中华总商会章程》可查阅道客巴巴网，http://www.doc88.com/p-940839896389.html。

一些，看到华人在伦理上的各种表现，看到华人社会与众不同地在孝道方面的各种表现，也就不觉得奇怪了。"① 事实上，直至今天，中华文化的影响在泰国社会中仍显而易见，特别是在以潮州人为主体的华侨华人中更为突出。泰华著名华人谢慧如先生曾说："泰华社会任何一个组织，都离不了释、儒、道的义理的涵融，泰国华人，原自古老的农业社会的传统思想，注重'人生'问题。"② 泰华社会视在社团中担任领导为一种"官"，是"禄"的体现，是社会地位，或至少是其所在群体中的地位之象征。对于将中国文化中的"福禄寿全"作为人生理想的众多华侨华人来说，担任社团领导人，是实现由富而贵的角色转换的途径，是一种光宗耀祖的荣誉。

此外，参与社团活动，对参与者本身的事业也有一定的益处。泰华社会中存在"五缘"关系，即地缘、血缘、业缘、善缘、文缘关系，构成错综复杂的社会关系网，起着纽带、凝聚力和调和剂的作用，"五缘"关系的存在形式就是由泰华各界建立起来的各种各样的社团组织。③ 对于泰华家族而言，参与泰华社团，尤其是如中华总商会、潮州会馆等九属会馆、各县同乡会、华侨报德善堂等声誉卓著的社团活动，可以借助社团的活动舞台，建立、巩固或延伸、拓展自身的关系网，使自身的事业得到更大的支持和发展，故而不少泰国潮人家族愿意参与社团活动，出任社团的领导，并且在其中保持其成员的延续。这也是泰华社会热衷参与社团活动的重要原因。

（3）故土的因素。除了中华文化，特别是其中的潮州文化对泰国华侨华人的潜移默化的影响外，故国原乡历来把泰华社团当成是联系泰国华侨华人的重要纽带和桥梁。泰国中华总商会就是受到清王朝鼓励，并于1911年3月27日由清王朝农工商部正式批准成立的。1914年，中华总商会还依农工商部颁布的商会法选举会长及董事会。④ 1932年，经南京国民政府与泰国政府商谈，泰方同意中国在曼谷设立一名商务专员。随后，南京国民政府任命泰国中华总商会主席陈守明担任这一职务。⑤ 长期以来，中国的领导人到访泰国，欢迎大会通常都由潮州会馆和中华总商会联合泰华各界一起举办。1978以来，中国实行改革开放政策，

---

① 哇拉塞·玛哈塔诺本：《暹罗的华人文化——1851—1910年的活动与演变》，载《泰国潮州人及其故乡潮汕研究计划第二辑：汕头港（1860—1949）》，曼谷：朱拉隆功大学亚洲研究所中国研究中心，1997年，第161－172页。

② 谢慧如：《贺词》，载《泰国中华总商会成立八十五周年暨新大厦落成揭幕纪念特刊》，曼谷：泰国中华总商会，1995年，第5页。

③ 林风先生对此有详细的论述，参阅氏著：《论"五缘"关系与泰国社会华侨华人族群》，载《泰国潮州人及其故乡潮汕研究计划第二辑：汕头港（1860—1949）》，曼谷：朱拉隆功大学亚洲研究所中国研究中心，1997年，第83－97页。

④ 佚名：《泰国中华总商会八十五周年》，载《泰国中华总商会成立八十五周年暨新大厦落成揭幕纪念特刊》，曼谷：泰国中华总商会，1995年，第105－114页。

⑤ 朱振明：《中泰关系史概述》，载《泰中学刊》，曼谷：泰国泰中学会，1994年，第15页。

应邀到中国参加各种庆典、商务、联谊等活动的泰华各界人士实际上多为潮州会馆等九属会馆及各县同乡会、中华总商会、宗亲会等各种社团的领导人。中国地方政府与泰华各界联系时大多通过泰华社团，将其视为故土原乡在泰国的对应机构或代表；甚至以官本位看待泰华社团，给予相应的礼遇，使社团的领导人享有高于一般商人或民众的礼遇。因此，这在一定程度上刺激泰华家族追求和保持在社团领导层中的地位，甚至催生了不少新的社团及其领导人。

（4）世界其他各地华人圈的因素。现今华人遍布世界各地，世界各地的华人与泰国联系时，或早或迟会与泰国华侨华人接触。而泰华社团中的职位显然也是对外联系的一种身份象征，或是因相同的"缘"而更易于彼此认同。参与国际潮团联谊大会、世界性宗亲联谊大会、世界华商大会、潮商大会等，乃至开展国际商务活动，如能拥有泰华社团的某一职位，更能体现自身的价值，受到更多的尊重和信任，也促使泰国潮人家族愿意追求并继承在社团领导层中的职务。

四、泰国潮人社团中家族传承现象的发展趋势

目前，泰华社团有老龄化的趋势。由于华人的后裔逐渐泰化，缺少中华文化的熏陶，甚至不懂华语，许多年轻人不愿意加入传统泰华社团，以致不少社团后继乏人。即便是在社团中传承多年的泰国潮人家族也出现相同的情况。如上述知名的潮人家族中，能够保持三代人参与泰华社团的活动者，屈指可数，遑论继承领导层的职位者。但可以预见，泰华社团在未来仍将会继续存在和发展，潮人家族在其中的传承现象也将会继续存在。原有的家族退出，新的家族会出现。可以说，只要泰华社团能够存在并发挥其作用，就会有泰华家族传承现象的存在。

首先，从其会员情况看，目前其成员绝大多数是在泰国出生的华侨华人后裔。众多的泰华社团实际上已转变成为泰籍华人公民的非政府组织。现在泰国大部分的潮州人及其后裔，均入泰籍，持随身证者为数不多，也没有回归故国之意，都在泰国立地生根。潮人后裔许多已经不会讲潮州话，或者从来没有到过其前辈的原乡，对潮州的地域概念甚淡。他们参加社团，是出于自身身份转换的需要，即视在其中有一定的职位为光宗耀祖，也即多基于文化和心理认同的原因而加入社团。

其次，泰国潮人社团的社会功能在一定程度上仍然继续发挥作用。例如，在发展文化教育、奖励会员子女求学、兴办社会公益和慈善事业，以及沟通中泰和促进与其他国家及地区的潮人组织的联系方面仍将可以发挥重要作用。世界各地华侨华人与泰华社会联系时仍将社团作为主要的联系渠道。有些社团，特别是同乡会、宗亲会等，在帮助同乡和服务会员方面，已从直接提供资金和物质帮助，或协助办理有关手续证件等，逐渐转为向会员提供文娱活动，以及婚丧喜庆、春秋两祭等典礼服务，逐渐显现出俱乐部的某些功能特征。

最后，不少潮人社团已意识到后继乏人的情况，采取各种措施吸引年青一代参与社团。如在社团中设立了青年组织，又努力动员老会员或原领导人家族中的年轻人参加社团，在一定程度上也导致了华人社团中家族传承现象的继续存在。

综合上述，泰国潮人社团仍将继续存在。只要潮人社团及其功能存在，就一定会有潮人家族在其中发挥着作用，原有的家族退出，新的家族将会出现。其中既有社团方面的需求，也有泰国潮人家族自身的追求，而中华文化（尤其是其中的潮州文化）的影响起着重要的作用。

第三章
潮州文化在泰国的传承举隅

　　潮州是古代海上丝绸之路的重要节点，泰国则是海上丝绸之路沿线的重要国家之一。两地之间，很早就有频密的往来。潮州文化在泰国的传播，当是伴随着潮州移民的步伐而来。长期以来，泰国潮州人为传承潮州文化做出不懈努力，如建华文学校，① 坚持潮人生活方式、传播潮剧和潮州音乐、按潮俗过时年八节、要求子女讲潮州话、带子女回故乡接受原乡文化熏陶等。这些对于潮州文化在泰国的传承起到了积极的作用。时至今天，潮州文化在泰国的传播，已经产生异化和弱化，同时也对泰国文化产生了一定的影响。本章仅以一二侧面，叙述潮州文化在泰国的传承情况，期能以窥一斑而有助于见全豹。

第一节　潮州盂兰胜会习俗及其在泰国的流传

　　潮州人移民到泰国，带了潮州人的各种习俗，盂兰胜会即是其中之一。泰国的盂兰胜会，是以潮州人为主体的华人移民到泰国的产物。其习俗传衍至今，已成为泰国颇具广泛性的民俗活动之一，影响殊深。在长期的传播过程中，一方面各地的盂兰胜会各具特色，另一方面也逐渐演化出与中国本土不尽相同的内涵和形式。可以说，相对于潮州本土的习俗，泰国盂兰胜会已产生了异化，或曰在地化现象，即源于中国，而又具有泰国自身的特点。

一、潮州盂兰胜会的习俗

　　在中国，每年农历七月十五日为"盂兰盆节"，也称"中元节"。有些地方俗称"鬼节"，又称"亡人节"；潮州人习惯称"施孤""七月半"。依照佛家的

---

　　① 　泰国潮州人早期所建的华文学校，其教学语言是潮州话。20 世纪 90 年代泰国政府放宽对华文教育的限制后，华文学校的教学语言逐渐改为普通话。

说法，农历七月十五日这天，佛教徒举行"盂兰盆法会"供奉佛祖和僧人，济度六道苦难，以及报谢父母长养慈爱之恩。现潮州市中心城区，历史上是潮州府的府治所在。城中有一个建于唐朝开元年间的古寺——开元寺。相传开元寺于每年农历七月初一日子时，开地狱门，放饿鬼孤魂出狱。七月三十日（小月为二十九日）亥时末，关地狱门，收饿鬼孤魂入狱。由此，农历七月，又被称为"鬼月"。

笔者寡闻，难以确定潮州地区盂兰胜会的习俗起于何时。《海阳县志》等潮州府属地方史志中，有过明清时期潮州地区举行盂兰胜会的情况，但也缺乏何时开始流行于潮州的明确记载，大概由于此类习俗系逐渐蔚成之故。出生于潮安县，1949 年移居台湾的沈敏先生曾在其 1937 年出版的《潮安年节风俗谈》中比较详细地介绍了旧时潮州城的盂兰胜会情况，[①] 现录于下，以便与后面的泰国同名活动作比较：

旧时潮城的盂兰胜会

盂兰胜会，俗称施孤，亦叫普渡。联起来为施孤普渡，却也说得通的。施济孤魂与普渡众生，同为盂兰胜会的对象。据说施孤始于佛经中目莲救母的故事，中国是从唐代开始的，习俗相沿，典礼颇为隆重。年间的旧历七月，潮安各地均有盂兰胜会的举行，城市与乡村风气各殊，盂兰会的情形也略有差异，同地的各社盂兰会，因为物质条件的参差也不一致的。

潮城方面善社主持

潮城的善堂颇多，每段路巷的住户还有组织神社的。每年七月的盂兰会，便由善堂或神社主持，但不是几个善堂或神社同时召集，却是各堂社个别的定期举行。附近住户，赴会参加，也有一连参加几处的。从善堂神社的立场说，参加盂兰会是普济鬼魂的善事。不过在现社会中，很多善事是非钱不行的，那么参加的祭品之丰菲，却在其人的经济情况如何而定了。

会场布置气象阴森

从七月初旬起，各地盂兰会先后举行。潮城方面，各堂社求神择日，分别筹备，会场布置，搭一法台，场前用竹篷制成牌坊，书写"盂兰胜会"的横匾，悬挂纸锭纸花，点缀场景；大概多带点阴森的鬼象。场内除香案及榜示外，布置桌椅多件，以供参加的放置祭品。并设大士爷神位、男孤魂神位、女孤魂位等，分别焚香供奉。台上布设经座，悬挂佛像法器颇多。座中供置鲜花青果，景象颇为庄严。佛经多卷，专作恭诵之需。当开始念经作法时，鼓乐帮声助势。经师多由善堂人员充任，各着白纱长衣，事前斋戒沐浴，届时登台念经。银纸、冥衣、食物等，分列场内桌上，夜间电灯光照，像戏场一般的热闹。

---

① 沈敏：《潮安年节风俗谈》，潮安：斫轮印务局，1937 年，第 126－129 页。

念经作法接连两天

每个盂兰会，有念经作法一天的，有连接两三天的。经费充足的善社，多一两天是没有问题。经费困难的只能循例敷衍，作法一天罢了。从前潮城的盂兰会颇热闹，现在却又零落些。有几个善堂因经费的关系，暂停举行。可见地方经济衰落，连迷信事业也大受打击了。

上座施食众鬼齐来

善社的人员穿着长衣，排列齐整的登台念经。当着最紧张的关头，名为上座。上座的时间多在下午，要一位比较精干的法师主持。齐声念经，循例作法。此时即系对鬼魂通知施食，同时把纸锭冥衣焚化。据说各方鬼魂，纷纷到场前分食，那位主持经座的法师，可以眼见鬼物的。因为有这么的鬼话连篇，所以家长们禁止孩子们到会场去，深恐人鬼中有什么未了情怨，弄出意外的不妙来。

城隍庙内施钱给食

潮城盂兰胜会，祭品由各住户分别备用。念经作法完毕，原物由主人取回。不像汕头一带的把祭物分送贫民，也不像乡村的把祭品任由乡民乱夺。但在城隍庙的盂兰胜会，晚间却有施钱给粥的。贫民先期的入庙等候，善堂的人物却带钱截住门口。到了相当的时间，开始发钱。贫民由庙内挤出，接过些钱走了。有的要分两份钱，连小孩也抱来凑数。当人多拥挤的时候，却有压毙小孩的危险。又因贫民久候而饥饿，门口再有施粥的。每名大约可得钱二十多仙，和一两碗粥吃。但久候和拥挤的痛苦，也算得难偿失。

潮州城也是当时的潮安县城，是原潮州府的府治所在，历史上一直是潮州地区的行政中心所在。20 世纪 50 年代初之后，地区的行政中心才迁移到汕头市。20 世纪 90 年代以前，潮州城与汕头市，是潮汕地区两个主要的城市。所以沈敏此文所述可作为当时潮州地区盂兰胜会盛况的代表。从沈敏这段文字可知，在20 世纪 30 年代，潮州城盂兰胜会有以下几个特点：

①盂兰胜会由各善堂或各路段的神社组织，场面布置阴森；

②各地盂兰胜会举办的日子由各善堂神社求神而定，持续时间、规模因经济条件不同而异；

③潮州城的盂兰胜会通常只作施阴，祭品由各住户带回，唯城隍庙的盂兰胜会在晚间有施钱给粥的济阳活动；

④汕头一带有把祭品分送贫民的济阳活动，而乡下的济阳有将祭品任由乡民抢夺（即所谓"抢孤"）的情形。

据老一辈人对旧时盂兰胜会情况的回忆，大致近似于沈敏所述。①

---

① 参阅许振声：《建国前潮州城传统节日与民俗》，载政协潮州市委员会文史编辑组编：《潮州文史资料》第 24 辑，2004 年，第 155 – 157 页。

20 世纪下半叶，在潮州地区，盂兰胜会与其他民俗活动一度被当成封建迷信活动而被禁阻，民众通常不敢公开地举办盂兰胜会；寺庙一度受冲击，民间的善堂等也被取缔。但"七月半"习俗仍存在，作为一个民间节日，在农历七月十五日前后，民众通常会在家中拜祭先人。20 世纪 80 年代后，盂兰胜会等习俗活动逐渐恢复，但已难见旧时由善堂神社组织的那种大型施阴济阳活动，更遑论"抢孤"场面。在潮汕市区，以及潮属各县的城区，通常只由居民自发在自家门口附近拜祭、插香等。笔者所居的潮州市区，近年来在农历七月期间，通常由各个社区居民商家各自按习惯形成的日子，于当天中午后，在附近的寺庙，或在路边开阔地，摆上祭品祭拜"孤爷"，也有在地面上撒些白米饭或白米，点燃香烛，将香插在地上有缝之处，然后烧化冥纸。事后，祭品各自收回。据笔者了解，目前潮汕地区七月期间的"施孤"活动，也大致如此。

二、泰国盂兰胜会的起源

如同难于确定盂兰胜会的习俗何时起于潮州地区一样，要弄清盂兰胜会的习俗究竟何时传到泰国也甚为困难。泰国拉玛三世时期的历史文献中曾记载，居住在尖竹汶城挽甲节地区的潮州人与福建人发生群体斗殴。起因是潮州人与福建人在盂兰胜会期间观赏潮州戏时发生冲突，使泰国政府必须派员平息，该事件至 1824 年才告结束。[①] 这则资料表明，至迟到 1824 年，泰国已有举办盂兰胜会的活动，由于同时演出潮州戏，该次盂兰胜会应是由潮州人举办无疑。由华人建立的早期神庙有万望神庙（1816 年）、新本头公庙（1829 年）、迈巴鲁庙（1848 年），均在华人最多的曼谷地区。其中万望神庙是最早由潮籍华人建立的庙宇。[②] 那么在神庙举办的盂兰胜会应在 1816 年之后。因而，似可以说，至迟在 19 世纪初期，在泰国已有一定规模的盂兰胜会流传。

据笔者观察，现在，盂兰胜会已是泰国潮人及华裔的共同节日。每年的盂兰胜会持续时间长，整个农历七月，各地接踵举办；具有广泛性，从南到北几乎涵盖全泰国各地；影响广泛，甚至从农历六月下旬开始持续到八月初的这段时间内，泰国各家华文报纸都辟有专版，几乎每天都有大量图文并茂的有关盂兰胜会的报道，成为社会关注热点。

---

① 旺威帕·武律叻达纳攀：《吞武里王朝和曼谷王朝初期泰国社会中的潮州人》，载《泰国潮州人及其故乡潮汕研究计划第一辑：樟林港（1767—1850）》，曼谷：朱拉隆功大学亚洲研究所中国研究中心，1991 年，第 89 页。

② 旺威帕·武律叻达纳攀：《吞武里王朝和曼谷王朝初期泰国社会中的潮州人》，载《泰国潮州人及其故乡潮汕研究计划第一辑：樟林港（1767—1850）》，曼谷：朱拉隆功大学亚洲研究所中国研究中心，1991 年，第 81 页。

三、泰国盂兰胜会的一般形式和内容

泰国盂兰胜会的活动一般包括三种形式：

①农历七月十四日拜"好兄弟"；

②农历七月十五日"施孤"；

③团体举办施阴济阳活动。

以上前两种形式由各居家住户或商家自备祭品，在自家门口或附近路边开阔地摆放祭品进行祭拜，将点燃的香枝插在路边地缝，烧化冥纸，事毕祭品自家取回。团体举办的施阴济阳活动大多数在相关的善坛、善堂、寺庙或山庄（即坟场）等地方进行，主要由华人慈善机构（善坛、善堂、天华医院）、同乡会馆（潮州会馆及潮人同乡会）、佛教社及其他宗教团体等主办。团体举办的盂兰胜会通常都包括如下几个方面的内容：

①施阴：请高僧启建道场、诵经礼佛、敬献祭品、施放焰口、普度孤魂、公祭先贤先友、消灾纳福。

②济阳：将知名企业家及其他善信捐赠的白米及其他物资，现场分发给贫困民众或相关单位。

③文娱：法会期间一般伴有潮剧演出、放映电影、放水灯等活动，各地不尽相同。

泰南合艾市同声善堂的盂兰胜会有一套规范的程式。以 2013 年 8 月 3 日至 7 日该堂举办的盂兰胜会为例，该场法会一连五天。法会期间特聘潮剧老中正顺兴潮剧团、泰剧电影于堂前广场演出。凡追荐先祖者，皆先向该堂办事处登记。法会具体日程如下：[①]

8 月 3 日（农历六月二十七日）

下午 2 时，启建道场，开坛演净。

晚 7 时，庆云寺大师礼佛诵经。

晚 10 时，安坛。

8 月 4 日（农历六月二十八日）

上午 10 时，普供诸佛菩萨圣众。

下午 1 时，启建发关、放水灯，召请十方水陆无依孤魂。

下午 3 时，升孤台幡、安大士爷、安天地、安先进檀樾神位、安追荐先祖灵位。

---

① 温业泉：《合艾同声善堂定八月三日起循例举办常年盂兰胜会》，（泰国）《亚洲日报》，2013 年 7 月 13 日。

晚 7 时，崇善堂姑娘礼佛诵经。

晚 10 时，安坛。

8 月 5 日（农历六月二十九日）

上午 10 时，普供诸佛菩萨圣众。

下午 2 时，安追荐先祖之灵位。

晚 7 时，广莲洞姑娘礼佛诵经。本堂经乐部举行功德仪式：穿金山、礼佛池塔。

晚 8 时，救世庵姑娘礼佛诵经。

晚 11 时，安坛。

8 月 6 日（农历六月三十日）

上午 10 时，普供诸佛菩萨圣众。

下午 2 时，大士爷座前诵经。

晚 7 时，莲花阁念佛会礼诵经。本堂经乐部举行功德仪式：过七洲宝桥。

晚 11 时，安坛。

8 月 7 日（农历七月初一日）

上午 9 时，开坛，诵经。

上午 11 时，普供诸佛菩萨圣众。

下午 1 时，恭请慈善寺仁豪大师主持上座施放瑜伽焰口，普施法食，超度无依孤魂。

下午 4 时，化孤衣。恭请合艾市市长主持施孤济阳。

晚 8 时，献袍、化袍。

而泰国潮州会馆在大本头公庙举行的盂兰胜会，仪式就相对简单。兹附 2017 年 8 月 27 日（佛历二五六零年八月廿七日，星期日）上午该会馆盂兰胜会施阴济阳善举程序安排如下：①

9 时 09 分，高僧诵吉祥佛经。

10 时 20 分，虔诚膜拜诸佛菩萨。

10 时 45 分，潮州会馆副主席、嵩越路大本头公庙管委会主任刘振禀先生致开幕词，阐述举办盂兰胜会的宗旨；泰国潮州会馆主席黄迨光博士致辞并主持明烛礼佛仪式。

11 时，各慈善机构代表人员接领仁翁善长乐捐的物资。

---

① 佚名：《潮馆辖下嵩越路大本头公庙举办盂兰胜会　黄迨光主席暨刘振禀副主席联合主持仪式》，泰国潮州会馆网站，http：//www.tiochewth.org/index.php? langtype = cn&pageid = cn_ 14&add = view&id = 4033.

11 时 10 分，设斋供养诸山大德佛僧。

12 时 20 分，盂兰胜会施阴济阳仪式，诵经普度八方无依孤魂，驱除业障，往生极乐净土。

整个活动当天完成。

四、泰国各地盂兰胜会的差异

目前泰国各地的盂兰胜会，因地制宜，各有所不同：

①日子不同。由各自择吉确定，通常各地有自己沿袭下来的固定日子。

②持续时间不同。有的三至五天，多数一天内完成，应是根据各地的财力与习惯而定。华侨报德善堂的济阳活动则持续一月余。

③法会内容各有不同。除了诵经、布施之外，有些地方还伴有文娱活动，如放水灯、请潮剧团演出或放映电影等；有些地方请华僧诵经，有些地方请的是泰僧；明莲佛教社则是结合太上老祖圣诞活动进行。①

④所请神明各有不同，一般皆请各自供奉的神明，如：

北大年同德善堂——宋大峰祖师、天后圣母、福德伯公②

玄辰善堂——诸佛菩萨③

道德善堂——诸佛菩萨、地藏王④

暹罗代天宫——观世音菩萨⑤

华侨报德善堂——大峰祖师、诸佛菩萨（观世音菩萨、大士爷菩萨、二哥丰、天地父母等)⑥

泰京嵩越路大本头公庙——天地父母、大本头公及诸圣神⑦

明莲佛教社——太上老祖

巴真明修善坛——八仙师、诸佛神圣⑧

光华佛教会——先侨神主⑨

天华医院——观世音菩萨⑩

---

①　佚名：《明莲佛教社启建盂兰胜会施阴济阳》，（泰国）《星暹日报》，2011 年 8 月 9 日。

②　佚名：《北大年同德善堂盂兰胜会功德圆满》，（泰国）《星暹日报》，2004 年 9 月 2 日。

③　佚名：《玄辰善堂举办盂兰胜会》，（泰国）《星暹日报》，2004 年 9 月 18 日。

④　佚名：《泰国道德善堂启建盂兰胜会》，（泰国）《星暹日报》，2004 年 9 月 14 日。

⑤　佚名：《暹罗代天宫中元普渡施阴济阳法会》，（泰国）《亚洲日报》，2016 年 8 月 4 日。

⑥　佚名：《报德善堂举办盂兰胜会》，（泰国）《星暹日报》，2004 年 9 月 13 日。二哥丰即郑智勇，原籍潮安县，是清末民初泰国著名侨领，华侨报德善堂创办人之一，已被该堂当成神祇供奉。

⑦　佚名：《嵩越大本头公庙盂兰胜会启动》，（泰国）《世界日报》，2014 年 7 月 16 日。

⑧　黄顺人：《巴真明修善坛举行盂兰胜会》，（泰国）《星暹日报》，2004 年 9 月 16 日。

⑨　佚名：《泰国光华佛教会建盂兰胜会》，（泰国）《星暹日报》，2004 年 8 月 31 日。

⑩　佚名：《陈振治、萧建波暨各善长主持一年一度盂兰胜会》，载《泰京天华医院成立一百周年纪念特刊》，曼谷：泰国泰京天华医院，2004 年，第 93 页。

⑤济阳方式不同。一般分为现场派送贫苦民众和资助相关机构两种形式进行，或两种形式同时兼有；而且，每年的受捐对象可能有所不同。如：

2004年农历七月二十四至二十五日，泰京同德佛教社举办盂兰胜会，现场布施数百份米物。其余千余份米物，则委托数个慈善机构代发。①

2004年农历七月十九日至二十一日一连三天，北榄养老院在义山庄大峰祖师公庙启建盂兰胜会。到现场领取福品施物的民众达几千人，现场还设有数十个食品摊位，招待前来参加法会者。②

2004年农历七月初七日，呵叻蓬莱十九逍阁举行常年盂兰胜会。其济阳物品有白米3 500包（每包5公斤），妈妈面食几十大箱，居家用品、食油、便药。分装成包，发放给前来领取的民众。③

2011年农历六月三十至七月初三日，明莲佛教社在曼谷举办盂兰胜会时，现场进行赈米，每人发放白米一包（6公斤），共发放五千余位。此外还给残障者每人发放红包一个（200铢），以及一批衣物。④

又如，2011年农历七月初八日，潮州会馆在嵩越路大本头公庙济阳时，则作如下处理：⑤

①呈献拍贴公主殿下，充作拍贴公主殿下御慈善计划各种慈善用途；

②向佛统府佛他蒙通第四路孤儿院捐赠；

③向三攀他翁县辖下街道清洁工捐赠；

④向大曼谷市打辇仓县干乍那信哈佛寺捐赠，作为小沙弥的生活用度；

⑤捐给由皇上御赐赞助之泰国扶助弱智儿童慈善会辖下之提高智商特别教育中心。

而2017年，该会馆在同一地点举行盂兰胜会时，将各界仁翁善长捐赠之善款110万铢及价值30万铢物资作如下的分发：

①呈献诗琳通公主殿下懿赐辖属救助贫困学生机构；

②向泰国扶助弱智人慈善基金会辖下巴帕康班耶弱智儿童特别教育中心捐赠；

③向挽卿养老院捐赠；

④赞助佛教城四路儿童慈善会；

⑤赞助依开府磅汕兰学校用于铺地砖及购买幼儿园椅桌；

⑥赞助三攀他旺学校的午餐费及节甲越警署的职员；

---

① 佚名：《同德佛教社举行盂兰胜会》，（泰国）《星暹日报》，2004年9月13日。

② 佚名：《北榄养老院义山庄大峰祖师公庙启建盂兰胜会渡阴济阳功德圆满》，（泰国）《星暹日报》，2004年9月13日。

③ 陈淑明：《呵叻蓬莱十九逍阁常年盂兰胜会施阴济阳圆满》，（泰国）《星暹日报》，2004年9月2日。

④ 佚名：《明莲佛教社启建盂兰胜会施阴济阳》，（泰国）《星暹日报》，2011年8月9日。

⑤ 佚名：《泰京最佳神庙嵩越大本头公庙盂兰胜会》，（泰国）《星暹日报》，2011年8月10日。

⑦为三位大学生提供每人二万铢的助学金。

可见该会馆每年济阳的对象系根据募集得到的钱款和物资的多少，并视受捐对象的需求而有所不同。

五、潮泰两地盂兰胜会的异同

目前，两地民众在将农历"七月半"作为一个传统节日进行"施孤"时，大都在自家门口和附近寺庙或路边祭拜、插香、烧化冥纸等，这方面大致相同。

然而，在中国潮汕地区，20世纪下半叶以来，由于意识形态、城市化等诸多因素的影响，盂兰胜会从内容到形式都已经发生了极大的变化。今天人们已难见到如沈敏先生所写的20世纪30年代潮州城盂兰胜会的情形。尤其在潮州市、汕头市、揭阳市的主城区，以及各县的县城，盂兰胜会实际上只剩下七月期间，人们沿袭所在社区固化的日子，在家中或路边简单拜祭的例俗，除个别地方外，大多趋于简单化、平淡化。一些寺庙，如开元寺等，于农历七月十五日举办法会，普度孤魂，影响甚微。

而在泰国，盂兰胜会不但与现时潮汕地区不尽相同，而且与旧时潮州地区的情形也有所不同，如拜"好兄弟"的内涵。

在汕头市的潮南区峡山镇及澄海区部分地区，农历七月十五日，一直有拜"好兄弟"的习俗。据说，"好兄弟"者，即是那些客死异乡的无主孤魂野鬼，因为没有香火传人，所以鬼节时无人拜祭，不得食，为不致挨饿，便不顾秩序道德，鬼门一开，饿鬼们都争先恐后抢进人家祭祖的供桌，将祭品一扫而光，等正点主人来时已是杯盘狼藉，食物全罄。于是饿着肚子的祖先们只好托梦给儿孙，要求提先拜祭"好兄弟"们，以免明年又要挨饿，代代相传便成了传统。

而在泰国拜祭"好兄弟"，其内涵却有所不同。泰国留中总会写作学会会长林太深认为：泰国所指的"好兄弟"，是当年因血缘或地缘到来的淘金者，只因因缘际会，命途迥异，极少数人成功了，大多数却被淘汰，孑然一身，穷途潦倒，甚至客死异乡，死时鲜有亲人在侧。为了友情道义，也为了履行生者的社会责任，他们通过这种祭拜方式，来悼念那些不幸的乡亲和社会的弃儿，以履行中华民族"老有所终"这一传统道德，代代相传，延续至今，形成泰华独特的祭拜盛观。也就是说，泰国盂兰胜会时拜祭"好兄弟"的习俗，也已成为华侨华人缅怀那些与其祖先一道南下创业客死异国他乡的孤身者，同时教育子孙后代不忘先辈当年梯山航海，南下拓殖，艰苦创业经历的一种做法。

此外，目前在潮汕地区，旧时由善堂神社举办或寺庙举办的、场面布置阴森的大型盂兰胜会已很鲜见，旧时的"抢孤"活动几乎绝迹。但在泰国，每年由各慈善机构、宗教团体、同乡会馆组织的盂兰胜会往往伴有文娱活动，办得轰轰烈烈，有声有色，几乎成为华侨华人的嘉年华会。济阳的对象，已经不独是贫困的华人，也惠及泰人。"抢孤"则因出现过争夺物品而踩踏伤人事件，遂被禁止。

因此，可以说，经过多年来的传衍，盂兰胜会在泰国已经形成具有自身的内涵和形式的一种源自中国潮州，又有自身特点的泰华民俗。或者说，盂兰胜会在泰国已经在地化，成为当今泰国华侨华人的一个重要节日和习俗。

六、泰国盂兰胜会的意义

一个潮州人的习俗，能够在泰国落地，并且传衍至今，形成具有自身特色的民俗活动，应该说与泰国是一个佛教国家不无关系。在泰国的统治者看来，这样的活动无碍其施政；在普通民众看来，这与佛教宗旨并无相悖，因而几乎畅行无阻，并且弘扬光大。

而对于泰国的华侨华人及其后裔来说，一年一度的盂兰胜会，具有其独特的意义。管见以为有如下几点：

1. 对先辈"过番"经历的集体记忆

潮州人把下南洋谋生称为"过番"。潮州人的先辈，历尽千辛万苦，栉风沐雨，漂洋过海，来到泰国；又经过艰苦奋斗，克勤克俭，在泰国生存发展。在此过程中，有人死于"过番"途中，葬身大海；有人终生贫困潦倒，最终客死异国他乡；幸运者才在泰国得以立足，进而安居乐业，生息繁衍。泰国潮州会馆义山亭刻有一首短诗：

> 漂洋过黑水
> 汲饮过苦水
> 满腔心事逐流水
> 希望成座山
> 不能归唐山
> 老死埋骨于义山

在泰华社会，座山是指事业成功、当上富翁者，唐山自然是指中国故乡，义山则是指由当地同乡会馆建立，用于收埋孤身路毙同胞的坟场。"三山"反映了当年过番者的企求和命运境遇。诚如林太深所言，泰国华人中普遍流传着拜"好兄弟"的习俗，是幸运生存者通过这种祭拜方式，来悼念那些不幸的乡亲和社会弃儿，以履行中华民族"老有所终"的崇高理想的一个环节。同时教育子孙后代不忘先辈当年艰苦创业的经历。事实上，不少地方在举行盂兰胜会时，也强调要让年青一代通过参加活动，"纪念先人胼手胝足，勤劳辛苦，创业披荆斩棘，岁月蹉跎，万物更替，幽明雨地，后代儿孙为尽人子之责"。① 因此，泰国的盂兰胜会，实际上可以视为华人对"过番"经历的集体记忆。

2. 华人的集体慈善活动形式

先前，泰国盂兰胜会的济阳施舍对象一般是当地贫困的华侨华人同胞。现在，盂兰胜会的济阳活动，已无论华暹，各族一视同仁，只要是贫困者都可得到施济。华人社团和知名企业家还通过这种形式，向当地的学校、佛寺、慈善机构等施以援手。这些活动一方面可培育华人及其后裔的慈善博爱之心；另一方面，由于华侨华人的生活水平总体要比泰人高，他们通过捐赠一些物资给予当地贫困民众，在一定程度上可以减少贫困差异，纾缓民族矛盾，从而达到华人与当地人民和睦相处的社会效果。

3. 成功华商的活动舞台

盂兰胜会也是一种慈善活动。每年举办活动时，事业有成的华人通常都会捐助善款，或者白米、食品等物资，作为济阳的物品，赈济贫苦民众，通过此举广结善缘，赢得乐善好施的美誉。各社团也会请当地政府官员甚至是军警官员出席济阳活动，以提高声誉，密切与军政领导人的关系，提高社团及其领导人的社会地位。如2011年潮州会馆在大本头公庙举办盂兰胜会时，有泰国军方高级将领通猜·举沙军上将、曼谷三攀他翁县县长察差军·叻禾纳威汶我出席；② 2017年则有通财·葛萨军上将、曼谷三攀他翁县县长育塔那·巴迈、节甲越警署警总巡促猜·卡纳乍能警上校等出席并分别主持诸神坛前明烛晋香礼，三攀他翁县副县长及诸位县府官员也参加仪式。2004年9月4日，呵叻乐善善堂举行盂兰胜会时，泰国副总理素越·立搭攀洛亲临主持颁施赈米和日用物品，并乐助泰币10万铢。③ 能够请到什么人来参加盂兰胜会，在一定程度上也反映了举办者在社会上的地位和交际能力。因此，成功的华商通过举办盂兰胜会，体现自身的价值和社会地位，实现从商人向社会名流的角色转换。能够使富有者通过这种形式在一定程度上实行财富的再分配，也不失为一种有益于社会的做法。

另外，也应看到，目前在泰国出生的华裔，对于盂兰胜会的实际内涵大多不甚了了，年轻人有将其娱乐化的趋势。而在泰国潮州人的故乡潮汕地区，许多年轻人对于当年先辈下南洋谋生的艰苦历程所知甚少，甚至产生小富则安、得过且过、不思进取的惰性。借助盂兰胜会缅怀先辈，激励上进，对教育我们年青一代有着正面的意义；同时，借鉴泰国盂兰胜会做法，促使成功的企业家和社会名流捐资捐物，扶贫济困，扬善积德，造福社会，有助于调和贫富矛盾，建设和谐社会。此外，在历史沿革过程中，包括盂兰胜会在内的许多民俗活动在中国已有濒

---

① 佚名：《呵叻蓬莱十九逍阁常年盂兰胜会施阴济阳圆满》，（泰国）《星暹日报》，2004年9月2日。

② 佚名：《泰京最佳神庙嵩越大本头公庙盂兰胜会》，（泰国）《星暹日报》，2011年8月10日。

③ 佚名：《呵叻乐善善堂日前循例举行盂兰胜会》，（泰国）《星暹日报》，2004年9月16日。

于失传的趋势。近年来，随着城市化进程的加快，此种趋势更是愈演愈烈。"礼失求诸野"，研究和借鉴泰国盂兰胜会做法，对于促进传统文化的弘扬和传承也具有积极的意义。

第二节　泰国潮州话

人数众多的潮州人在泰国生活繁衍，所使用的语言——潮州话（简称潮语）不仅成为泰国华人移民的主要语言，也对当地泰语产生了重大的影响，相当一部分潮语词汇被泰语吸收融会，成为当代泰语的组成部分，[①] 而且在泰国特定的环境下独立存在和发展，逐渐有别于现时潮汕本土的潮语。

1993 年至 1997 年，笔者曾在泰国工作近四年时间，回国后也因工作关系，经常访问泰国，与泰华社会有较为密切的接触，对潮语在泰国社会的地位、影响，及其本身的变化，颇有感受。现根据个人的调查研究，结合有关资料，就这些问题作一初步探讨。

一、潮语是泰国华人的主要通用语言

泰国的国语是泰语，生活在泰国的华人，在与泰国当地人的交往中，当然必须以泰语作为主要的沟通工具。但在华人聚居区以及华人圈的活动中，潮语则是华人彼此之间的主要通用语。以泰国中华总商会为例，该会"作为泰国华侨华裔商人之联络中心……当在二次世界大战之前，中泰两国仍没有外交关系，这一中华总商会则履行了中国大使之任务，以沟通当时之暹罗政府及后之泰国政府，为时几十年"。[②] "以后中泰虽有邦交，但泰国中华总商会仍保持其在华侨、华人群体之间的社团领袖地位"。[③] 在泰国被视为华人最高社团的中华总商会，其成员来自泰华商界最有影响的名流，长期以来，其会务活动中用的工作语言便是潮语。至于其他众多华人社团，也几乎一样。如泰国的华人各姓宗亲会有 60 多个，各姓宗亲会又组成总会，这些宗亲会或总会活动时，通常都用潮语。在泰国的华

---

① 对泰语中的潮语成分，久居泰国的泰华学者和国内一些学者已多有研究。参见蔡文星：《暹语细究》，载《曼谷亚细亚文化学会丛书之二》，暹罗正言日报社，1948 年；黄谨良：《潮化泰语和泰语潮化》，载《泰国潮州会馆三十年·论述之部》，曼谷：泰国潮州会馆，1968 年，第 62－65 页；披耶阿努曼拉查东著，马宁译：《泰国传统文化与民俗》，广州：中山大学出版社，1987 年，第 73 页；龚群虎：《泰语中的潮汕借词的义类》，载《潮学研究》第八辑，广州：花城出版社，2000 年，第 300－308 页。

② 乃挽限·信拉巴阿差：《贺词》，载《泰国中华总商会成立八十五周年暨新大厦落成揭幕纪念特刊》，曼谷：1995 年，第 11 页。

③ 林风：《论"五缘"关系与泰国社会华侨华族群》，载《泰国潮州人及其故乡潮汕研究计划第二辑：汕头港（1860—1949）》，曼谷：朱拉隆功大学亚洲研究所中国研究中心，1997 年，第 91 页。

人，无论是来自大埔和丰顺这些历史上曾为潮州府属之地的半客籍华人，抑或与潮属完全无关的福建、江浙、客属、广肇地区等籍的华人，多能操用纯熟的潮语。因而，各华人社团参加的大型活动，也均以潮语作通用语言。

在以往很长的一段历史时期里，泰国绝大多数华人都会讲潮语，这已是一个周知的事实；笔者在泰国工作期间，用潮语就可以与来自中国各地的泰国华人沟通，也验证了这一事实。这一点意味着无论哪个地方的中国人，一旦移居泰国，就得学习潮语；就如移居香港，就得学会粤语一样。由于潮语在华人中广为流行，以至有人曾以为，只要懂潮语，就可以在曼谷通行无阻。泰语中的"pha-sa-cheen（中国话）"和泰国华人所谓"唐话"，实际就是指潮语。如泰华文学作品中，提到泰国华人为谢神而演出的潮州戏——"尖脚戏"时称："目前，'尖脚戏'的角色，可以说清一色的由'老仔'（指当地的老挝族人）担当，他们都是不会讲'唐人话'的一群。"[①] 此处的"唐人话"显然指潮语。在泰国，要指潮语以外的中国话时，则须加以说明是什么 cheen。甚至有些在泰国出生的华人以为中国人都讲潮语。中泰建交之初的 20 世纪 70 年代中期，一些华侨到大使馆办事，使馆人员不能用潮语应对他们，这些老华侨往往惊讶地诘问："你们这些中国人为什么不讲中国话？"到了 20 世纪 90 年代中期，有一次笔者陪同中国驻泰国大使金桂华到泰国的大城府访问，当地一位老华侨还问，在中国说潮语的人多呢，还是说普通话的人多？而笔者在泰国工作期间，不时还得充当潮语的翻译。由此足见潮语在泰国华人中普遍使用的程度。

在泰华文学作品中，也可以看出潮语在泰华的地位。暨南大学的陈晓锦老师曾以《轻风吹在湄江上》[②] 为例，胪列该书中所用的诸多潮州方言，包括对事物的称呼、对一些动作的表述以及形容词、数量词等的表示法，还有潮州话惯用语和潮州民谣等，说明潮语在泰华文学中的影响。陈晓锦指出："'潮味十足'是《轻风吹在湄江上》的一大语言特色。"[③] 泰华文学作品中大量使用潮州方言，正好证明潮语在泰国华人语言中的主流地位。

潮语成为泰国华人的通用语言的主要原因似可归纳为下面几点：

（1）历史的原因。泰国的大城王朝为缅甸军队所灭时，来自潮州府澄海县的郑镛之子郑信（1734—1782）起兵反缅，在以潮人为主体的旅泰华人和当地人民的帮助下，把侵略者赶出家门，建立了泰国历史上第三个王朝——吞武里王朝（1767—1782）。由于郑王本人是潮州人的后裔，潮人又曾经帮助郑王打败了缅甸

---

① 洪林：《谢神与"尖脚戏"》，载氏著：《故乡水情悠悠长》，曼谷：泰华文学出版社，2000 年，第 31 页。

② 《轻风吹在湄江上》由司马攻、梦莉、老羊、范模士、年腊梅、陈博文、白翊、征夫等著，泰国八音出版社于 1988 年 6 月出版。

③ 陈晓锦：《泰华作品中的潮州方言词语及其它——从〈轻风吹在湄江上〉谈起》，载梁东汉、林伦伦、朱永锴主编：《第二届闽方言学术研讨会论文集》，广州：暨南大学出版社，1992 年，第 234 – 240 页。

军队，"在吞武里王朝的郑信王时代，潮州籍华人比其他华人群体更受尊崇，提起'皇族华人'，自然会被理解为系指潮人"。① 潮人的这种优越地位，无疑使潮语在华人群体中也享有特别崇高的地位。

（2）人数的原因。18世纪以后，大量的潮人涌入泰国，使泰国的华侨华人中潮州人逐渐占了大多数。目前一般估计泰国的华侨华人有700万，约占泰国人口的12%；而其中潮人约占70%。② 大量潮州人的存在，为潮语的流行提供了雄厚的载体。1998年曼谷亚运会期间，有一位记者曾写道："不少泰国人特别是老一辈的泰国人说的英语听得非常费劲。向当地人了解到，泰国人能讲英语的不少，但口音不怎么地道，会说流利的中国话的不多，但会说潮语的人多的是。"③ 事实上，在泰国，有些华籍移民"仍习惯用中国方言通话，甚少使用泰语"④。笔者在泰国见到不少六七十岁的老华侨，由于一直生活在华人聚居地，一辈子都不会讲泰语，他们只用潮语也足以谋生。有的甚至直到要与孙子辈沟通，才开始学讲泰语。

（3）经济的原因。从近代到现代相当长的一段时间内，华人在泰国的经济中占主导地位，以致有"无华不成市"⑤ 之说。这里所指的华人，其实是以潮人为主体。⑥ 因此，"潮语成了商场语言"。⑦ 在相当长的一段时间内，无论谁想要在泰国做生意，都得学会讲潮语。就连一些来自印度、巴基斯坦的商人，也得学会讲潮语。有一次，笔者参加一个活动。泰国金国银行的董事长叫素拉真，知道笔者是潮州人，跟我讲起潮语来。如果只闻其声，没见其人，你一定认为是潮州人在说潮语，但他却是在泰国出生的第三代印度人。笔者问他为什么潮语讲得这么好，他说，为了做生意。目前，在泰国的耀华力一带的商店，潮语还是主要的通用语言。

（4）华校教育的原因。20世纪初至"二战"结束这段时间内，泰国华文学

① 旺威帕·武律叻达纳攀等：《吞武里王朝和曼谷初期泰国社会中的潮人》，载《泰国潮州人及其故乡潮汕研究计划第一辑：樟林港（1767—1850）》，曼谷：朱拉隆功大学亚洲研究所中国研究中心，1991年，第63页。

② 范如松：《东南亚华侨华人》，北京：世界知识出版社，1999年，第191页。

③ 赖玲：《泰国人说英语不行，潮语不错》，《广州日报》，1998年12月3日。

④ 杨作为：《鲍宁条约签订后之泰国华人》，载《泰国潮州人及其故乡潮汕研究计划第二辑：汕头港（1860—1949）》，曼谷：朱拉隆功大学亚洲研究所中国研究中心，1997年，第116页。

⑤ 邓永正：《19世纪中期以前泰国华人经济概述》，载《泰国潮州人及其故乡潮汕研究计划第二辑：汕头港（1860—1949）》，曼谷：朱拉隆功大学亚洲研究所中国研究中心，1997年，第55页。

⑥ 关于泰国潮人在泰国经济中的地位，可参阅陈树森：《祖籍潮州的泰国华人对泰国米业发展之贡献浅析》，载郑良树编：《潮州学国际研讨会论文集》，广州：暨南大学出版社，1994年，第667页；余定邦：《潮州港口与清代中暹交往》，载郑良树编：《潮州学国际研讨会论文集》，广州：暨南大学出版社，1994年，第1001页；以及拙著《潮人在泰国》，香港：艺苑出版社，2001年，第13-25页。

⑦ 吴凤斌：《潮人在泰国的发展与贡献》，载郑良树编：《潮州学国际研讨会论文集》，广州：暨南大学出版社，1994年，第1006页。

从韩江到湄南河——管窥泰国潮人社会

校林立，最盛时期全国曾超过 500 所。大多数的华校系由潮州人创办，以潮语为主要教学语言。直至 20 世纪 90 年代，不少华校还是以潮语作为教学语言。这种华校教育，当然更促进潮语的流行。

二、现时泰国潮语与本土潮语的不同

根据笔者与泰华各地人士的接触，泰国潮语的口音，大体与潮安、澄海一带的潮人接近，相对比较轻柔；而且，泰国潮属其他各县的人所讲的潮语，口音也没有在本土那么明显。特别是在泰国出生的潮人口音更是如此。长期以来，潮语是以潮安话作为标准语，泰国的潮人，以及其他地区的人学习潮语，自然效法潮安音，这是不难理解的。至于澄海，正因为樟林港是早期潮人出海的主要口岸，郑信的父亲就是来自澄海县，享有"皇族华人"① 之誉的潮人当然会以澄海口音为荣。而事实上，就口音而论，潮安人和澄海人差别甚微。因此，可以说，泰国流行的潮语口音，并不像潮汕本土潮语口音那么多分支，比较统一。

另外，从 20 世纪 40 年代末开始，由于意识形态上的原因，中国大陆与泰国几乎隔绝了 30 年，泰国潮州人与本土的潮州人之间很少直接交流，因而不受本土潮语变化的冲击影响，一直保持着 20 世纪 50 年代前的传统。但这并不意味着潮语传进泰国以后，一直保持原来的面目。事实上，潮语离开潮汕本土以后，在泰国社会生存发展，在当地语言环境的影响下，也发生了相应的变化。因此，今天泰国人所讲的潮语，已与潮汕本土潮州人所讲的潮语有所不同，似可名为"泰国潮州话"。据笔者观察，不同之处主要表现在以下几个方面：

（1）在用词方面，一些现时潮汕地区已经没有或很少用的词，泰国的潮州人还在继续使用，有些则是用其旧时的读音。如：

肉——ba^4
肉松——ba^{4}绒
肉脯——ba^{4}脯
企业——kia^{6}业
碾米厂——火砻、米绞
锯木厂——火锯、火绞
钱——镭
西方人——红毛
水泥——红毛灰

① 原文译为"皇家华人"，泰国华文资料中常译为"皇族华人"。参见《曼谷纪年（Bangkok Calendar)》，载《南洋问题资料译丛》1962 年第 2 期。

泰国土著人——番仔

中国人——唐人

华裔——唐人仔

宾馆——客栈

货物仓库——栈房

百货商店——洋行

镀锌铁板——砂璃板

厕所浴室——浴棚

冲凉——zang⁵浴

老板——头家，其妻称为头家娘

富家子弟——亚舍，其妻称为舍娘

连环画或小人书——古册

附近——左近

从别人转手而来——承顶（有时也作"顶承"）

汽车修理厂——车坞

热情——rua⁸情（读作rua⁸还有对泰语中粗俗用语的避忌）

热烈——rua⁸烈

火烧唇——火rua⁸唇

开车——绞车

诸如此类，不胜枚举。此类用词，在泰华文学作品中也常见，故节录几段为证：

只听灵精轻声怪气地说："这口棺材是座山王定做的！"

"人家定做的，还要和我们谈什么？"孝子问。

"这无问题，如果亚舍看后合意，我们可以商量！"①

每日，我几乎在固定的时间来到"古册"摊前。然后，在一排排一本本中，寻找自己爱看的"古册"。②

"目前还住在黄桥亲戚家里？"

"搬了。另在左近承顶了一间二层楼的涂库唇。"③

---

① 自然：《棺材虎》，载泰国华文作家协会编：《第六届亚细亚华文文艺营文集》，曼谷：泰华文学出版社，1998年，第476页。

② 洪林：《古册》，载氏著：《故乡水情悠悠长》，曼谷：泰华文学出版社，2000年，第20页。

③ 黎毅：《华侨故事》，载氏著：《春迟》，曼谷：泰华文学出版社，2000年，第7页。

来人低头凑近车窗，恳切来一个合十，打开笑脸说："麻烦你，汽车出了毛病，帮个忙将它拖到左近车坞修理。"①

（2）一些词直接用泰语或其他外来语发音，如：
①法律用语：
律师——窗乃（泰语）
通告——罗池（泰语）
报案——种宽（泰语）
法庭——讪顶（泰语）
传票——迈（泰语）
供词——还干（泰语）
证人证物——鼻远（泰语）
判告——达信（泰语）
高级法庭——呼吞（泰语）
大理院——离胶（泰语）
囚禁——康（泰语）
监狱——鹄（泰语）
检察官——挨耶干（泰语）
警察——波立（police，英语）
警察局——波立廊（英语＋泰语）
税——帕司（泰语）
纳税——社帕词（泰语）
承办专卖权——缚帕司（泰语）
②称呼用语：
省长、府长——昭妄（泰语）
县长——乃庵坡（泰语）
区长——甘难（泰语）
乡长——浮焱（泰语）
贵妇人——坤仁（泰语）
夫人——坤乃（泰语）
行长——乃行（泰语）
雇工——律将、碌将（泰语）
苦力——龟里（中文"苦力"转为英语再转为泰语）

① 黎毅：《瞬息风云》，载氏著：《春迟》，曼谷：泰华文学出版社，2000年，第12页。

佛寺中的师父——銮抱（泰语）

佛寺中的师兄——銮鼻（泰语）

佛寺中的弟子——律实（泰语）

女小贩——夜巧（泰语）

医生——慕（泰语）

导游——个（guide，英语）。

③计量用词：

配额——苛打（quota，英语）

公斤——基罗，简称罗（kilo，英语）

百分比——波生、巴仙、保生（percent，英语）。

④其他用词：

领带——胎（tie，英语）

（菜）市场——达叻（泰语）

摩托车——摩托西（motorcycle，英语）

空调——A，air（英语）

电梯——立（lift，英语）

房屋——陶豪（townhouse，英语）

公寓——孔多（condominium，英语）

寺庙——越（泰语）

如此等等，举不胜举。见于泰华文学作品的，如：

读过的词语有九十保生记得，而且明白词意，能够会话。[1]

对了！您请亚晶姐是一百巴仙请对了！[2]

他十一岁来泰，在亲戚珠宝公司当"碌将"（小职员），吃的苦水若倒进洞庭湖，至少也涨高三尺。[3]

① 毛草：《怀念一个外国女学生》，载氏著：《春的漫笔》，曼谷：泰华文学出版社，1996 年，第 136 页。

② 自然：《棺材虎》，载泰国华文作家协会编：《第六届亚细亚华文文艺营文集》，曼谷：泰华文学出版社，1998 年，第 473 页。

③ 郑若瑟：《偷天换日》，载司马攻主编：《泰华文学》（双月刊）总第 8 期，曼谷：泰华文学出版社，2000 年，第 80 页。

（3）一些事物的习惯叫法与本土潮语不同。如：

赞助费——白食（也指投标或租赁的第一次缴款）
捐款——题钱
富豪——座山
近郊较豪华住宅——食风厝
洋楼——土（涂）库厝
柠檬——酸柑仔
冰箱——霜橱
新修的道路——新拍路、大新路
曼谷以外的外府或内地——山巴
泰国国务院总理——国务院长
印度人——曲仔
寮国人、寮族人——老仔
猪肠——猪番（肠与"唐"潮语同音，叫猪肠如骂自己为猪，改叫猪番，骂番人）
甜——的（读作di，据说"甜"是天后圣母的乳名，故为避忌而改读"的"音）
墓地、坟地——山庄

此类现象在泰华文学作品中也有所反映：

阿叔，几天前，接到山巴的家里打来的长途电话说，我爸跌倒，脚受了伤，请叔叔星期日和我一起，到山巴看我爸，看看能不能吃中药，或针灸。①

今年清明比往年提前一天，不是四月五日，是四月四日，天才透亮，他的男孩便开车来载他上山庄。②

（4）说话时泰语与潮语混用，主要表现在一些名词以及一些常用的动词。如泰国潮人见面和告别时，多用泰语的"沙瓦底（sawadee）"（你好、再见）。打电话时，首先会说"哈罗"。说话中间为了表示谦虚或礼貌，不时会加上一个"khrob"或"kha"。在表示存疑或不太肯定时，往往会加上"rer"。与在泰国生

① 曾心：《大自然的儿子》，载氏著：《一坛老菜脯》，曼谷：泰华文学出版社，2000年，第46页。
② 老羊：《机票》，载司马攻主编：《泰华文学》（双月刊）总第13期，曼谷：泰华文学出版社，2001年，第27页。

活多年的潮州人交谈时，你时常可以听到这样的句子：

我绞车去客栈 lak 你来厝内——我开车到宾馆接你来家里。

我绞车 song 送你 deng 客栈——我开车送你回宾馆。

你行 thang‑duan 有阿无——你有没有走高速公路？

你无行 thang‑duan, cai mai——你没有走高速路，是吗？

值鬼个丹——值多少钱？

开 air——开空调。

liao（辽）对只条 soi——拐进这条路。

叫你 liao（辽）哩唔 liao（辽）——叫你拐弯你不拐弯。

你欲来，真真 rer——你要来，是吗？

Khor thod，路顶 rogdi——对不起，路上塞车。

正罗扎个昂——正在筹备一个盛会。

黄谨良先生曾讲过一个故事，说的是一个泰国的潮侨回到家乡，对其家人说其打官司的事："我叫窗乃先行罗池给他，他不答复。我就到波立廊种宽，到汕顶告他。汕出迈叫他上汕还干。他无鼻远。汕达信我赢，他呼吞。呼吞我亦赢。他离胶。离胶我亦赢。所以，他康鹄了。"① 结果当然是其家人不知其所云。

在泰华文学作品中，此类现象也不少：

三十年前，我曾在这所华文学校读过二个月书，不幸，学校被封，我们组织了华文学习小组，才读不到二个月，波立来抓人。老师被抓走了，我越墙逃跑时，天黑得不见五指，一个铁钩，把我的右眼球勾坏了。②

记得吗，半年前，我常陪我妈到曼谷找慕曾（姓曾的医生）治脚酸病呀！③

他们若听见客人中有的人口音不同，就会含笑问：岂是"马扎问津"（来自

　　① 黄谨良：《潮化的泰语和泰化的潮语》，载泰国潮州会馆编：《泰国潮州会馆三十年·论述之部》，1968 年，第 62 页。意思是：我叫律师送告示给他，他不答复。我就到警察局报案，到法庭告他。法庭传票给他做供词。他无证人证物。判决时我赢。他上诉到高级法庭。高级法庭我也赢。他又上诉到大理院。在大理院我也赢。所以他去坐牢了。

　　② 郑若瑟：《偷天换日》，载司马攻主编：《泰华文学》（双月刊）总第 8 期，曼谷：泰华文学出版社，2000 年，第 15 页。

　　③ 郑若瑟：《偷天换日》，载司马攻主编：《泰华文学》（双月刊）总第 8 期，曼谷：泰华文学出版社，2000 年，第 37 页。

唐山）？①

来到泰国，好吃的树叶就更多了。如差翁、甲停……与辣汤辣酱"侬真"同吃，是泰餐的常菜。②

看他嚼得沙沙作响，且边吃边赞说："阿犁。"（很好吃）③

幼年时，我最爱吃蕃薯。那时候，曼谷到处是河流贯穿，居民点傍依而立。"夜巧"（即小贩）划着小船，穿梭其中，日常交易，大多就在河溪边进行。当年，我家对面，就是一条宽八九米的河溪，时时有划着小船叫卖的"夜巧"，满船的蕃薯，满船的"香种"，总吸引着我。为此而得时时向母亲讨了几个士丁（当时的硬钱币），然后蹲在河边，挑选着又大又好的"香种"买上一二基罗，一回家就洗净两三个，放在"炉窗"（木炭炉底）里烤。当"香种"烤熟时，真是香味四喷。有时，还惹得母亲说我"蕃薯肚"呢！④

母亲读完小学四年级，没有能力继续升学，在哒叻摆地摊，售自家种植的瓜果、菜蔬，附近一带有昂时，也制作一些甜品或零食，挑到昂场上摆卖，换取蝇头小利，帮助家计。母亲虽然只有十五岁，但生得标致，是一个惹眼的"夜巧"，难免会引来一些狂蜂浪蝶的追求，父亲是其中之一。⑤

还不是一筒，连续抓了三只，真真是洛沙，不被气死才怪。⑥

（5）泰国潮州话的表述，也受泰语语法的影响，把修饰词置于名词后。如某兄称为兄某，某叔、某伯称为叔某、伯某等，此外还有廊主木（经营木材的廊主，指20世纪中期泰国知名人士赖渠岱）、越三振（三个唐人的佛寺）、座山王（姓王的富豪）等。此种情形也常见于泰华文学作品，如：

临走那人又不忘叮嘱阿强一句："兄强（实则是"强兄"），必要我效劳的地方，可按址去找我。"⑦

　① 王燕春：《芭里风光别有天》，载泰国华文作家协会编：《第六届亚细亚华文文艺营文集》，曼谷：泰华文学出版社，1998年，第463页。
　② 倪长游：《树叶的美味》，载氏著：《春的漫笔》，曼谷：泰华文学出版社，1996年，第49页。
　③ 倪长游：《树叶的美味》，载氏著：《春的漫笔》，曼谷：泰华文学出版社，1996年，第50页。
　④ 洪林：《故乡水情悠悠长》，曼谷：泰华文学出版社，2000年，第4页。
　⑤ 刘扬：《黎明前》，载氏著：《岔道口》，曼谷：泰华文学出版社，2000年，第76页。
　⑥ 范模士：《抗议麻将》，载氏著：《春的漫笔》，曼谷：泰华文学出版社，1996年，第66页。
　⑦ 黎毅：《瞬息风云》，载氏著：《春迟》，曼谷：泰华文学出版社，2000年，第14页。

三、潮语在泰国的地位正在发生变化

目前，潮语在泰国的地位正在发生着一些变化。年青一代的华人中，许多已经不会讲潮语，包括潮州人的后代也如此。笔者近期在曼谷唐人街耀华力一带，发现许多商店的店员已不会讲潮州话。究其原因，管见以为有以下几个方面：

首先是环境的因素。由于在泰国出生的年青一代华人，一出生就处在泰语的氛围中，自然而然地接受了泰语。年青一代的潮州人用潮语主要是在家里跟父母沟通。

其次是政治的因素。泰国在第二次世界大战后，出于政治上的原因，限制以至取消华文教育，使华文教育在泰国一度几近消失。潮语只能在华人家庭里，由长辈言传身教而得以延续。如果长辈无暇顾及，则其后辈潮语水平也就长进不大，甚至不懂潮语。

最后是华文教育教学语言变化的因素。20世纪90年代初，由于中泰友好关系的发展，特别是中泰经贸活动的日益增多，泰国方面需要大量华文人才，泰国政府开始放松对华文教育的限制。泰国方面在与中国交往中也逐渐了解到普通话的重要性和潮语的局限性。因此，现在泰国的华文学校以及大学中的中文系，逐渐采用普通话作为教学语言，力求让学生会说普通话。不少华人和泰国本土人也开始学习普通话。1995年以来，中国还在泰国开办了"汉语水平考试（HSK）"。现在已经有不少人能够说流利的普通话。

笔者近年到泰国，发现目前不少华人社团的领导人都可以说相当流利的普通话。一些知名的旅游点，由于中国游客的大量涌入，许多商家都招收会说普通话的店员，以便和顾客沟通。相信随着中泰友好往来的不断深入发展，普通话在泰国的使用将越来越普遍；相应地，潮语在泰国的地位势必逐渐边缘化，这种变化不过是一种历史的必然，我们自可以平常心处之。

第四章
泰国潮州人与公益慈善事业

泰国潮州人向来热心社会公益慈善事业，无论是在泰国，还是在祖籍原乡，都贡献殊多，有口皆碑。在泰国，以潮州人为主体的华人，已形成一种社会风气，事业有成后，乐意"取之社会，用之社会"，总要为当地社会公益慈善事业做出或大或小的贡献。这种善举，有利于他们融入当地社会、消弭与原住民的矛盾，既使得其自身获得较高的社会地位，也有利于促进华人与当地人民和睦相处。在祖籍原乡，他们兴公益、办慈善，造福故里，蔚然成风，有力地促进了经济社会的发展，也构成了侨乡的一大特色。20 世纪八九十年代以来，他们对祖籍原乡的社会公益事业的捐助进入一个新的历史阶段。

第一节　对原乡公益慈善事业的贡献

泰国潮州人素有回馈故乡的传统，无论是在历史上，还是在现代，他们都对原乡的社会公益慈善事业做出了巨大的贡献。潮汕地区流传俗语"番畔钱，唐山福"，即为例证。早在 20 世纪初，旅居泰国的潮州人就开始在故乡捐资兴办各种社会公益慈善事业，造福桑梓。20 世纪 80 年代后进入了一个高潮，主要集中在兴学育才、修建堤防、建桥筑路、捐建医院及施医赠药、改善生活环境等方面。赈济灾区则不独原乡，也惠及其他地方。泰国潮州人对故乡公益事业的捐助，缘于他们的故土情结，而原乡政府和人民对其捐助行为的褒扬是催化剂，前提是他们自身具有一定的经济实力。

一、对原乡公益慈善事业做出贡献的个体

20 世纪上半叶，泰国潮州人捐助原乡公益慈善事业之个体性行为，涉及修堤防、建民居、办学校、施医赠药、修筑道路等，捐助人是少数泰国潮籍富商。

郑智勇无愧为最突出者。郑智勇（1851—1937），俗称二哥丰，原籍海阳县

淇园乡（今属潮州市潮安区凤塘镇），是 19 世纪末至 20 世纪初泰国著名侨领。

早在清末时，郑智勇就曾捐巨款，促使潮州城北面的韩江北堤重建，保障潮属各县之安全。之后的 1918 年春，潮州地震，韩江决堤，郑智勇闻知，即捐巨款修建潮州韩江南堤。在潮州城南上埔乡韩江南堤孝子坟段曾经建有一亭，并立有《郑公智勇纪念碑》，高 1.2 米，宽 0.6 米，楷书阴刻，碑文记载："潮南堤为西南厢保障。堤基之安危，上下游生命财产、田园庐舍利害系焉。戊午春受地震牵动，罅漏百出；一经江水暴涨，冲决堪虞。……维时侨暹大慈善家淇园乡郑公智勇方汲汲焉，谋北偶之巩固，虽捐金累巨万，亦所不恤。同人等知公巩固之热心，当不专用于北堤也，爰请红十字会长杨君春崖，为介绍于公，果邀公允，亦捐金巨万，并令两公子雄才、法才董其事，及其侄庆宾、芳躅、材宝、家修诸君督理。鸠工庀材，漏者塞之，低者增之。民国八年（1919）八月工程告竣。"[①]有关资料显示，当年郑智勇为修复韩江堤防，总共捐献了白银 38 万两。[②]

郑智勇的另一善举是当其 60 多岁时，在其故乡（今凤塘镇淇园村）斥巨资兴建淇园新乡，分给附近乡民居住。据其孙郑典夫先生言：1911 年，郑智勇在家乡"离开淇园老乡约一里多地方，建立淇园新乡。新乡建筑蓝图，是由名师绘制然后送来暹罗经过他过目认为满意后，便委派他最信任得力的第五子郑法才全权负责执行创乡计划。法才秉承父命，大刀阔斧措理建乡浩大工程，罗致著名建筑师、雕刻师父、土木师父经整年期间大兴土木，快速进行，富丽堂皇、气派雄浑的淇园新乡终于建立起来了。新乡的结构是以向南面'荣禄第'为主干，附以'四马拖车'构成华厦巨宅，向东面的是以'海涛公祠'为主干。左右伸展四个单位院宅，而与南面宅平行建有罗马式拱门二层洋楼两座，便是著名的'智勇学校'所在地，整个新乡建筑形式中西合璧。院庭厅堂，画梁雕栋，鬼斧神工，金碧辉煌，极尽豪华、奢侈能事。全乡筑有围墙，分布更楼（等于瞭望台）、围墙内种植有特由暹罗移去的金凤花树。"新乡占地 140 多亩。"除了智勇公家族及近亲嫡系外，他还以土地和房屋换取外人改变姓氏，归顺于他的家族……外乡的一些贫苦人家，纷纷投归二哥丰家族，一律改姓郑，投进新村居住壮丁每人配给良田四亩、房屋二间，入族后本身固应姓郑，二代以上祖宗墓碑亦要改为姓郑。新乡人口逐渐增加，但还不够实力。于是在淇园新乡左近周围建立'忠美''信美''井头''铜锣'和'巷尾'等几个卫星村落，同样以物质换取乡民入族，从而人口顿增，势力日见扩张，成为一方望族，雄视潮汕。"[③]

1916 年，郑智勇在家乡独资创建设备齐全的新式学校——智勇高等小学校，

---

① 该碑已失，碑文收录于 1985 年内部印行的《潮州市文物志》第十一篇《华侨文物》。

② 见《潮州市华侨志（初稿）》，潮州市人民政府侨务办公室、潮州市归国华侨联合会主编，1988 年，第 133 页。

③ 郑典夫：《郑智勇公史略》，载《旅暹潮安同乡会成立五十六周年纪念特刊》，曼谷：旅暹潮安同乡会，1982 年，第 211 页。郑典夫系郑智勇第五子法才之子，曾任泰国潮安同乡会总干事多年。

向潮属九县招收学子，首届免费招收三班 180 名学童，学生膳宿费用全部由他负责。后因财力不支，于 1932 年改为"潮安县立第五小学"。智勇高等小学校是当时潮属地区最早的新式学校之一。

郑智勇还捐巨资，帮助建设潮州福音医院，该笔捐款为该医院建筑费用的大半。原位于潮州南门堤顶的福音医院，门碑上刻有"郑智勇建"，以资纪念。1917 年，郑智勇在家乡还独资修筑两条石灰路，一条从故乡淇园通东面的浮洋圩，长 6 公里；另一条从淇园通往北面的潮州城，长 6.5 公里。行人称便，商旅往来受益不少。

除了郑智勇之外，较知名的还有如下几位：

赖渠岱。20 世纪 20 年代，赖渠岱不仅在家乡凤洋村（现属潮安区归湖镇）创办"世德小学"，还亲自出力募集捐款，资助汕头礐光中学、海滨中学经费。早年他亦多次为潮安红十字医院、集安善堂劝募捐款，乡侨响应甚众。①

陈慈黉及其家族。1905 年陈慈黉于饶平隆都前美村（现属汕头市澄海区）将原创办的私塾改为小学堂，招生对象扩大到隆都界内的陈姓子弟。1912 年，又将小学堂改称成德学校。每年由其创设的陈黉利行拨付办学经费约 4 000 大洋，招生对象扩大至隆都各姓子女。陈慈黉家族还多次慷慨解囊，资助国内多所学校。

余子亮于 1928 年在其故乡饶平黄冈捐建南华小学；1935 年又于黄冈创办中山女子初级小学，委托老归侨李时珍主持。1931 年，在黄冈捐资修建长 2.5 公里的虎板桥道和北郊纱帽雨亭。1958 年，余子亮与唐大典、陆惠初等人捐资襄助饶平华侨中学建设。

此外，陈美堂于 1917 年捐资修建潮阳沙陇浩溪村萃英学校；林伯岐于 20 世纪 20 年代，在原籍澄海溪南董坑村捐资建立圣彰学校；陈炳强在普宁洪阳洪山村建洪山小学；蚁光炎在澄海建南畔学校；黄天年的女儿黄敬岳、黄敬梅于 1927 年在原籍饶平县钱东紫云村创办启英女子学校，并亲自执教。旅泰侨胞曾捐资在凤凰（现属潮州市潮安区）创办华侨公学，1939 年改为华侨中学。抗战胜利后，澄海苏北乡旅居泰国华侨捐建苏北中学。②

此时期修筑道路者，除郑智勇外，尚有张君丁捐款修筑了一条从潮州至其家乡磷溪西坑村的贝灰路，长超过 15 公里，宽 2 米，改善了家乡的交通条件，该路一直使用至 20 世纪 60 年代。③

① 佚名：《赖渠岱先生事略》，载《旅暹潮安同乡会成立六十周年纪念特刊》，曼谷：旅暹潮安同乡会，1982 年，第 212 页。

② 参阅杨群熙：《海外潮人兴学育才纪事》，汕头：潮汕历史文化研究中心，2000 年；《饶平县华侨志》，饶平：饶平县归国华侨联合会，1999 年；《潮州市华侨志（初稿）》，潮州市侨务办公室、潮州市归国华侨联合会主编，1988 年。

③ 《潮州市华侨志（初稿）》，潮州市侨务办公室、潮州市归国华侨联合会主编，1988 年，第 135 页。

二、对原乡公益慈善事业做出贡献的团体

集体性捐助主要体现在赈济灾区方面，多由中华总商会、潮州会馆、华侨报德善堂等发起组织募捐。不但赈济原乡，也惠及中国其他地方，捐赠者遍及各界人士，各依自身经济状况而为。比较大宗的事件有：

20世纪20年代，旅暹潮安辅益社（泰国潮安同乡会前身）为防止每年发生水灾，多次在泰国进行募捐，协助修复北堤。

1922年，潮汕地区发生"八二"风灾，造成特大自然灾害。暹罗中华总商会于8月20日发起成立"暹罗潮州飓风海潮赈救会"，"联合各界发起募捐救灾，同时廖葆珊先生觐见暹六世皇，陈述灾情，承暹皇颁五千铢，以为赈灾之用。此一播，各界侨胞同声响应，所得救济灾款，为数至巨，陆续汇到潮汕施用"。[①]有关资料显示，其时，暹罗潮人共募集资金25万铢，折成大米、衣服、耕牛等，回潮汕赈灾。9月28日，"暹罗潮州飓风海潮赈救会"推举许少锋等6人，携带善款抵达汕头，大力支持家乡救灾工作。[②]

"1931年秋，中国洪水为灾，灾区延及16省，灾民达6 000万，游离漂泊，怵目伤心。马（立群）会长关怀饥溺，悯怒良深，故特组织暹罗中华总商会筹赈祖国水灾委员会，向暹政府请准公开募捐。为时一月，共募得赈款暹币158 566铢，国币91 073元，经将所有赈款汇往上海筹募各省水灾急赈会，及国民政府救济水灾委员会等，分别施赈。"[③]

1937年下半年起，潮汕地区一直闹粮荒。泰国潮州会馆发起组织"潮州米业平粜公司"，购米粮运回潮汕地区举行平卖，"使潮州米价不致因粮荒而高涨，民食有赖，收效颇宏。此项工作迄至潮汕沦陷，始告被迫停顿"。抗日战争结束后，"潮州各地失收，发生饥荒，本会馆成立救济粮荒委员会，运米前往赈济"。[④]"在短时间内，即募集米粮3万余吨，值30余万铢，并获联合国救济总署赠米袋30余万条之外，复调轮15艘接运全部赈米。（郑午楼）又组监赈团亲自领导回国监赈，使嗷嗷灾民，得沾实惠。"[⑤]据当时汕头报载："'1946年4月至12月，暹罗华侨赈米来潮汕凡八批，一共165 778包半。'潮安分得总数

① 佚名：《泰国中华总商会八十五年》，载《泰国中华总商会成立八十五周年暨新大厦落成揭幕纪念特刊》，曼谷：泰国中华总商会，1995年，第106－107页。

② 杨群熙、陈骅：《海外潮人的慈善业绩》，广州：花城出版社，1999年。

③ 佚名：《泰国中华总商会八十五年》，载《泰国中华总商会成立八十五周年暨新大厦落成揭幕纪念特刊》，曼谷：泰国中华总商会，1995年，第108页。

④ 佚名：《四十年来的泰国潮州会馆》，载《泰国潮州会馆成立四十周年暨新馆落成揭幕纪念特刊》，曼谷：泰国潮州会馆，1979年，第1－2页。

⑤ 佚名：《郑午楼先生传略》，载《泰国潮州会馆成立四十周年暨新馆落成揭幕纪念特刊》，曼谷：泰国潮州会馆，1979年，第1页。

17 039.6 包。其中旅暹潮安同乡会为救济家乡，捐赠白米 3 000 包。"① 上述赈灾，有效地缓解了当时潮汕地区的粮食灾荒。

华侨报德善堂最早的一次救济水灾行动，对象是原乡潮汕灾民。1947 年 5、6 月间，潮属各地普降大雨、暴雨，上游各地又山洪暴发，韩江水位猛涨，使潮州城南春城楼附近的南堤、庵埠附近的赐茶庵、小长桥等处韩江堤围崩溃，潮安、饶平、澄海等县发生数十年来未见的大水灾。与此同时，榕江、练江多处决堤，揭阳、潮阳等地也遭受水灾。"本堂获悉灾耗之后，即由董事长陈振敬先生，召集本届第十次董监事联席会议，讨论关于切实有效急赈办法。"当时米粮受政府统制无法出口，遂于"最短之数天内，即购备地瓜千担，装成 584 包，同时承五福船务有限公司之美福轮，义务运汕，交由汕头存心善堂代行散赈"。②

泰华社会对于祖籍故乡的赈灾义举，一直延续至今。1991 年 7 月，中国的长江、淮河流域连续普降暴雨，华东、华中一带江河泛滥成灾，江苏、安徽、河南、浙江等省灾情尤为严重，灾民逾亿。中国政府向海内外发出请求援助呼吁。泰国华侨报德善堂董事长郑午楼先生闻信迅速主持泰华各社团联席会议，决定由中华总商会、九属会馆、潮属十县同乡会、各姓宗亲总会，以及各华文报社、各慈善团体、各宗教团体等 42 个单位联合组成泰华各界救灾机构，呼吁泰华各界人士赈济中国灾区人民。至 8 月初，就募集到 3 万包大米及价值 50 万铢的药物，迅速由曼谷运送 2 万包大米至上海、1 万包到汕头等地，转送各灾区。8 月 24 日，郑午楼率泰华各界慰问团赴北京，呈献赈米，受到时任中国国家主席杨尚昆的亲切接见。泰华报人公益基金会也筹款 5 万美元，呈送中国驻泰国大使馆转交灾区。当时中国驻泰国大使馆临时代办谢月娥女士在接受赈米仪式上说："看到这些白米所包含的千千万万侨胞朋友们对我国灾区人民的一片深情厚谊，亦体现了泰国侨胞的高尚人道主义美德精神。"③ 杨尚昆主席在会见郑午楼率领的泰华赈灾慰问团时说，中国许多省市遭受相当严重的水灾，在此困难时，泰侨慷慨援助，而且援助数目相当大，灾区人民得知这一消息后，一定会受到鼓舞和安慰，在重建家园时，信心会更足。④ 7 月 19 日，太平洋第 9 号强台风在汕头市正面登陆，造成极大损失。泰国潮州会馆联合潮属十县同乡会，发动紧急救灾，"侨社间瞬即掀起赈援家乡亲人高潮，潮馆暨十县同乡会筹备大白米 1 万包，泰币 750 万铢，连同各界乡亲赈款共泰币 867.87 万铢，由潮馆暨十县同乡会慰问团直接

---

① 转引自《潮州市华侨志（初稿）》，潮州：潮州市人民政府侨务办公室、潮州市归国华侨联合会主编，1988 年，第 132 页。

② 佚名：《三十六年度堂务报告》，载《华侨报德善堂第六七届堂务报告书》，第 61 - 62 页，转引自林悟殊：《泰国大峰祖师崇拜与华侨报德善堂研究》，台北：淑馨出版社，1996 年，第 110 页。

③ 谢月娥的讲话见于 1991 年 8 月 8 日曼谷各华文报纸。

④ 许忆纯：《杨尚昆会见泰华社团赈灾慰问团》，《人民日报》，1991 年 8 月 24 日。

带至潮汕地区实地放赈，对敦睦乡谊及社会慈善方面深具意义"。[①]

1994 年夏，中国华南六省发生严重水灾，人民生命财产受到巨大损失。消息传到泰国，华侨报德善堂暨各侨团联合救灾机构在请示了川·立派总理后，向泰华社会发出赈灾的呼吁。泰华各界纷纷响应。郑午楼、谢慧如等知名潮人，中华总商会、潮州等九属会馆、各县同乡会等迅速带头捐赠大米、钱款。至 9 月底，共募集大米、钱款折合人民币 2 700 多万元呈献中国驻泰国大使馆转交灾区。其数量之巨，捐赠者范围之广，在当时世界各国对中国灾区的赈灾中尚属少见。[②]

2004 年重庆市遭受洪灾，2006 年台风"珍珠""碧利斯"和"洛美"接踵袭击潮汕，2008 年 5 月 12 日四川汶川地震等，泰华各界都迅速捐款捐物，赈济灾区。从汶川地震至 5 月 22 日十天内，中国驻泰国大使馆就接受泰国各界捐款超过 1.2 亿铢。对汶川地震的捐助中，潮籍人士中谢国民捐款物价值人民币 1 300 万元，苏旭明港币 1 140 万元，胡玉麟泰币 4 000 万铢、陈汉士泰币 400 万铢、姚宗侠泰币 465 万铢，潮州会馆及潮属九县同乡会 2 200 万铢。[③]

三、20 世纪 80 年代后对原乡公益慈善事业的贡献

"二战"结束后，世界格局发生重大变化。20 世纪 50—70 年代，中泰两国没有建立正式外交关系，两国人民往来处于隔绝状态，泰国潮州人与原乡的联系也几乎中断。

1975 年 7 月 1 日，中华人民共和国与泰王国正式建立外交关系，开启了两国友好关系的新时代。1978 年，中国实行改革开放政策，泰国潮州人与原乡的联系逐渐增多。他们对原乡公益慈善事业的捐助也随之不断增加。此时期捐助的项目，几乎遍及潮汕各地，主要有修建学校及设立教育基金、修建医院及赞助医疗设施、襄助公共文化娱乐设施（如赞助潮剧团、修建公园、体育馆、图书馆、敬老院等）、建设侨乡侨联（华侨）大厦、修筑桥梁道路、改善生活环境（设立自来水厂、改善村容村貌）、襄助修复文化古迹以及宗祠寺庙等，涉及项目均是当时潮汕原乡所急需的。

以潮州市湘桥区磷溪镇为例。磷溪镇位于潮州市区东南面，镇域 73.48 平方公里，现常住人口 8.57 万人，是一个重点侨乡镇，旅居海外乡亲约 4 万人，主要分布在泰国、新加坡、马来西亚、老挝、越南等国家，尤以泰国为多。根据磷

---

① 佚名：《泰国潮州会馆五十五年会务简报》，载《泰国潮州会馆成立五十五周年纪念特刊》，曼谷：泰国潮州会馆，1993 年，第 181 页。

② 笔者当时在中国驻泰国大使馆工作，亲历受捐工作，其血浓于水之亲情，令人感动，印象深刻。

③ 见《潮汕华侨历史文化图录》，汕头市委宣传部、汕尾市委宣传部、潮州市委宣传部、揭阳市委宣传部编，2008 年，第 245–247 页。

溪镇政府提供的资料，该镇旅居海外乡亲素有关心桑梓公益慈善事业的传统，1978 年以来，高潮迭起。至 2017 年，该镇累计接受海外乡亲捐办公益慈善事业总金额 4 083.9 万元，2 015 人次，113 项。其中除涉及教育的 75 万元捐款来自马来西亚外，其余均来自泰国。较大型的项目有：旸坑华侨学校、仙河华侨学校、仙河华侨大道、仙田侨光中学、星光小学、溪口联侨中学、溪口二村祥杰学校、仙美"晚照楼"顶厝洲华侨学校、磷溪大桥等。这些项目，为该镇的经济社会发展做出了重要的贡献。

1978—2017 年磷溪镇接受海外捐办公益慈善事业明细

	文化设施	道路建设	社会公益	学校教育	总计	1980 年以前	1980—1990 年	1991—2000 年	2000 年以后
总金额（万元）	707	429.2	943.7	2 004	4 083.9	291	1952	747.7	1 093.2
宗数	6	18	42	47	113	11	31	37	34
人次					2 015				

资料来源：磷溪镇政府。

此时期的捐赠者大多是从故乡直接到泰国谋生的第一代华侨华人，或者是在泰国出生，而后曾回祖籍读书生活，再重返泰国者。如在潮汕地区捐巨款办公益慈善事业的谢慧如、谢国民、陈弼臣、陈汉士等。故土情结使他们对原乡怀有特殊的情感，即使在原乡曾有过某种不愉快的经历，以及不公正的遭遇，仍一往情深。如陈汉士于 20 世纪 50 年代初的"土改"运动中，曾在原乡受过批斗，但自 20 世纪 80 年代以来，多次在潮汕地区捐助公益慈善事业，每年都回原乡慰问老者；自 1999 年开始，独资设立助学金，捐助潮汕三市考取重点大学的优秀大学生就读，累计超千万元。

谢慧如先生是此时期的典型人物。谢慧如 14 岁从潮州去泰国谋生，直到 1989 年才首次回梓，并由此开始他对故乡公益慈善事业的捐助。他先后在故乡潮州市官塘镇奕湖村以至潮州市区，独资捐建谢慧如图书馆、慧如公园、泰佛殿、官塘学校，捐资襄助潮州日报社、潮剧团经费，捐助设立潮州教育基金及潮剧事业基金等，又在汕头、揭阳，以及北京、天津、四川等地捐助公益慈善事业，至 1996 年去世前捐资总额达数千万人民币。

四、泰国潮州人捐助祖籍原乡公益慈善事业的原因

20 世纪上半叶，泰国的社会经济总体上处于相对落后阶段。泰国的潮州人

中，大多数是刚从故乡来到泰国创业谋生者，能够成为像郑智勇等富翁者毕竟如凤毛麟角。其时他们除了自身的生活所需及维持自身发展外，还得寄钱款回故乡赡养家眷，几乎没有能力捐助故乡兴办社会福利事业。因此回潮州捐助公益慈善事业者人数较少，但郑智勇一人所做的贡献之大，堪为后来者之楷模，足以名垂青史。

1949 年中华人民共和国成立，泰国跟随以美国为首的西方国家，与中国处于对立阵线，因而自此后到 1975 年的 20 多年间，两国处于隔绝状况，人民无法正常往来；另外中国国内由于"左"的思想影响，一度错误对待海外华侨华人，误伤了海外华侨华人对故乡的感情。因此，此时期潮泰两地鸿雁难至，泰国潮人对故乡的社会公益事业的捐助即使有心有力，也援助无门。

泰国自 20 世纪 60 年代开始，进入工业化时期。20 世纪 80 年代末，泰国已有"亚洲四小虎"之称，经济实力在亚洲已属先进水平。此时，泰国的潮州人凭借自身的智慧和勤劳，在各个领域都取得了卓越的成就，涌现出一大批在各行各业的领军人物，也成就了大大小小的富裕人家。1975 年，中华人民共和国与泰王国正式建立外交关系，开启了两国友好关系的新里程碑。两国人民的友好往来也日渐频密。1978 年，中国开始实行改革开放政策，随后，又逐渐落实各项华侨政策，从而调动了海外华侨华人关心、捐助故乡的积极性。改革开放之初，与中国其他地方一样，潮汕地区也百废待兴，各级政府将海外潮州人视为其经济社会发展的可依赖的力量，注重褒扬对故乡有贡献的海外乡亲，如给予"荣誉市民"称号、在受捐项目勒石树碑纪念等。因此，泰国的潮州人对故乡的捐助，既受到地方政府褒奖，又受乡民好评，博得了社会上的好名声，使捐助者从中享有如衣锦还乡之感受，从而乐于捐钱捐物兴办各项公益慈善事业。此时期，几乎是故乡经济建设所需的，都会有泰国潮州人的捐助。

1997 年的"金融风波"使不少泰国的潮州人也遭受严重的冲击，企业倒闭、人员失业，不少人经济实力大不如前。而改革开放给中国带来了巨变，人民的生活发生了翻天覆地的变化。潮汕地区虽然尚属欠发达地区，但经济社会也有了长足的发展，人民生活水平不断提高。然而，目前泰国潮州人的主体已是生于斯长于斯的潮人后裔，他们对祖籍原乡的感情与其先辈相比，大异其趣。因此，泰国潮州人对祖籍原乡公益慈善事业的捐助将会越来越少。

第二节　对泰国公益慈善事业的贡献

华人移居异国他乡过程中，不可避免地产生了与当地原住民如何相处的问题。特别是当华人生活水平与当地人民拉开差距之后，矛盾更为突出。一些国家的华人虽然生活富裕，但在当地社会却无法获得应有的尊重；一些国家甚至曾出现严重的排华情况。其中固然有诸多原因，但与华人富裕之后如何支配财富不无关系。泰国潮州人注重举办一些公益慈善事业，通过这些活动，有效地纾解社会矛盾，达到与当地人民和睦相处的效果。

在这方面，华侨报德善堂堪称典范，它从初期的收埋路毙无主死尸，到救死扶伤、扶贫济困、施医义葬，再发展到创办华侨崇圣大学等义举，从一个初期注册资本只有两千铢泰币的小神庙，发展成为泰国最大民间慈善机构，在泰国有口皆碑，官民咸赞。林悟殊教授在其专著《泰国大峰祖师崇拜与华侨报德善堂研究》① 一书中，已作了详尽的阐述。

泰国潮州人在当地所做的公益慈善活动，通常为下列两种类型：

一、社团主动发起或配合王室政府进行的公益慈善活动

泰国潮人社团经常发起或配合王室和政府，发动社会各界人士捐资举办一些公益慈善活动。一般由中华总商会、潮州会馆等社团发起，组织各社团输将，并成为社团活动的重要内容。通过这些活动，潮人社团与官方保持顺畅关系，同时也在社会上树立良好形象。如中华总商会的会务中，有如下记录：

1948年6月，张兰臣担任中华总商会主席时，"认销泰国政府救济难童慈善彩票110万铢，协助防火募捐，劝请各界赞助建警察岗亭，担任筹建警察医院主席，响应泰国国务院长沙立元帅美化市容，而向各界募建泰京罗斗圈喷水池，这是无一而非协助当地政府建设和增进福利，以期建立良好关系，加强彼此间的友谊"。

1979年6月，泰国空军署请中华总商会协助筹款铸造泰皇陛下御像及增建新式病房，充实医学仪器。中华总商会向中国驻泰国大使馆借舞台纪录片《真假包公》在光华堂放映筹款。

1987年10月1日，商会响应警察医院修建意外医疗大厦呼请社会人士赞助建筑费用的呼吁，郑明如主席特于是晚警察厅在第五陆军电视台主办的慈善节目中，歌唱泰国歌曲，号召社会人士赞助，获各界响应，共筹得善款2 700余万铢。

1987年12月26日上午8时，郑明如主席率领该会会董和各侨团、社团代表进宫，恭向拍贴公主殿下呈献赞助九世王御苑植物园建筑永久性纪念性大厦款项，荣获拍贴公主赐见。

1988年2月15日，郑明如主席率诸位会董恭向陆军总司令操哇立上将呈献支援隆诺前线抗敌战士慰劳金100万铢。

1995年3月1日，泰国中华总商会全体会董赞助京吞二府警署购置电脑联络

---

① 林悟殊：《泰国大峰祖师崇拜与华侨报德善堂研究》，台北：淑馨出版社，1996年。

器经费泰币 500 万铢。①

2004 年 3 月 11 日，泰国第二骑兵师司令沙匿·蓬目陆军少将访问中华总商会，向郑明如主席报告泰国弱智孩童基金会将举办中国杂技慈善义演，得到中国驻泰大使馆文化处的支持，敦请郑明如主席为义演大会荣誉主席，并请支持此次慈善演出。郑明如主席在新闻发布会上，表示对于军方及民间联合举行之慈善事业都乐意给予支持。

2004 年 8 月 12 日，泰国泰人华裔协会会长王志民发起，中华总商会、潮州会馆、华侨报德善堂、泰华各姓宗亲总会联谊会（宗联）、泰国王氏宗亲总会、泰国孔堤互益社、泰国心理安全公会及各社团单位，各阶层民众联合举办的"崇庆皇后殿下懿寿，充作报答国土哺育之恩盛典"计划，订定自 8 月 13 日起至 12 月 31 日止展开，从中募集善款救助泰南不靖三府因剿匪殉职的军警和公务员家庭，俾作为恭颂皇后殿下懿寿最高献礼。

2004 年 8 月 17 日，中华总商会暨泰国留中国大学校友总会向诗琳通公主呈献善款 100 万铢，作为筹办"泰中友谊颂——泰中建交二十九周年庆典文艺晚会"基金。②

潮州会馆的会务记录中也频见此类活动：

1982 年 3 月 4 日上午 9 时至 11 时，"本会馆同其他侨团代表至警察医院慰问受伤军警，每人发给红包 200 铢，受伤军警深为侨团此种关心爱护之行动所感动，一再表示感谢"。同年 12 月 2 日，"本会馆为遵奉皇上圣意，响应国务院长号召，呈献耕牛，恭祝圣寿康泰礼品，俾皇上陛下赐赠贫苦农民，协助耕耘，发展农村经济，使贫苦农民能够过着优裕生活，乃认捐耕牛 100 头"。③

1986 年，"为恭贺泰皇上六秩圣寿，本会馆联合八属会馆，在本京乍都节公园筹建永久性建筑物大钟楼一座，作为贺寿献礼"。④

1990 年 10 月 21 日，恰逢皇太后九十华诞。潮州会馆"主席周鑑梅在泰华九属会馆及潮属十县同乡会首长常月聚餐会上发起慈善献金运动，作为恭颂皇太后九十懿寿之贺礼，获各单位热烈支持，结果九属会馆筹得善款泰币 100 万铢，潮馆暨潮属十县同乡会筹得善款泰币 140 万铢"。⑤

---

① 佚名：《泰国中华总商会八十五年》，载《泰国中华总商会成立八十五周年暨新大厦落成揭幕纪念特刊》，曼谷：泰国中华总商会，1995 年，第 110 – 114 页。

② 佚名：《泰国中华总商会新第十九届第一次会员大会会务报告书》，曼谷：泰国中华总商会，2004 年，第 58 – 116 页。

③ 佚名：《泰国潮州会馆四十五年大事记》，载《泰国潮州会馆成立四十五周年纪念特刊》，曼谷：泰国潮州会馆，1983 年，（会史会务）第 189、195 页。

④ 佚名：《泰国潮州会馆六十年会务概述》，载《泰国潮州会馆成立六十周年纪念特刊》，曼谷：泰国潮州会馆，1998 年，第 166 页。

⑤ 佚名：《泰国潮州会馆五十五年会务简报》，载《泰国潮州会馆成立五十五周年纪念特刊》，曼谷：泰国潮州会馆，1993 年，第 172 页。

1994 年，潮州会馆在该会址广场附近，与曼谷市政府合作，兴建一座二层医疗服务中心，该馆提供建设土地，所需护士、医生、职员与医药、医疗设备，以及平常一切费用均由市政府负责。[①]

1994 年，泰国特别路政机构建造第二期高速公路，颁令收回泰国潮州会馆越隆潮州山庄隆固颂路中段地皮，并限令该地段葬有先侨 298 穴之坟墓，依期起葬迁移。其时除由奉祀人自行迁移者有 150 穴，尚有 148 穴因奉祀乏人，潮州会馆暨十县同乡会特联合成立治丧委员会，负责将其迁移至北标汇西潮州山庄安葬，并举行隆重葬礼。[②]

其他社团，如各同乡会、宗亲会、慈善机构等，此类活动也甚多。

二、救济灾区灾民

每逢泰国发生自然灾害，泰华社会，无论社团或个人，总是慷慨输将，赈济灾区灾民。对于自然灾害的救助，泰国潮州人不分畛域，一视同仁。泰华社团的会务资料中俯拾皆是。兹择要如下：

中华总商会会务记录显示，"1942 年 10 月，泰国各府秋霖不止，洪水暴涨，江河泛滥，田园悉成泽国，百物几至荡尽，灾情之重，灾区之广，为泰国百年来所未有，中泰人民，同罹灾难者，不可胜数。商会乃联合各属会馆暨天华医院，组织筹赈泰国水灾委员会，募集赈款赈米，联同泰国当局，向本京暨各府施赈，救灾效绩，至为圆满"[③]。1969 年秋，"泰国中南部叻丕、佛丕、巴蜀三府，淫雨连绵，洪水暴涨；继而泰南童颂等府，河流泛滥，灾情严重。商会暨各侨团报社，发起募捐救灾，共集得赈款泰币 37.96 万铢，于同年 12 月 22 日，呈献泰国内政部，由内政部长巴博上将亲自接受，对于我侨此次义举，深予嘉勉"[④]。

华侨报德善堂最早一次救济泰国水灾行动，是在 1952 年 9 月。"九月间，泰北清迈府一带，山洪倾泻，泛滥成灾，人民浮舟泛宅，饥寒交迫者，触目皆然，诚空前之浩劫。本堂秉一贯慈善为怀，逢灾必救之旨，决定协助泰内务部进行救赈之工作，于第六次董监委联席会议中，通过发出泰币五万铢，交内务部代行

---

① 佚名：《泰国潮州会馆六十年会务概述》，载《泰国潮州会馆成立六十周年纪念特刊》，曼谷：泰国潮州会馆，1998 年，第 179 页。

② 佚名：《泰国潮州会馆六十年会务概述》，载《泰国潮州会馆成立六十周年纪念特刊》，曼谷：泰国潮州会馆，1998 年，第 187 页。

③ 佚名：《泰国中华总商会八十五年》，载《泰国中华总商会成立八十五周年暨新大厦落成揭幕纪念特刊》，曼谷：泰国中华总商会，1995 年，第 109－110 页。

④ 佚名：《泰国中华总商会八十五年》，载《泰国中华总商会成立八十五周年暨新大厦落成揭幕纪念特刊》，曼谷：泰国中华总商会，1995 年，第 111－112 页。

散赈。"①

潮州会馆及其他县域同乡会，分别设立慈善会，还有以已故知名侨领之名成立的基金会，如余子亮基金会、郑子彬基金会等，专施慈善工作。"历年以来，因各地火灾水患，至为频繁，本会馆（潮州会馆）均一秉以往宗旨，参加侨团联合救灾机构积极推行救恤工作，去年度除于九月间呈献救济泰南各地水灾善款一万铢之外，还对各地火灾灾区，联合各乡每户发给赈品双人蚊帐一领，总计去年度火灾区共 37 处，灾民计 1 237 户，发出蚊帐共 1 237 领。"② 1972 年度，"联合侨团救灾机构发赈各地大小灾区计共 50 处，发赈灾民 1 865 户，12 239 人，其中颁发赈物者，计京都 23 灾区，内地 13 灾区，合共 36 灾区，1 150 户，本会馆联合八县同乡会发给每户双人蚊帐一领，共计 1 150 领。……9 月间，内地数府发生严重水灾，侨团联合救灾机构通过筹集款物，呈献革命团副领袖巴博上将，作为急赈各地水灾灾区，……本会馆联合八县同乡会以给每户双人蚊帐一领，共 1 150 领。……6 月 28 日，灯笼街本会馆后面发生火灾，当时幸赖老哒叻社同人，出动灭火机百余具，勇敢协助扑灭，本会馆联络中心不致全座被焚，事后本会馆特拨款 1 万铢，赞助该社作为购置灭火机经费"。③ 成立于 1950 年的潮州会馆医务处几十年来始终坚持为贫困民众服务，如 1970 年记录显示，"在此 20 年之间，医药之赠施不分轸域，以期对人群有所贡献，医务处之开销，本年度（1970 年）约共支出 16 万铢，幸得各界热心人士之乐助，及就诊病家之赞助以作弥补。……泰籍及其他籍民 6 274 名次，占就诊病人总数 70% 强，中国籍民 2 535 名次，占就诊病人总数 30% 弱。"④

在长期的救灾活动中，泰华社会逐渐形成以华侨报德善堂为首、各社团报社参与的领导机构，协调救灾行动。1952 年，曼谷黄桥地区发生大火，灾情空前，华侨报德善堂联合发起各侨团报社组成"华侨报德善堂暨各侨团报社联合救灾机构"，初定救灾原则："人无分中外，地无分远近，灾无分大小，只要住屋被焚而无保险者，即予救济。"⑤ 之后，在此基础上，参与单位不断增加，救灾范围不断扩大。一旦灾害发生，华侨报德善堂迅速行动，协调各侨团报社，发动泰华民众投入救灾行动。救灾行动，体现了华侨华人慈爱之心，也成为调和贫富矛盾的润滑剂。

———————————

① 佚名：《华侨报德善堂第十届堂务报告书》，1953 年，第 5 页，转引自林悟殊：《泰国大峰祖师崇拜与华侨报德善堂研究》，台北：淑馨出版社，1996 年，第 112 页。

② 佚名：《第十七届第一年度（1970 年）会务报告书》，载《泰国潮州会馆成立四十五周年纪念特刊》，曼谷：泰国潮州会馆，1983 年，第 35 页。

③ 《第十八届第一年度会务报告书》，载《泰国潮州会馆成立四十五周年纪念特刊》，曼谷：泰国潮州会馆，1983 年，第 46－47 页。

④ 《第十七届第一年度会务报告书》，载《泰国潮州会馆成立四十五周年纪念特刊》，曼谷：泰国潮州会馆，1983 年，第 39 页。

⑤ 《华侨报德善堂成立八十周年纪念特刊》，曼谷：泰国华侨报德善堂，1991 年，第 33 页。

泰国潮州人进行公益慈善活动，大多以神明（主要是大峰祖师）为号召，感召民众广泛参与，成为泰华社会的一个鲜明特征。

泰国各地的善堂源于潮汕地区，且多奉祀大峰祖师。对大峰祖师的崇拜，实际上是一种潮人的民间信仰。其传入泰国，始于 1897 年 "侨社有收骸法会之善举，同侨马润先生，感其原籍潮阳和平乡之报德古堂所供奉宋大峰祖师，深受乡人景仰，而旅泰潮阳同侨，崇奉祖师者尤多，遂返家乡和平恭奉大峰祖师金身来泰主理其事"。① 随后由于信徒不断增多，而建庙奉祀，并在此基础上发展形成华侨报德善堂。而今，泰国各地的善堂也多奉祀大峰祖师。

泰国的大峰祖师崇拜，有其必然的原因。对于移民到泰国的潮州人而言，先侨初到泰国，绝大多数是赤手空拳来到异国他乡拼搏，处于一种生死未卜境况。"因此，如果有人出于倡导弘扬慈悲济世的精神，不仅将使他们的精神得到莫大的安慰、寄托，也会使他们得到实际的帮助。大峰祖师作为慈善济世的实践家，其被引进泰国作为信仰崇拜的对象，不言而喻，自是一桩最得人心的事。以大峰祖师为号召的慈善机构，当然最具有凝聚力，最广得拥护，一呼百应，所举无不成，灵验无比。"② 在泰华社会，也形成了膜拜大峰祖师、行善积德、行善最乐的风气，不但在赈济自然灾害时慷慨解囊，平时也乐意为善堂出钱出力。"大峰是被后人作为道德上完人而神格化的，人们不仅仅膜拜他，而且更效法他，通过捐赠这类善行，来纯洁净化自己的灵魂，或弥补以往的过失。就这一点而言，乃包含着一种宗教的忏悔心理和高尚的献身精神，与一般出于愚昧无知的迷信行为，实有质的分野。在科学昌明的今天，人们对华侨报德善堂的捐助，大多数盖出于这种宗教感情。当然，在对大峰的膜拜和慈善捐赠中，人们也普遍怀着'消灾纳福'的愿望。这种心理，实可理解。"③ 当然大峰祖师崇拜的流行，与泰国信仰佛教关系至深。林悟殊教授指出："对一位佛僧的崇拜，与泰国的普遍信仰和宗教政策并不相悖；倡导慈悲济世的精神，对泰国的社会安定和繁荣只有百利而无一弊。而这种慈善济世的精神，对于泰华移民社会来说，正是最为需要的。"④

———————————

① 见郑彝元编著：《大峰祖师传略》，转引自林悟殊：《泰国大峰祖师崇拜与华侨报德善堂研究》，台北：淑馨出版社，1996 年，第 45 页。

② 林悟殊：《泰国大峰祖师崇拜与华侨报德善堂研究》，台北：淑馨出版社，1996 年，第 51 – 52 页。

③ 林悟殊：《泰国大峰祖师崇拜与华侨报德善堂研究》，台北：淑馨出版社，1996 年，第 180 页。

④ 林悟殊：《泰国大峰祖师崇拜与华侨报德善堂研究》，台北：淑馨出版社，1996 年，第 50 页。

第三节　泰国潮州人奉献公益慈善事业的价值观之形成
——以谢慧如为例

谢慧如先生是当代泰国乃至海外潮州人中一位颇负盛名的大慈善家，自 1986 年至 1996 年曾先后捐巨款在中泰两国举办社会公益事业 77 项，计人民币 1 920 万元、港币 5 570 万元、泰币 28 822.9 万铢，数额之大，为一时之最。① 其对社会公益慈善的奉献精神，具有典型意义。在泰国，他是一面奉献公益的旗帜，备受朝野人士的尊敬；在中国，尤其在潮州，他对公益的奉献精神与热爱故国故乡情怀相凝聚，更使他的形象熠熠生辉，万人景仰！本节试以谢慧如先生为例，从中泰社会文化背景及谢慧如本人的生活经历及性格，剖析其奉献精神之形成原因，从中窥视泰国潮州人的人生价值取向。

一、谢慧如生平

谢慧如（Pricha Phisittkasem，1913—1996），祖籍潮安县官塘奕湖村（现属潮州市湘桥区），出身于一个贫苦农民家庭，少年时曾在家乡受过两三年小学教育。1927 年，14 岁的谢慧如南渡到暹罗谋生，初当店员，后独自创业。至 20 世纪 70 年代初，谢慧如已拥有碾米、木材、冷冻、保险、货仓、建筑、米业、麻绒、五金、酿酒、土产出口等产业的 70 多家企业，遍布泰国各地。1980 年，谢慧如及时调整企业结构，结束其在泰北、泰中和泰南的全部企业，倾资进入曼谷，创办远东实业有限公司。同时改造创建于 20 世纪 60 年代的三环唛铅瓦厂生产线，扩大生产规模，使之成为当时泰国四大铅瓦厂之一，经济实力不断提升，成为泰国著名的商界巨贾。

1985 年，谢慧如将事业交由其长子管理，自己则开始把全部精力投入社会活动中。1986 年至 1996 年的 10 年间，谢慧如连续担任泰国中华总商会永远名誉主席。② 1984 年起任潮州会馆名誉主席、永远名誉主席。③ 1985 年起任潮安同乡

---

① 参见附表。谢慧如先生对海内外的捐资，历来随缘喜赠，缺乏准确统计。囿于资料，只追溯到 1986 年。据笔者所知，由于 1996 年谢慧如先生突然病倒，不省人事直至逝世，其中有些款项实际并未到位。如捐赠给广东省华侨博物馆实际到位人民币 500 万元。

② 参阅《新第一届至现届（新第十四届）会董名表》，载《泰国中华总商会成立八十五周年暨新大厦落成揭幕纪念特刊》，曼谷：泰国中华总商会，1995 年，第 128 – 130 页。

③ 参阅《泰国潮州会馆历届执监委名表》，载《泰国潮州会馆成立六十五周年纪念特刊》，曼谷：泰国潮州会馆，2003 年，第 248 – 254 页。

会名誉理事长、永远名誉理事长。还担任泰国众多社团的重要职务，如泰国社会福利院基金会主席、泰国介寿堂慈善会永远名誉主席、泰华文化教育基金会主席、泰国谢氏宗亲总会永远名誉会长、天华医院永远名誉理事长等。[①]

晚年的谢慧如成为泰华社会的著名社会活动家。时任中国驻泰王国特命全权大使金桂华先生曾高度评价他"不仅是事业上的楷模，而且是一位著名的社会活动家"，"为泰华社会树立了一面不可多得的旗帜"，"是一位有口皆碑的大慈善家"，"是中国人民的一位老朋友和友谊使者"。[②]

二、谢慧如晚年捐助社会公益慈善事业之原因

据笔者观察，泰国许多潮商在年轻时，一般都忙于经商赚钱。到中晚年时期，已是事业有成，他们才在各种社会活动中显身露手，寻求在社会中获得一定的名分来提高自己的社会地位，这是潮商当中的一种普遍现象。考察谢慧如先生的生平，也不例外。究其原因，窃以为主要有以下因素的影响：

（一）中华文化影响的因素

传统的中国社会"最重视的是人的名分，名分的差异，就代表地位的差异，一个人只要名分高，就能自然地获得社会的敬重"。[③] 所谓名不正则言不顺。泰华社会同样重视人的名分，并将社团的职务视为一种相当于"官位"的名分，也即是社会地位的体现，或者是同族群对一个人的认同程度。在各种社会活动中，社团的职务往往是座位排名的依据。不少人为了取得这种名分，不惜付出诸多努力，挤进传统的社团以求占有一席之位，或干脆另立山头。为了适应人们对于名分的追求，许多华人社团组织的领导层不断膨胀，还增设了许多荣誉职衔。[④] 于是，众多的华人社团，为各界人士提供了获得名分的平台，从而也成为当地华人重要的社会活动舞台。泰国各家华文报纸都辟有"侨社新闻"或"侨团"版，专门报道华人社团的活动，也旁证了社团之重要性。

但要在泰华社团中获得一定的名分，除本人的人品因素之外，还必须有时间、有财力，以及有相应的组织号召能力。许多年轻潮商一般都尚未具备上述条件，而具备条件者往往已是中老年人，这也是泰华社团的组成人员年纪一般都比

①　佚名：《谢慧如先生传略》，载《泰国潮安同乡会成立六十六周年纪念特刊》，曼谷：泰国潮安同乡会，1994 年，第 267 - 268 页。

②　金桂华：《序一》，见罗俊新：《谢慧如传》，广州：暨南大学出版社，1996 年，第 1 - 3 页。

③　韦政通：《中国文化概论》，长春：吉林出版集团有限责任公司，2008 年，第 271 - 272 页。

④　如泰国潮安同乡会，初期的理监事会只由 28 人组成，设正副理事长各一。而后副理事长人数不断增加，第 34 届理事会已有 23 名副理事长，理事会人数也增加至 118 名。另有 120 人分别担任荣誉会长、永远名誉理事长、荣誉理事长、名誉理事长、永远荣誉顾问、荣誉顾问、名誉顾问和会务顾问等荣誉职衔。其他社团也如此。参阅第二章第二节。

较大的原因之一。

在泰华社团中获得一定职务，从而取得相应的名分，有各种各样的途径，如体现财力、组织能力，或继承前辈的职位等。而通过为社会公益慈善事业做贡献，则是获得名分的一条捷径，并且更容易受到人们的尊重。因为捐赠社会公益事业，是责任的担当而没有权利的受益，故能迅速获得社会的敬重，其社会地位也相应提高，从而实现从成功商人向社会名流的华丽转身。

通过捐办社会公益事业而获得受敬重的名分，应该是受到潮州人的故乡之影响所致。在泰国潮州人的故乡——现在的广东省粤东地区（包括汕头市、潮州市、揭阳市，以及梅州市的大埔、丰顺两县），清代后期，商人如果能够将自己经营所得的财富用于赈灾、睦族、兴学、济贫等，以维护宗族、村落以至整个社会的安定，也会被认定已经能够"立功"而受到表彰，被认为是符合古人的立德、立功、立言"三不朽"之说（《春秋左传·襄公二十四年》），跟士大夫一样被载入地方史志，光宗耀祖，名垂千秋。① 现时在潮汕城乡仍可见诸如"资政第""大夫第"等旧时豪宅，大多是以往富商通过捐助公益慈善事业而获得相应名分的体现。

谢慧如的经历也正好印证了这一点。1987年出版的《旅暹潮安同乡会纪念特刊》称：1959年至1969年，谢慧如"先生素抱卓识远见，在肩负侨团重任期间，每当措理要务，莫不当机立断。当其出任本会理事之时，对于创办学校、建筑礼堂、扩建新校舍各项建设，莫不竭力提倡，首献巨款，以为同乡楷模。当其膺任天华医院副董事长任内，曾极力主张加强董事会组织，刷新人事，整顿院务。及其出任中华赠医所监事长时，又号召该所理事，发动建设拍抛猜路新址工作，终于乐观其成。在膺任潮州会馆副主席任内，曾极力主张购置市区适当地点，作为筹建新会馆址之场地，惜其主张不获实现，使潮州会馆之发展史，推迟十年以上"。② 从这段文字可以看出，此时，谢慧如能够在潮州会馆等最重要的泰华社团核心层中担任要职，更多的是得益于他的经济实力。③ 但由于其时他在社会公益方面的贡献还比较少，④ 因而尚未能在泰华社会中一言九鼎。而到了

---

① 如光绪年间李星辉纂编《揭阳县续志》卷三"人物·贤能"中，就记载了许多行善商人的事功。

② 佚名：《谢慧如先生传略》，载《旅暹潮安同乡会成立六十周年纪念特刊》，曼谷：旅暹潮安同乡会，1987年，第328页。

③ 担任社团领导人需要捐出一定数额的资金充作社团的经费，必须有相应的财力作基础。如2002年，潮州会馆第32届执委会第1次会议决议，本届经常费：主席40万铢，副主席每位20万铢，常委每位10万铢，执委每位5万铢，新任执委每位20万铢。除经常费外，临时动议的费用另行商定。见泰国潮州会馆六十五周年会务概述，载《泰国潮州会馆成立六十五周年纪念特刊》，曼谷：泰国潮州会馆，2003年，第135页。该会馆的章程也对担任荣誉职衔者的捐款数做出相应的规定。见《泰国潮州会馆章程》，载《泰国潮州会馆成立七十五周年纪念特刊》，曼谷：泰国潮州会馆，2013年，第293页。

④ 该文写于谢慧如在泰国一掷千金时期，故对其本人多赞美之词系情理之中。此前泰国潮安同乡会出版纪念特刊时，并无专门提及谢氏的事迹。据该资料，谢氏于1957—1971年参与捐助该会五项公益事业，共计34.5万泰铢。而1966年，该会张卓如仅捐助建设第二座校舍一项就达30万泰铢。

1986 年，谢慧如对社会公益慈善事业慷慨解囊，一掷万金；特别是 1991 年，呈献 7 337.9 万铢泰币，维修泰王挽芭茵行宫"天明殿"，轰动全泰国。之后，随着谢慧如奉献社会公益慈善义举的增加，他在泰华社团中的职务相应地不断增多，人们也愈来愈敬重他。许多难题只要他出面，都能圆满解决。如介寿堂物业归属是个棘手的问题，他被推举来处理这件事，问题得以迎刃而解。① 时任泰国天华医院董事长的张昭荣在与谢慧如先生闲谈时曾说："敢咀（说）、敢做、敢出钱，人家就怕你！"② 这里的"怕你"，实际上是敬重的意思。

谢慧如逝世时得到的礼遇最能体现其社会地位。1996 年 5 月 12 日凌晨，谢慧如因病逝世，享寿积闰 86 岁。13 日下午，泰国国王恩赐御代表枢密大臣实·沙域紫拉空军上将，在谢慧如安灵的越贴素莘佛寺主持了洒水礼。中国驻泰王国特命全权大使金桂华夫妇首先洒水，鞠躬致哀。从当天起连续七天的晚上，泰国朝野和泰华各界人士为其英灵赠经。此后每隔七天的晚上，各界人士轮流赠经。9 月 4 日，泰国国王蒲密蓬陛下亲自主持了谢慧如的茶毗（即火化）大典。按照中国驻泰国大使馆的建议，广东省侨办和潮州市、汕头市、揭阳市的市政府专门组团到泰国吊唁，于 5 月 25 日晚依潮州传统习俗为谢慧如做"功德"。中国国务院侨办主任廖晖、广东省省长卢瑞华、天津市市长张立昌、四川省省长萧秧和广东省、潮州市、汕头市、揭阳市及有关部门的领导人分别发了唁电。在泰国朝野，能获此殊荣者凤毛麟角。③ 如果没有他晚年的善举，很难想象能获得如此哀荣。

对于泰华社会受中华文化影响的原因，泰国学者哇拉塞·玛哈塔诺本曾经指出：20 世纪初曼谷的文化变更来势迅猛与明显，当然其中包括以潮州为"主角"的海外华人文化的影响。他说："东南亚的海外华人所'输入'的就都是中国南方所特有的，来源于儒教、道教和大乘佛教的互动的意识形态。""曼谷王朝建都，也即是曼谷王朝建立初期，华人文化对暹罗从一开始就产生互动关系。……暹罗之所以广泛接受这一外来的中华文化，其原因不外乎：一、暹罗曾经长期接受中华文化；二、暹罗文明与中华文明的学术基础和技术基础没有多大的区别。""当我们看到华人社区在中国各个节日里举行各种典礼，尤其当我们把眼光缩小一些，看到华人在伦理上的各种表现，看到华人社会与众不同地在孝道方面的各种表现，也就不觉得奇怪了。"④

---

① 参阅第二章第三节。

② 何韵：《敢说敢做的谢慧如——为泰皇六秩圣寿大手笔献金》，见《女记者生涯传真》，曼谷：新中原报社，1988 年，第 153 页。笔者在泰国工作期间也多次听过相同的话。

③ 笔者当时在中国驻泰国大使馆工作，对这段经历记忆犹新。

④ 哇拉塞·玛哈塔诺本：《暹罗的华人文化——1851—1910 年的活动与演变》，载《泰国潮州人及其故乡潮汕研究计划第二辑：汕头港（1860—1949）》，曼谷：朱拉隆功大学亚洲研究所中国研究中心，1997 年，第 161 – 172 页。

事实上，直至今天，中华文化的影响在泰国社会中仍显而易见，特别是在以潮州人为主体的华人中更为突出。由于各种因素的共同作用，20世纪八九十年代，在泰国，原来希望"叶落归根"的华侨已逐步转变成"落地生根"的华人。他们中的绝大多数人不再以回到祖籍地作为人生的归宿，而是选择泰国作为他们的家乡定居下来，逐渐发展成为泰国多民族社会中的一员。但是，正如林风在分析泰国华人的特点时所指出的："无可讳言，当前泰国社会的华侨、华人，在物质领域方面是日趋现代化，但在精神领域方面则还是较多地保留着本民族的封建传统文化。"① 也诚如谢慧如本人所说，他所生活其中的泰华社会"任何一个组织形态，都不会离开中华文化一种怀柔的传统思想所熏陶"。②

（二）佛教影响的因素

源于印度的佛教传入中国逾千年，其影响早已深入妇孺；乐善好施被认为是一种最佳之美德，而且最能得到好的回报。而泰国以佛教为国教，全国95%的人民信仰佛教，男子一生中至少要出一次家，做一回和尚。潮州人在本土本来就受到佛教的影响，始建于唐代开元年间的开元寺至今仍香火旺盛，即是明证。来到信仰佛教的泰国之后，他们对佛教的信仰更进一步得到强化。潮州地区和泰国两地的佛教有大乘和小乘之分，两个教派的差异在于对佛教戒律的理解有所不同，但其倡导行善积德、慈悲为怀的主旨是一致的。因而捐助社会公益慈善事业在信仰佛教的泰国潮州人中有着广泛的群众基础。③

潮州人所组织的社团中，有很大一部分与佛教有关，或者以佛的名义来开展慈善工作。如各种善堂、佛教社等。华侨报德善堂是泰国最大的民间慈善机构，其建立及对大峰祖师的崇拜，源于潮阳县和平乡的报德古堂。现在泰国形成了一个有46个华人团体（宗亲会、同乡会、方言会馆和泰国中华总商会）、基金会和华文日报等组织机构的公共赈灾网络，涵盖了整个泰国华人社会结构。

据笔者观察，在泰国这样一个国度里，潮州人大多乐于出钱出力，捐助社会公益慈善事业。许多事业有成的企业家，往往会为之慷慨输将。其中当然也寄托他们行善积德、消灾纳福，期望能得到好报的心愿。谢慧如就是其中一个杰出代表。从1986年开始至1996年十年间，他在中泰两国共捐赠了超过数亿泰币的巨款，涉及王室倡导事业、医疗卫生、华文教育、文化事业、救灾扶贫、宗教设施

① 林风：《论"五缘"关系与泰国社会华侨华人族群》，载《泰国潮州人及其故乡潮汕研究计划第二辑：汕头港（1860—1949）》，曼谷：朱拉隆功大学亚洲研究所中国研究中心，1997年，第88页。

② 谢慧如：《献词》，载《泰国中华总商会成立八十五周年暨新大厦落成揭幕纪念特刊》，曼谷：中华总商会，1995年，第4页。

③ 林悟殊教授对此有专门的研究，详见《泰国大峰祖师崇拜与华侨报德善堂研究》，台北：淑馨出版社，1996年。

等（详见附表）。"乐善好施，随缘喜赠，博施广布，济困扶危"① 是对其善举的高度概括。

（三）谢慧如个人的因素

谢慧如对社会公益事业的贡献，除了有上述共性因素外，还有他自身的因素。笔者认为，从其自身来看，主要有两方面。

1. 故土情结

晚年的谢慧如热心于中泰社会公益事业之善行，虽然不排除提高个人"威望"的传统价值取向的影响，但他对故乡做贡献更主要的原因是他对故土有着深厚的情结。1989年11月23日，谢慧如率领泰华潮属各界人士参加潮州韩文公祠建祠八百周年纪念活动，第一次回到阔别62年的故乡。他曾深情地说："慧如离家62年，无时不怀念家乡。此次第一次回来，当踏上家乡土地，内心感到无限振奋。受到乡亲们如此盛大欢迎，更是高兴得说不出话来。我生于斯，自当饮水思源，为家乡繁荣和乡亲们美好生活做点贡献。"② 这种故土情结的形成，源于他青少年时代在故乡生活了十几年，并曾在家乡受过小学教育，受过中华文化的熏陶。这使他虽然身居泰国几十年，对故土故乡仍难以忘怀。③ 而这种情结在一定的条件下，就会变成慷慨解囊的动力。对于谢慧如来说，这个条件是在中泰关系不断发展之后，中国方面给予他高规格的礼遇，以及故乡领导和人民对他的深情厚谊。

1975年中泰建交，两国关系朝着越来越好的方向发展，为泰国潮州人与桑梓故国的联系重开了门户。1986年10月，谢慧如应中国国务院侨务办公室之邀，访问北京和上海。这是他离开故乡到泰国谋生以来第一次访问故国。时任国务院侨办主任廖晖、副主任林水龙和外交部长助理唐龙彬等亲自到首都机场欢迎他的到访。国务委员谷牧在钓鱼台国宾馆养源斋会见并宴请谢慧如一行。1987年9月底，谢慧如应中国人口福利基金会邓颖超会长的邀请，到北京参加建国38周年国庆观礼活动，出席国庆招待酒会。邓颖超会长还专门在中南海西花厅单独会见他们一行。两次回国，谢慧如感受到故国的热情和温暖。他高兴地说："一生没白过，非常荣幸"。④ 因此，回到泰国后，他热情地在泰华社会中广泛宣传，动员大家多回中国参观访问。他自己则表示："如身体允许，每年争取回去一次，

---

① 见罗俊新：《谢慧如传》序，广州：暨南大学出版社，1996年，第1-3页。

② 陈慧松：《名震泰华，誉满潮汕——记大慈善家谢慧如先生》，见氏著：《当代泰华名人风采录》，上海：上海交通大学出版社，1993年，第7页。

③ 谢慧如念念不忘离乡背井时父亲曾对他说："倘日后发财，切不可忘记家乡父老。"他去国离家62年后首次回乡，特选择了潮州韩文公祠建祠800周年的日子，并说："我们对韩文公治潮，造福潮人表示崇敬。纪念他的丰功伟绩，意义深远。"（引文参见上注）其受中华文化的熏陶可略见一斑。

④ 陈慧松：《名震泰华，誉满潮汕——记大慈善家谢慧如先生》，见氏著：《当代泰华名人风采录》，上海：上海交通大学出版社，1993年，第7页。

回家乡看看。"① 从 1989 年至 1994 年，他共 6 次回到潮州，仅 1992 年就回潮州 3 次。不但自己回来，还带泰华各界人士，以及自己的儿孙同行。

自 1986 年第一次到中国访问，谢慧如每次来到故国故乡，都受到中国中央和地方领导人的盛情款待。1995 年 7 月 1 日，应中国国务院侨办的邀请，谢慧如率领泰华各界人士庆贺团一行 400 多人访问北京，庆贺中泰建交 20 周年。中国最高领导人江泽民总书记在人民大会堂亲切接见了谢慧如及其主要随行人员，高度赞扬他促进中泰友好，以及关心支持中国的教育、文化、艺术和救灾事业的善举，更使这种礼遇达到最高境界。从当年一个背井离乡，漂洋过海，几无人识的农村青年，到如今受到中国政府如此高规格的礼遇，谢慧如自然感动万分。

由于故土情结，加上他回到故土受到中国方面的热情欢迎和高规格的礼遇，大大激发他为桑梓的社会福利事业出钱出力、造福乡邦的热情。他说："生为中华儿女，能为祖国建设和社会福利事业尽点绵力，乃是我多年的心愿。"② 1992年元宵期间，在潮州参加庆典活动时，谢慧如又说："本人侨居泰国，对家乡特别关注，总希望能为家乡民众做点有益的事，以尽微薄之力。"③ 他在中国各地，特别是在潮州所做的善行，至今广为人们传颂。

而且，1992 年元宵节，他回潮州期间，还冒雨观赏了家乡的元宵花灯，看了一遍不够，还要再看一遍。"他格外兴奋，话盒子打开来：'我从小在农村，听人说过看花灯，但怎有机会到城里来看。过番 60 多年，回乡两次都没碰上，要是这一次不看，恐怕这辈子就没得看了……今晚不看花灯，将是终生遗憾。'"④ 在他的鼎力资助和精心筹划下，1991 年 1 月，潮州市潮剧团带着精心排练的 14 个剧目，赴泰国曼谷、北榄坡和清迈等地演出 55 场，为期两个月。1994年 10 月，潮州市潮剧团再次赴泰，为"谢慧如先生伉俪八秩晋一荣寿暨钻石婚双庆庆典"举行义演，前后共演出 22 场。两次演出吸引了众多的华侨华人前往观看，当地华文报纸作了广泛的报道，在当地掀起一股潮剧热潮，使在泰国日渐式微的潮剧重焕光彩。潮剧团在泰国期间，又专门安排慈善演出，筹集善款，捐赠泰国红十字会等慈善机构，在泰国社会中引起强烈的反响。

2. 谢慧如的"善根"

谢慧如为人慷慨，乐善好施，在泰华社会有口皆碑。"谢慧如主席不是侨社中最有钱的人，比他富有的还大有人在，不过，像他这样为慈善一掏就是一千万铢的人，在此时此地的确罕见。"而对于一掷千金，他却只是轻描淡写："……

① 陈慧松：《名震泰华，誉满潮汕——记大慈善家谢慧如先生》，见氏著：《当代泰华名人风采录》，上海：上海交通大学出版社，1993 年，第 7 页。

② 郑雪依：《功在当时，泽及后代》，见何韵主编：《功在当时，泽及后代》，曼谷：新中原报社，1992 年，第 25 页。

③ 何韵：《同庆元宵，并贺善举》，（泰国）《新中原报》，1992 年 2 月 24 日。

④ 何韵：《同庆元宵，并贺善举》，（泰国）《新中原报》，1992 年 2 月 24 日。

没什么，只想做，出得来便出，不欠银行的钱，也不希望什么代价。"①

　　1993 年元旦，他在泰国《星暹日报》上发表《元旦献词》说："慧如以为：人生真正的幸福，乃在于来自彼此间的关怀与爱心。中国儒家之道，就是要求我们每一个人都要尽自己的力量，推己及人，使社会充满祥和温暖。"他认为："处在今日的社会，功利观念重于义理，崇尚奢华，竞骛虚荣，吾人必须大力提倡释儒之道的道德精神，导向科学知识的利用，提高人民的义理观念。"②据其身边人回想，"先生常对人说，他并非泰华首富，但总以'取之社会，用之社会'为宗旨。先生始终认为，一个人的价值不在于有多少财富，而在于他给社会付出了多少！"③

　　晚年的谢慧如在与朋友聊天时表达自己的心声："我已七十多岁，是古稀之年，能得半日闲，与几位至交好友一同吃饭谈话，就于愿已足了，正所谓'知足常乐'！如今……还有许许多多的人比我苦……我能帮得来就帮，不必谈什么代价不代价……"④可以说，谢慧如乐于行善，其基本出发点在其自身以慈悲为怀的"善根"。

　　谢慧如被誉为泰华大慈善家，曾获泰皇御赐一等白象大绶勋章、最高特级达智益尊腊宗诰大绶勋章。1996 年出版的《谢慧如先生纪念特刊》曾这样评价他："善绩昭著，名震中外，慈善风采熠熠生辉的谢慧如主席，历年来对社会公益事业，鼎力捐献，动皆千百万计，总数达数亿铢之巨，在泰华社会，史无前人，他是一位广泛捐款最多的善长。"⑤甚至有评价说："近年先生之热心慈善公益，不仅轰动了全泰华社会，也扬名中泰两国，以至有人形容，谢老的善举，在泰华社会将是'空前绝后'。"⑥

　　谢慧如先生堪称泰华社会楷模。他在事业有成之后回报社会，为自己的故乡和居留地慷慨解囊，广施博济，造福社会的善举，对于今天的中泰两国社会也具有现实的意义。

　　① 何歆：《敢说敢做的谢慧如——为泰皇六秩圣寿大手笔献金》，见《女记者生涯传真》，曼谷：新中原报社，1988 年，第 153、154 页。

　　② 谢慧如：《献词》，载《泰国中华总商会成立八十五周年暨新大厦落成揭幕纪念特刊》，曼谷：中华总商会，1995 年，第 5 页。

　　③ 佚名：《谢慧如先生传略》，载《泰国潮安同乡会成立六十六周年纪念特刊》，曼谷：泰国潮安同乡会，1994 年，第 267 页。

　　④ 何歆：《敢说敢做的谢慧如——为泰皇六秩圣寿大手笔献金》，见《女记者生涯传真》，曼谷：新中原报社，1988 年，第 155 页。

　　⑤ 佚名：《谢慧如先生纪念特刊》，曼谷：泰华报人公益基金会，1996 年，第 10 页。

　　⑥ 佚名：《谢慧如先生传略》，载《泰国潮安同乡会成立六十六周年纪念特刊》，曼谷：泰国潮安同乡会，1994 年，第 267 页。

谢慧如先生历年来对海内外捐资一览表

	捐资项目	货币	金额	备注
1986 年	北京中国美术馆	人民币	300 万元	
	泰国红十字会	泰币	1 000 万铢	
1987 年	中国人口福利基金会	泰币	100 万铢	
	中国抗震救灾委员会	港币	300 万元	
	曼谷淡浮院	泰币	3 000 万铢	
1989 年	潮州韩愈研究基金会	港币	10 万元	
	潮州奕湖改水工程	港币	45 万元	
	潮州官塘中学	人民币	50 万元	
	潮州体育馆	港币	300 万元	
	汕头市福利基金会	港币	10 万元	
1990 年	泰国坤敬华侨学校	泰币	300 万铢	
	捐泰国国务院长察猜·春哈旺之救灾款	泰币	100 万铢	
	潮州彩塘华侨医院	港币	30 万元	
	潮州官塘奕湖村育智学校	人民币	130 万元	
	泰国龙莲寺奖励贫穷学生基金会	泰币	100 万铢	注1
	泰国出版《泰国的潮州人》	泰币	约 100 万铢	
1991 年	潮州市潮剧团赴泰演出经费	泰币	140 万铢	
	潮州市潮剧团赴泰演出期间募捐	泰币	200 多万铢	
	维修泰国挽巴茵行宫天明殿	泰币	7 337.9 万铢	
	泰国朱拉隆功医院	泰币	1 000 万铢	注2
	泰国清莱府万佛慈恩寺	泰币	1 000 万铢	
	潮州市优秀市民基金	港币	300 万元	
	潮州市潮剧团艺乐宫及职工宿舍	人民币	110 万元	
	潮州市奖励创作艺人福利基金	港币	100 万元	
	潮州市谢慧如图书馆	人民币	300 万元	
	潮州开元寺泰佛殿	人民币	680 万元	
	潮州市奕湖村村道	人民币	30 万元	
	中国水灾，含汕头七号强台风	港币	100 万元	
	大米一万包折	港币	230 万元	

（续上表）

	捐资项目	货币	金额	备注
1991 年	汕头市谢慧如潮剧艺术中心	港币	1 500 万元	
	潮汕星河奖基金会	人民币	100 万元	
	汕头市儿童福利基金会	港币	10 万元	
	汕头市维修宋井	港币	30 多万元	
	揭阳市儿童保健中心	人民币	200 万元	注 3
1992 年	泰国东方文化书院	泰币	3 500 万铢	
	泰华文化教育基金会	泰币	3 000 万铢	
	曼谷华侨崇圣大学	泰币	3 700 万铢	
	曼谷介寿堂慈善会	泰币	500 万铢	
	购中国大藏经	泰币	200 多万铢	
	建藏经楼	泰币	3 000 万铢	
	泰国枢密院慈善基金会	泰币	1 000 万铢	
	暹罗代天宫	泰币	400 万铢	
	泰国合艾国光学校	泰币	500 万铢	
	潮州市潮州日报社	港币	620 万元	
	潮州市谢慧如图书馆购书基金	港币	100 万元	
	潮州市潮剧团服饰厂	港币	50 万元	
	汕头市教育基金	港币	200 万元	
	天津市文化及福利部门	港币	150 万元	
1993 年	曼谷天华医院	泰币	1 500 万铢	
	泰国清迈中华商会	泰币	200 万铢	
	曼谷东方文化书院教师福利基金	泰币	25 万铢	
	曼谷东方文化书院购图书	泰币	20 万铢	
	潮州市慧如公园（一期）	港币	1 400 万元	
	汕头市技工学校	港币	250 万元	
1994 年	潮州市慧如公园（二期）	港币	1 000 万元	
	潮州市教育基金	港币	500 万元	
	潮州市潮安县教育基金	港币	500 万元	注 4
	潮州市官塘慧如路	港币	50 万元	注 5
	潮州市湘桥区中医院购买救护车一辆	港币	20 万元	
	潮州市振德街小学	港币	10 万元	
	澄海市"姑爷公园"	人民币	500 万元	

	捐资项目	货币	金额	备注
1995 年	泰王太后功德法会	泰币	300 多万铢	
	泰国朱拉隆功大学亚洲研究所	泰币	200 万铢	
	中国国务院侨办编写华文课本	泰币	200 万铢	
	广东省华侨博物馆	港币	1 000 万元	
	暹罗代天宫	泰币	500 万铢	
	潮州市改善奕湖村村容	港币	50 万元	
	潮州市奕湖村幼儿园	港币	35 万元	
其他	泰国乌汶府"紫聃阁"工程	泰币	100 万铢	
	泰国潮安中学建设及韩江山庄	泰币	36 万铢	
	泰国潮安同乡会奖助学金	泰币	250 万铢	
	装饰泰国潮安同乡会礼堂、办公厅全套冷气机等	泰币	170 万铢	
	泰国潮安同乡会发展会务基金	泰币	500 万铢	
	泰国潮安同乡会山庄墓地	泰币	200 万铢	
	泰国象棋总会	美元	5 万元	
	泰国社会福利院	泰币	500 万铢	
	泰华报人公益基金会	泰币	200 余万铢	注6

资料来源：本表以 1996 年泰华报人公益基金会出版的《谢慧如先生纪念特刊》资料为依据，并参考罗俊新《谢慧如传》中所列《谢慧如捐资一览表》，两者如有出入，则加以注明。

注 1.《谢慧如纪念特刊》无此项。

注 2.《谢慧如传》记为泰币 2 000 万铢。

注 3.《谢慧如传》受赠单位记为：揭阳市"红十字会"人民币 220 万。

注 4.《谢慧如传》记为港币 50 万元。

注 5.《谢慧如传》记为港币 500 万元。

1986—1996 年间 100 美元相当于 2 500 泰铢；1986—1996 年间 100 港元、100 美元与人民币比率如下：

1986—1996 年间 100 港元，100 美元与人民币比率 （单位：元）

时间	1986	1987	1988	1989	1990	1991	1992	1993	1994	1995	1996
100 港币	42.1	43.1	47.0	49.7	62.0	66.0	71.5	75.0	111.3	111.3	107.6
100 美元	336	362	394.4	394.4	507.9	520	533	570	846.1	846.1	831.4

第五章
泰国潮州人与文化名人
——以饶宗颐与泰华社会的缘分为例

　　泰国潮州人对自己文化的坚持，以及对故土的情结，形成了对潮州文化名人的尊崇现象。他们视潮州文化名人为自身文化的旗帜，将其作为潮州文化乃至中华文化的象征。对于潮州文化名人的崇敬，实际上是对包括潮州文化在内的中华文化的认同。从饶宗颐先生与泰华各界的缘分中，可窥见其时泰华社会之一斑。

　　饶宗颐，1917 年出生于潮州城，字伯濂、伯子，号选堂，又号固庵，是著名国学大师，香港中文大学、南京大学等多所著名大学的名誉教授，西泠印社第七任社长。其学问几乎涵盖国学的各个方面，且都取得显著成就，并且精通梵文。香港大学为之修建了"饶宗颐学术馆"，潮州市政府也在其家乡修建了"饶宗颐学术馆"。2013 年获"世界中国学贡献奖"，2014 年 9 月获得首届"全球华人国学奖终身成就奖"。

　　饶先生与泰华各界之缘分，发端于《潮州志》的编纂，植根于与泰华诸多侨领的深厚友谊，联结着泰国潮人热爱故土的情结。饶先生博学多才，又谦逊待人，在泰华社会中人缘甚佳，威信崇高，与泰华诸多侨领建立深厚友谊，历久弥坚；曾多次访问泰国，考察南传佛教，出席相关活动，作学术演讲。泰华各界对饶先生的学术和艺术也予以大力支持，还把他视为他们的一面文化旗帜，当作中华文化、潮州文化的象征，对饶先生的成就引以为豪，咸与有荣。对他的崇敬，实际上表达了对包括潮州文化在内的中华文化的认同。

第一节　饶宗颐与泰华各界之缘分

2005 年 1 月，饶宗颐在一次接见泰国来访乡亲时说道："我今天能取得这么一点小成就，泰国好友、同乡的支持，占个百分之三十。"① 姑不论这句话是否出于谦虚，其对泰国乡亲的感情显然溢于言表。

据笔者对饶先生的访问和翻检泰华的报刊资料，以及对泰华有关人士本人或其后代的采访，笔者对饶先生与泰华社会渊源之深、关系之密切颇有感受：一方面是泰华人士对饶先生学术、艺术活动大力支持，另一方面则是饶先生作为泰华的一面文化旗帜，对泰华社会产生了重要的影响。囿于笔者学力所逮，本节只拟综合已掌握的资料，就饶先生与泰华的缘分做一简要介绍，希望有抛砖引玉之效，使更多学者注意这个问题，日后能从学人与社会的角度，进一步探讨饶先生的学思历程及饶先生对社会的影响。②

一、结缘发端于编纂《潮州志》

根据笔者手头的资料，饶宗颐与泰华社会结缘，始自《潮州志》的编纂。饶先生幼承家学，聪颖过人，享有神童之盛誉。1946 年，曾任两广监察使的刘侯武主持重修《潮州志》，年仅 30 岁的饶宗颐出任该志重修总纂。重修工作，历经三载，次第成稿。修志期间，因经费短缺，刘侯武、饶宗颐曾联名致函南洋各潮人社团，呼请支持。③ 其时，"暹罗余子亮、香港方继仁两先生于馆费及一切开销支拄数载"。④泰华社会正是从《潮州志》的编修而认识饶宗颐的，并随着时间的推移，越发崇敬他。

泰华人士提起饶宗颐时，大多会提起修志一事。尤其是他莅泰时，许多侨领都曾多次提到他修志之贡献。⑤ 1963 年他首次莅临泰国时，泰国潮州会馆主席苏

---

① 王侨生：《辑录〈饶老与泰国缘份〉资料缘起》，见氏著：《游子心》，香港：博士苑出版社，2008 年，第 26 页。

② 林悟殊教授曾著文阐述饶宗颐对泰国华人文化的影响。可参阅《饶宗颐教授与泰国华人文化》，曾宪通主编：《饶宗颐学术研讨会论文集》，香港：翰墨轩出版有限公司，1997 年，第 357 – 366 页。

③ 新加坡潮州八邑会馆现仍保存有刘侯武、饶宗颐联名致函海外侨领呼请支持《潮州志》编纂的信函。分别是：刘侯武致黄芹生函，载 1949 年新加坡潮州乡讯社出版的《潮州乡讯》第四卷第七期；刘侯武、饶宗颐致黄芹生、杨缵文等复函，载第四卷第九期。详见潮州市地方志办公室辑：《饶宗颐与潮州志》，载黄继澍主编：《潮州》，2005 年第 1 期，潮州：潮州市地方志办公室，第 18 – 20 页。

④ 饶宗颐：《清以前潮志纂修始末考》，载《泰国潮州会馆三十年·论述之部》，曼谷：泰国潮州会馆，1968 年，第 61 页。

⑤ 据笔者翻检泰华报刊，饶宗颐每次莅泰访问，当地侨领欢迎宴请他时，大多会提到他修志的贡献。

君谦先生在欢迎宴会上的讲话中特别称赞道：

> （饶先生）是吾乡的著名历史学家，同时是国际共知的学者。饶先生在学术上的成就是极其光辉的，……饶先生在和平后，修订《潮州志》这项工作对我们潮州的文化或史故来讲，其贡献是彪炳千古，永常地值得我潮州同乡的崇敬。①

泰国潮州会馆、潮安同乡会等社团均收藏有民国版《潮州志》。泰华社团的出版物中，也特别收入饶先生有关家乡的论著。例如，潮安同乡会于1949年印行的《旅暹潮安同乡会成立二十一周年纪念特刊》，已登出他的《海阳考》。②1974年出版的《旅暹潮安同乡会成立四十八周年纪念特刊》中，刊登有他的《潮州沿革志》《海阳考》《历代胜流书竹赞》及画作《观瀑图》。③该会1972年建造韩江山庄时，"敦请乡贤饶宗颐教授，撰碑铭，评取名联，使所有门额栋梁，镌刻名联秀句，琳琅满目，蔚成大观"。④泰国潮州会馆在1968年出版《泰国潮州会馆三十年》纪念特刊时，专设"论述之部"刊登他主编的《潮州志》中的专著《潮州天然之富源》《潮剧溯源》《清以前潮志纂修始末考》等。⑤1979年出版的《泰国潮州会馆成立四十周年暨新馆落成揭幕纪念特刊》中，设"专论"刊登了他的《潮州居民及其早期海外移殖》。⑥

上述可见，当年饶宗颐修志对于他与泰华侨社结缘意义重大。

随着时间的推移，泰华社会对饶宗颐的崇敬之情愈笃。1997年，泰国潮安同乡获悉设立"潮州市饶宗颐学术馆事业基金会"，遂有50多位乡亲踊跃捐资泰币74.7万铢以支持基金会。⑦2002年，在泰国王侨生、郭国英（伟麟）、李基智等校友的策划和支持下，潮州金山中学于金山顶上营造了"选堂书廊"，勒刻饶宗颐赠送该校的各种字体书法作品16种，为金山和潮州历史名城增添了一道深具华夏特色的人文景线。2004年，适逢饶宗颐八十八寿诞，泰国潮安同乡会暨

---

① 佚名：《苏君谦谢慧如等前晚欢宴饶宗颐》，（泰国）《星暹日报》，1963年11月4日。

② 见《旅暹潮安同乡会成立二十一周年纪念特刊》，曼谷：旅暹潮安同乡会，1949年，第1－3页。该文原名《古海阳考》，发表于《禹贡》半月刊第七卷6－7期合刊本，北平，1937年。但不知何故，在特刊中却成为《海阳考》。

③ 见《旅暹潮安同乡会成立四十八周年纪念特刊·杂文部》，曼谷：旅暹潮安同乡会，1974年，第6、7、8、20页。

④ 黄景云：《本会四十八年纪念献词》，载《旅暹潮安同乡会成立四十八周年纪念特刊》，曼谷：旅暹潮安同乡会，1974年。

⑤ 见《泰国潮州会馆三十年·论述之部》，曼谷：泰国潮州会馆，1968年，第6－9、45－46、59－61页。

⑥ 见《泰国潮州会馆成立四十周年暨新馆落成揭幕纪念特刊·专论》，曼谷：泰国潮州会馆，1979年，第1－3页。

⑦ 金山友：《五十多位潮安乡亲集腋成裘赞助潮州市饶宗颐学术馆事业基金会》，（泰国）《中华日报》，1997年3月29日。

郭国英（伟麟）、陈绍扬、李基智、王侨生等 23 位乡亲特捐资泰币 51.7 万铢（折港币 10 万元），赞助出版由饶宗颐主编的大型学术刊物《华学》第七期，以此作为向饶老祝寿之礼。[①] 泰国潮安同乡会第 23 届理事会（2003—2004 年）开始设立荣誉顾问职衔，即敦请饶宗颐为该会荣誉顾问。[②] 1997 年，泰国潮安同乡会恭请饶宗颐题写"泰国潮安同乡会""藏书楼""少贤堂""泰国潮安同乡会七十八周年庆典　敬恭桑梓"等墨宝，为该会址增光添彩。2005 年，该会设立荣誉会长衔，是年 11 月 7 日，陈绍扬理事长与永远名誉理事长张荣炳、苏岳章、常务理事王侨生等 4 人又专程到香港，敦请饶宗颐任该会荣誉会长。[③]

饶宗颐与泰国的结缘，有两位人物起了重要作用。一位是上述的刘侯武，饶先生深得其赏识。饶老晚年曾说过他担任过刘侯武的秘书。[④] 据《潮汕百科全书》，刘侯武曾于 1913 年到暹罗募捐支持孙中山革命，1927 年又因被国民党中央党部海外部部长萧佛成诬为"共产暴徒"而出走暹罗，从事教育和新闻工作数年，在泰华侨社人缘甚佳，与陈景川、廖公圃、余子亮、苏君谦、郑午楼等侨领关系密切。1948 年后刘侯武旅居暹罗、新加坡等地。[⑤] 刘侯武在泰华的广泛人脉，对于泰华社会认识饶先生自然起了重要的媒介作用。

另一位是饶宗颐在泰国的表兄王诚。王诚原籍潮安，曾获国立厦门大学教育学士学位，著有《中国诗坛回顾与前瞻》《中西诗学比较研究》[⑥] 等。"二战"前与钟鲁齐博士、王云五博士等于香港创办南华大学，任文学系教授兼中学部校长等职。20 世纪 60 年代时，曾在曼谷享有盛誉的太平洋酒店任要职，并先后任《星暹日报》副刊《国风吟苑》诗坛主编、泰国中华总商会办公厅主任兼中文秘书，与泰华侨社诸多侨领往来频密。饶宗颐于 1963 年、1977 年和 1978 年来泰时，正值王诚事业如日中天，对于介绍饶宗颐与泰华侨领的认识，作用非小。其时饶宗颐出席泰华侨领的欢宴，王诚多数在场作陪。如 1977 年 8 月 23 日中午郑午楼宴请时，就由王诚陪同出席。[⑦] 此外，1963 年 11 月 1 日"国风吟苑"雅集，正是由王诚出面组织，邀请了四十多位泰华诗友参与其盛，并将雅集时饶先生与

---

① 金山友：《泰国潮安同乡会暨乡亲赞助饶宗颐教授出版〈华学〉年刊》，载《泰国潮安同乡会成立七十八周年暨新建礼堂落成开幕特刊》，曼谷：泰国潮安同乡会，2004 年，第 137 – 138 页。

② 见《第二十九届理事玉照》，载《泰国潮安同乡会成立七十八周年暨新建礼堂落成开幕特刊》，曼谷：泰国潮安同乡会，2004 年，第 44 页。

③ 佚名：《泰国潮安同乡会佛历二五四九年会务报告》，载《泰国潮安同乡会成立八十五周年纪念特刊》，曼谷：泰国潮安同乡会，2012 年，第 160 页。

④ 据王侨生先生告知：2005 年 1 月 23 日，林悟殊、林枫林、王侨生到香港跑马地天地利道大厦拜会饶宗颐时，他主动谈到自己曾任刘侯武先生的秘书。此后又曾在与王侨生通电话时，再次提及此事。

⑤ 曾宪耀：《刘侯武》，载潮汕百科全书编辑委员会：《潮汕百科全书》，北京：中国大百科全书出版社，1994 年，第 345 页。

⑥ 《泰国潮州会馆成立四十周年暨新馆落成揭幕纪念特刊》，曼谷：泰国潮州会馆，1979 年，第 68 – 72 页。

⑦ 佚名：《饶宗颐教授昨访郑午楼受到热诚欢迎》，（泰国）《星暹日报》，1977 年 8 月 24 日。

泰华诗友的诗词唱和，见诸报端。①

二、饶宗颐莅泰访问概况

就笔者所知，饶宗颐曾多次正式或非公开莅泰。根据笔者手头现有的资料，见诸泰华报端的，则有以下七次：

1963 年秋，从印度东返，经由缅甸、柬埔寨首次来到泰国，在余子亮的资助下，停留约一个月。

1977 年 8 月 21 日，到泰国曼谷出席第七次亚洲历史会议，在泰逗留约十天。时逢中元节，特赴挽蒲，向已故侨领余子亮墓苑敬献花圈拜祭。

1978 年 8 月初，携女公子到曼谷举办为期 4 天的书画展。

1983 年 11 月中旬，以香港代表团顾问的身份，出席在曼谷市明拉琳酒店举行的第二届国际潮团联谊年会。

1992 年 6 月 12 日，携女公子饶清芬、女婿邓伟雄等一行，应泰国京华银行董事长、华侨崇圣大学筹建委员会主席郑午楼之邀，莅泰出席华侨崇圣大学在曼谷亚洲大酒店举行的泰皇陛下御赐该校泰文名感恩庆祝酒会。

1994 年 3 月 23 日，莅泰参加华侨崇圣大学落成揭幕盛典。

1995 年 12 月 5 日至 9 日，再次莅临泰国举办书画展。

每次莅泰，都受到泰华各界的热烈欢迎。

饶先生到访泰国的主要活动有：

1. 考察佛教南传踪迹

首次访泰时，在友人的陪同下，先后到泰国东北部的呵叻、武里喃、素辇、四色菊四府，北部的素可泰、清迈、南奔三府，曼谷附近的大城、佛统两府，泰南的素叻他尼和洛坤两府，访问当地佛教迹地，获得许多第一手资料。②

2. 与泰华文化人士吟诗唱和

1963 年 10 月 31 日，恰逢泰国水灯节，泰国《星暹日报》副刊《国风吟苑》于当天晚 7 时假座一世皇桥畔国华堆栈公司天台举行雅集，陈慕禅、谢晋嘉、林中川、高向如等 40 多位诗友出席。《国风吟苑》以及《世界日报》的副刊《湄江诗坛》在当年 10 月至 11 月间连续刊登了饶宗颐同泰华诗人唱和的诗作，③ 部分作品收入 1973 年出版的《旅暹潮安同乡会成立四十八周年纪念特刊》。饶宗颐

① 佚名：《国风吟苑》，（泰国）《星暹日报》，1963 年 11 月 1 日。

② 佚名：《周修武前晚设席欢宴饶宗颐教授》，（泰国）《星暹日报》，1963 年 11 月 13 日。又佚名：《饶宗颐教授观光呵叻府畅游披迈石宫及大榕树》，（泰国）《星暹日报》，1963 年 11 月 13 日。又佚名：《饶宗颐教授访问洛坤府》，（泰国）《星暹日报》，1963 年 11 月 26 日。

③ 分别见 1963 年 10 月 24 日、11 月 1 日、11 月 19 日、11 月 24 日、11 月 27 日泰国《星暹日报》副刊《国风吟苑》，1963 年 11 月 22 日泰国《世界日报》副刊《湄江诗坛》等。

将其在泰国沿途所见所闻，用诗词记证，收入《佛国集》中。

3. 正式演讲

（1）1963 年 11 月 19 日晚，应潮州会馆主席苏君谦之邀，在潮安同乡会礼堂作了题为"禅门南北宗之汇合与传播"的演讲，泰国佛教华宗大尊长普净大师、仁闻大师，潮属七县同乡会及各佛教社 200 多人出席演讲会。① 随后，泰华报纸《星暹日报》《世界日报》等均全文刊登演讲内容。

（2）1977 年 8 月 27 日下午，应邀在潮安同乡会礼堂作"潮州居民及其早期海外移殖"的专题演讲，介绍早期潮州地区土著和汉人互相消长，形成今日的人种情况，以及自北宋开始潮州与海外的联系。② 他在演讲中特别提到潮人与泰国的历史联系，兹将其中几段很重要的话节录如次：

潮人在促进中暹关系上，向来做出极大贡献，自清中叶以后，暹地之繁荣和米业结不解缘，远洋移民的原因，亦进而获得合理的解释。

万昌（Ban Chiang）发现彩陶遗物，在东亚人类史上提供无上资料，贡献至大，自不待言。我认为彩陶在中国东南亚尚有零星发现，像湖北的屈家岭、淮南的青莲岗、台湾良文港及香港，以至四川等地均有之，似须加以比较。又万昌的铜器亦均宜与中国近年新出土者详细比较，看出其异同之处。

清档涉及郑王资料尚多，宜加以编录，取与暹文史料参证，相信必有帮助。
中暹关系向来并非密切，故两方史料应该互相观摩，十分重要。③

（3）1994 年 3 月 25 日下午，在郑午楼主持下，和中国北京大学资深教授季羡林应邀在曼谷世界贸易中心作演讲。他以"圣凡之间：生命高层次的追求"为题发表演讲。

（4）1995 年 12 月泰国之行中，还作了题为"华人入暹年代史实的探索——早期中泰关系史二三事"的专题演讲，④ 缘起于在华侨崇圣大学揭幕式上，泰王陛下对早期潮人移民泰国历史的垂问。他以泰北清迈地区发现的前代傜人汉文书，证明 12 世纪末期至 13 世纪初年华人在蒙古人逼迫下逃亡入暹的史实；又以

① 佚名：《饶宗颐教授今晚假潮安同乡会举行学术演讲会，讲〈禅门南北宗之汇合与传播〉》，（泰国）《星暹日报》，1963 年 11 月 19 日。其演讲全文刊登于次日《星暹日报》及《世界日报》。

② 佚名：《旅暹潮安同乡会定二十七日请饶宗颐教授专题主讲潮州史地文物》，（泰国）《星暹日报》，1977 年 8 月 27 日。演讲全文见《泰国潮州会馆成立四十周年暨新馆落成揭幕纪念特刊》，曼谷：泰国潮州会馆，1979 年，第 1—3 页。

③ 饶宗颐：《潮州居民及其早期海外移植》，载《泰国潮州会馆成立四十周年暨新馆落成揭幕纪念特刊》，曼谷：泰国潮州会馆，1979 年，第 1—3 页。

④ 佚名：《饶宗颐教授学术讲座明天假京华银行举行》，（泰国）《星暹日报》，1995 年 12 月 8 日。演讲全文同日刊发，后收入《饶宗颐二十世纪文集》（卷七）《中外关系史论集》，台北：新文丰出版公司，2003 年，第 311—323 页。

元代《暹国回使歌》说明 14 世纪初叶，暹国已派通晓两国语文的华人充当使节。

4. 举办个人书画展

（1）1978 年 8 月初，携女公子到曼谷举办书画展，是为首次在泰举办的个人书画展，计有扇面、对联、挂轴、手卷等 120 多件作品。此次书画展由潮州会馆、潮安同乡会、中华佛学社、泰华诗学社和南国诗社联合主办，于泰京萱茉莉区京华银行总行 12 楼展览厅举行，为期 4 天。潮州会馆主席金崇儒、京华银行董事长郑午楼主持剪彩仪式。[①]

（2）1995 年 12 月 5 日至 9 日，再次莅临泰国举办书画展。此次展出作品，计有书画共 159 幅。由华侨崇圣大学、泰国中华总商会、潮州会馆、潮属十县同乡会联合主办，在京华银行总行大礼堂举行，由当时泰华社会最具名望的四位侨领——郑午楼、谢慧如、郑明如、周鑑梅联合主持揭幕剪彩仪式。出席书画展开幕式的泰华侨领、社会贤达、文化人士、各界嘉宾高达数百人，是"泰华最高规格的文化艺术活动，成为泰中艺术交流史上光辉的一页"。[②]

5. 参加华侨崇圣大学的相关活动

（1）1992 年 6 月 12 日，出席泰皇陛下御赐该校泰文名感恩庆祝酒会，受敦请为华侨崇圣大学筹建委员会顾问团顾问。

（2）1994 年 3 月 23 日，参加华侨崇圣大学落成揭幕盛典，受聘为该校顾问。而在 1993 年 10 月 18 日，华侨崇圣大学已聘请他出任该校中华文化研究院院长。

除上述之外，还出席 1977 年 8 月在曼谷举行的第七次亚洲历史会议和 1983 年 11 月中旬在曼谷举行的第二届国际潮团联谊年会。

三、饶宗颐备受泰华各界敬仰

1. 每次莅泰时，都受到泰华各界的热烈欢迎

首次访泰时，潮州会馆主席苏君谦、副主席谢慧如，潮安同乡会理事长林维高、副理事长张旭江，文化界人士陈慕禅、谢晋嘉、王诚、高向如，企业界人士丁家骏、方涯生、辜植材、周修武等泰华各界名人争相欢宴饶宗颐。相关活动消息、与泰华诗人唱和的诗词佳作等成为泰华报纸关注的焦点，连连报道。泰华各界甚至以能够和饶先生共同进餐为荣。1963 年 10 月 26 日的泰国《星暹日报》刊登了一篇署名苑文的文章，题为"与学者共餐"，颇具代表性。

日昨，参加一次宴会，我真无法描写这次宴会的情况，但概括的一句话说，

[①] 佚名：《饶宗颐教授书画展五日起举行》，（泰国）《星暹日报》，1978 年 8 月 2 日。

[②] 佚名：《饶宗颐教授书画展明天京华银行揭幕》，（泰国）《星暹日报》，1995 年 12 月 4 日。

可形容为"愉快的晚餐"！

　　席间，言谈不离学术问题，饶教授口若悬河，滔滔不绝，对很多问题，作深入浅出的解释，且凭其博闻强记，引述甚多，使在座者为之服，而他的态度非常谦虚，处处说要向人家请教。饶氏还表示渴望与此间学者会晤，向他们请教一些有关泰国文化及学术问题。……像饶教授这样博学而又如此谦逊的学者，实在是不可多见。

　　由此可见泰华各界对饶先生的敬仰程度。

　　2. 演讲受到高度好评

　　1977 年 8 月 27 日下午，饶宗颐应邀在潮安同乡会礼堂作《潮州居民及其早期海外移殖》专题演讲，潮州会馆主席金崇儒对这次讲演推崇有加："饶教授于距今卅三年前主编《潮州府志》（原文如此，应为《潮州志》），对于保存桑梓文献，劳绩至伟，遐迩同钦。昨天，潮安同乡会敦请饶教授演讲有关潮州史地文物，讲题为《潮州居民及其早期海外移殖》。材料丰富，考证翔实，真正符合'听君一席话，胜读十年书'的一句古训，兄弟感觉衷心的敬佩。"①

　　泰华学者黎道纲先生曾于 1996 年 2 月 6 日在曼谷《星暹日报》上发表长篇论文，认为"饶宗颐教授的《华人入暹年代史实的探索——早期中泰关系史二三事》是一篇很有价值的论文"，其中的论证"合情合理，极有创见"。

　　当时在泰国工作的中山大学林悟殊教授也撰文指出："在学风问题上，饶宗颐教授的演讲和论文给我们树立了良好的典范。""身为泰国华侨崇圣大学中华文化研究院院长的饶宗颐教授，在泰国的京城曼谷发表这样的学术演讲，并在泰华报纸同时发表如是的学术论文，其更重大的意义乃在于：为华侨崇圣大学、为泰华学术界做了一次良好的学风示范，这一示范所带来的影响比其论文的具体内容，恐更为深远。"②

　　3. 书画成就广受赞赏

　　1978 年 8 月初，饶宗颐首次到泰国举办个人书画展，泰国各大华文报纸连日介绍他的书画艺术成就，泰华各界为之倾倒。1978 年 8 月 5 日《星暹日报》在报道此次画展时写道：

　　饶氏书法，自殷墟卜辞至明末高贤各种书体神韵超逸，用笔浑厚，自具面目。以风格论，则融合黄山谷与米襄扬为一炉，金文笔法，亦具特色，以隶入篆，以方为圆，不拘形迹，而古意浑穆，气魄雄伟。

---

　　① 佚名：《潮州会馆设筵宴饶宗颐教授》，（泰国）《星暹日报》，1978 年 8 月 28 日。
　　② 林悟殊：《学风的示范——拜读饶宗颐教授〈华人入暹年代史实的探索〉有感》，（泰国）《世界日报》，1995 年 12 月 19 日。

饶氏之画，以山水见称，笔墨淡远，巨构小帧，均别出机杼，格于云林大痴之间，细笔作品，则质中有腴，守法而不为法所囿；至于人物画作，摹写敦煌画稿，白描朴拙沉厚，而《九歌图》一卷，韶秀天成，神态自足，可谓各擅胜场，洵泰华艺坛盛举。

为配合此次书画展，还出版了《饶宗颐教授书画展特刊》，由郑午楼题写刊名，金崇儒作序，选登了黄景云、萧立声和薛永颐等人对于他书画的评介文章。时任潮州会馆执委的黄景云，在为特刊而写的《弁言》中，对饶宗颐的书画评价，颇能代表泰华文化界的观点：

宗颐先生书画之造诣，香港书画批语权威薛永颐先生、丝韦先生，各有专文阐析，推重备至。此专文转载本报，观其议论精微，见解独特，景云一介商人，安敢妄赞一语。惟念宗颐先生，去年来曼谷参加亚洲历史会议之时，亦尝过从；当同游古城日，有友谈及绘画，景云遽问曰："先生之画，师法何人？"先生笑曰："夫画法有定，而天地万物之形象情致无定，师一人，得一法，岂能一法而写出天地万物之形象情致。有志于绘画者，观察山川草木四时之变，风月烟云之秘，禽鱼之动态，花卉之美艳，泉石之清幽，耕钓之野趣，寓目印心感于内，而借笔墨外发之，即是画矣。"景云闻之，恍然若有会悟，彼既资质高迈，家学渊源，数十年精研经史文艺，足迹遍亚欧美三洲，平生交游非学者贤能，即奇特之士，可知其阅历之深，见闻之广，学养之大，搜讨之勤，蕴积胸次者，偶然兴到，濡毫作画，自必脱尽世俗畦径，不存仿古，而自得古意，不矜持而别具格调，题识雄秀，与画面辉映而益增其佳妙，宜乎香港首次展览，轰动一时，观者摩肩接踵，购者争先。若论画法，景云未尝学问，何必强作解人，但以宗颐先生平生临池，悉以篆隶为基本，则作书之骨力风神，必非浅薄之庸俗所能望其项背，泰国风雅之士如林，鉴赏什藏，近年愈盛，宗颐先生此次之书画展览，必令人心目一新，景云不揣鄙陋，略以芜词，借作简介。①

1995 年 12 月 5 日至 9 日，饶宗颐再次莅临泰国举办书画展。此次展出作品，计有书画共 159 幅，其中大部分曾分别选刊于《饶宗颐书画集》《饶宗颐翰墨》《饶宗颐书画》等，亦有部分是近作，反映饶老书画的各种特色。其中包括最得意的登峰巨作《金笺山水四连展》，画面壮阔，金碧辉煌，重峦叠嶂，气势万千，左右配以钜联一对，令人叹为观止。展出的"泰半作品，现为泰华诸多侨领名流所收藏，其中以郑午楼博士收藏最多，次为谢慧如主席……泰华现有的六家日报和一家周刊，均把这次书画展视为泰华艺坛盛事，大加宣传。在书画展举行

---

① 黄景云：《饶宗颐先生书画展览弁言》，（泰国）《星暹日报》，1978 年 8 月 5 日。

及其前后的时间，每家都至少刊登两篇评介饶教授学术和书画成就的文章；就展览本身，各家日报均先后刊登了三四篇报导"。"在泰华上流社会中，即便是对于书画艺术纯属门外汉的人士，对饶教授的书画，也有一种特别的感情，以得到其墨宝为荣，以藏有其书画为幸。"①

4. 为泰国华文教育定位获得认同

饶宗颐受聘为华侨崇圣大学中华文化研究院院长时主张，"把中华文化在泰国定位为外来文化，强调在泰国弘扬中华文化，务必使其与泰国的固有文化沟通。……少说多做，讲究实际；着力图书资料建设，网罗优秀人才，重视泰中关系史的研究"。② 他的这些主张，符合泰国的实际，获得了郑午楼的认同。

第二节　饶宗颐与泰华文化界之诗缘

饶宗颐在《佛国集》中曾说："1963 年秋，读书天竺，归途漫游锡兰、缅甸、高棉、暹罗两阅月，山川风土，多法显、玄奘、义净所未经历者，皆足荡胸襟而抒志气。鸿爪所至，间发吟咏，以和东坡七古为多；盖纵笔所之，行乎所不得不行，止乎所不得不止，迈往之情，不期而与玉局翁为近。间附注语，用资考证；非敢谓密于学，但期拓境，冀为诗界指出向上一路，以新天下耳目，工拙非所计耳。游践所及，别有行记，绝壤殊风，妙穷津会，非此所详云。"③

饶宗颐与泰华文化界的诗缘，情谊深笃。从公开见诸泰华报刊的资料看，他与泰华文化界的诗缘，始于 20 世纪 60 年代初首次到访泰国，持续至 70 年代末，此段时间相互交往甚多。其与泰华诗人相互唱和，为当时泰华诗坛的盛事，也轰动了彼时的泰华社会。泰华文化界人士中，以谢晋嘉与饶宗颐的交往和互相唱和，情谊最笃。他颇赞赏谢晋嘉的诗词，并将彼此的唱和收入相关的诗集中。

由于饶宗颐在泰国的诗作并没有全部收入在其著作中，其他泰华文化界人士的唱和也仅散见当时的报刊或个人的诗集，致使他与泰华文化界的交往情况难窥全豹。故有必要对当时的情况做一梳理，以便后人对饶宗颐与泰华文化界之诗缘有更全面的了解，从而对他的学术生涯以及当时的泰华社会有更充分的理解。

饶宗颐能够与泰华文化界建立诗缘，笔者认为，首先在于当时泰华社会中存在写作中国古典诗词的氛围。其时，在泰华社会有以谢晋嘉等为代表的一批熟悉中国传统文化的文化人，他们大多在中国古典诗词方面有相当的造诣，不时有诗

① 林悟殊：《饶宗颐教授与泰国华人文化》，载曾宪通：《饶宗颐学术研讨会论文集》，香港：翰墨轩出版有限公司，1997 年，第 359 – 361 页。

② 林悟殊：《饶宗颐教授与泰国华人文化》，载曾宪通：《饶宗颐学术研讨会论文集》，香港：翰墨轩出版有限公司，1997 年，第 362 页。

③ 饶宗颐：《饶宗颐二十世纪学术论文集·文录、诗词》，台北：新文丰出版公司，2003 年，第 349 页。

作问世。当时的泰华报刊，以至华人社团出版的纪念特刊，多辟有专门版面刊登他们的诗作，可为佐证。南国诗社和泰华诗学社是当时泰华社会中最为重要的两个诗学社。其成员大多在20世纪上半叶从中国移居到泰国从事文化事业，与饶先生的年龄相仿，并且对他的盛名早有所闻，敬仰已久。其次，王诚是饶宗颐的表兄，本身是文化界名人、诗人，且又在《星暹日报》及在中华总商会、潮州会馆中先后担任要职，对于介绍饶宗颐与泰华文化界的交往起到纽带和桥梁作用。最后，饶宗颐与泰华诗坛的交往在20世纪80年代之后日见减少，其重要原因是当年那些能诗善词的文化人由于年龄关系，逐渐退出历史舞台。而由于泰国政府的限制，泰国华文教育产生断层，年轻一代大多不懂华文，遑论诗词，泰华社会中写作中国古典诗词的氛围日渐式微。这同样可从20世纪80年代以后泰华的报刊及其他刊物中已难见中国古典诗词得到印证。因此，饶宗颐与泰华文化界之诗缘，也从一个侧面反映出中国文化在泰国的传播与传承的历史过程。

正是由于泰华社会的这一特殊背景，饶宗颐与泰华文化界之诗缘及留下的唱和诗作，更显得弥足珍贵。

一、饶宗颐与泰华文化界之交往

饶宗颐与泰华文化界人士交往颇多，且情谊甚笃，因多属私交，笔者不便蠡测。而根据笔者收集到的泰华报刊及饶宗颐的诗词集等有关资料推测，他与泰华文化界交往频密期应为20世纪60年代初至70年代末。1963年，时任香港大学教授的饶宗颐，赴印度考察佛学，途经泰国，前后停留约一月。这是他首次访泰，也是历次旅泰时间最长的一次，受到泰华各界的盛情欢迎。除进行相关演讲外，主要是由谢晋嘉（原籍潮州，诗画家，时为泰国南国诗社社长）等人陪同访问清迈、素可泰、佛统、呵叻、武里喃、素辇、甘平、四色菊等地，考察佛教南传踪迹。饶宗颐与谢晋嘉等人途中吟诗唱和，其诗作在泰华报刊上公开发表，又引来众多唱和，是泰华诗坛一大盛事，轰动泰华社会。

1963年11月1日《星暹日报》副刊《国风吟苑》载："本报国风吟苑主持人王诚，于昨日（10月31日）下午7时，假座一世皇桥畔国华堆栈公司天台，邀请诗友40余人及莅泰考察之名学者饶宗颐教授、郎静山先生暨《泰国志》主编谢犹荣等，共赏湄南河水色灯光与乎泰国淳厚民俗……并举行即景吟诗，以饶宗颐教授五古最受激赏……此次出席诗友有：陈慕禅、谢晋嘉、林中川、高向如、李拔民、云民英、云海鸥、徐少载、李仰唐、丁梦尘、陈月南、林伯琴、徐志鹏、陈祖文、林圣韬、陈俊、欧扬光、韩迪初、吴乾作、李建鸿、刘慰卿、周公礼、许梓农、吴君寰、谢梓良、李先俊、金维成、陈绍壁、符文舫、张俊涛、陈广深、杨素华、陈文丽、简丽初、叶桐圭、韩心傅、韩悦吾、陈舜仪、许胜标、杨闻樵、许永源、黄云生、蔡健华、李伟民、江雾帆、王诚等40余人，为一时之盛。"如此众多诗人聚会与饶宗颐吟诗作词，在当时的泰国确"为一时之盛"。

随后，泰华各界争相欢宴饶宗颐，也多邀请泰华文化名人作陪。如11月2日，泰国潮州会馆主席苏君谦、副主席谢慧如等宴请时，泰国文化名人李仰唐、谢晋嘉、丁梦尘等在座。① 11月3日，泰国中华赠医所财政吴竹林的欢宴，泰华文化名人严捷昇、谢晋嘉等在座作陪。② 11月10日，泰京金璇公会及周氏宗亲总会理事长周修武设宴欢迎时，邀请泰华文化名人王诚、周达人等作陪。③ 11月18日，碧差汶府仕连纱布行主人、客属总会驻碧差府总干事饶仕连在曼谷设欢迎宴会，泰华文化名人丁家骏等在座。④ 11月19日，泰华文化名人丁家骏邀请文化界名人高向如、李仰唐、谢晋嘉、王诚等欢宴饶宗颐。⑤ 这些文化名人本身都是泰华诗坛名家。

1977年8月，饶宗颐第二次莅泰出席第七届亚洲历史会议，在泰10天，同样受到泰华文化界的热烈欢迎。21日下午，抵达曼谷廊曼机场时，除会议主办方负责人外，潮安同乡会名誉理事长黄景云、中华佛学研究社社长高向如、南国诗社社长谢晋嘉、潮州会馆副总干事兼《星暹日报》诗坛主编王诚等到机场迎接。是晚，泰华诗学社名誉社长丁家骏设宴欢迎，黄景云、高向如、谢晋嘉、王诚，以及泰华诗坛耆宿李仰唐等均在座。27日下午演讲后，当晚潮安同乡会设宴欢迎时，泰国法政大学校长陈贞煜博士，佛教大学教授陈慕禅，学术界耆宿纪宏良、黄谨良、翁寒光、谢犹荣等作陪。南国诗社同人、泰国潮州会馆主席金崇儒暨全体执行委员、泰华诗学社社长黄继芦分别于28日中午、28日晚和30日中午欢宴饶宗颐，其中多位文化名人在座作陪。⑥ 泰华诗学社其时有社员百余人，多为潮籍人士，名誉社长丁家骏，社长黄继芦，秘书长黄清源，是泰华最为重要的诗坛社团之一。30日晚的欢宴，出席人数就有60多人。

1978年8月5日至8日，携女公子第三次莅泰，出席由旅暹潮安同乡会、泰华诗学社和南国诗社联合主办的书画展。书画展在曼谷萱茉莉区京华银行总行12楼举行。郑午楼、金崇儒等侨领以及文化界人士出席欣赏。泰华报刊连续刊登相关报道，介绍饶宗颐的书画艺术成就，并出版《饶宗颐教授书画展特刊》。期间饶宗颐参观潮州会馆三楼文物馆时，惠赠《选堂诗词集》《选堂书画集》共两册，扇面字画各一幅；饶宗颐、陈拾吾、谢晋嘉合作国画《三多图》一幅；

① 佚名：《苏君谦谢慧如等前晚欢宴饶宗颐》，（泰国）《星暹日报》，1963年11月4日。

② 佚名：《吴竹林昨晚设席欢宴饶宗颐教授》，（泰国）《星暹日报》，1963年11月4日。

③ 佚名：《周修武前晚设宴欢宴饶宗颐教授》，（泰国）《星暹日报》，1963年11月13日。

④ 佚名：《饶仕连君前晚欢宴有关人士》，（泰国）《星暹日报》，1963年11月20日。

⑤ 佚名：《丁家骏设筵欢宴饶宗颐李翼中》，（泰国）《星暹日报》，1963年11月20日。

⑥ 佚名：《旅暹潮安同乡会定二十七日请饶宗颐教授专题主讲潮州史地文物》，（泰国）《星暹日报》，1977年8月27日。

李之绵、饶宗颐合作之《鱼乐图》《双松拳石》共两幅。[①]

1983 年至 1995 年，饶宗颐曾四次莅临泰国访问，但尚未见与泰华诗人们互相唱和的诗词。

据笔者所知，饶宗颐曾分别赠书画与泰华诗坛名人。如曾书赠"结习已空花不住，岁寒惟有竹相娱"予旅暹潮安同乡会理事长黄景云及为王诚作画"湄南水居图"（见《王诚吟草》诗集封底）。饶宗颐特为商风[②]著作题写"商风唱酬集·旅泰四十年"。1963 年 11 月 29 日，饶宗颐在谢晋嘉陪同下，到泰国北部游历，时住于宋加洛的张少庵为尽地主之谊，陪同远来贵宾，一起畅游古城素可泰、宋加洛等名胜古迹。自后，张、谢与饶宗颐由于同好诗画，遂结成好友。

1977 年 12 月，黄继芦主办《蓬碧新村特刊》附诗文唱和第一集，饶宗颐为其题写"泰华诗学社黄社长继芦主办蓬碧新村特刊附诗文唱和集"。

此外饶宗颐也曾为泰国潮安同乡会韩江山庄题联：

> 韩水潮声远，迴拱新阡开土宇；
> 江山裸带近，郁葱佳气接神州。

二、饶宗颐与泰华文化界人士的诗词唱和

饶宗颐与泰华文化界诗缘甚笃，诗词唱和频密，见之于报刊者应只是其中鸿爪。据笔者了解，主要有两种形式：

1. 饶宗颐赋诗，泰华诗人唱和

笔者在泰华报刊中所见饶宗颐在泰国所作的最早诗篇，应是 1963 年 10 月首次到访时所作的五古。1963 年 10 月 31 日下午 7 时，为欢迎饶宗颐莅泰，《星暹日报》"国风吟苑"主持人王诚邀请诗友 40 余人，举行雅集，共赏湄南河水色灯光与泰国淳厚民俗，即景吟诗。水灯节是泰国最具民族特色的节日之一。水灯用芭蕉叶编成莲花型底座，上面放着几朵黄色的鲜花，中间竖着一根白色的蜡烛和拜佛用的香枝。傍晚，人们捧着水灯来到江河水边，放下水灯，让其随波逐浪，祈求幸福。良辰美景，诗友聚会，触景生情，饶宗颐当即作五古一首：[③]

> 暨游遂万里，日月惊逾迈。江山助文采，风物发嘘慨。重来此名邦[④]，鱼米更所爱。虽见城廓异，未闻乡音改。佳节灯火繁，朋簪满江介。多钧动广乐，隐

---

① 佚名：《泰国潮州会馆三楼文物馆辟"字画影艺厅"》，（泰国）《星暹日报》1978 年 8 月 17 日。

② 商风，原名张少庵，原籍潮安，是泰华名诗人，擅长中医，曾出版《商风唱酬集·旅泰四十年》，以纪念其旅泰 40 周年。

③ 见泰国《星暹日报》副刊《国风吟苑》，1963 年 11 月 1 日。

④ 饶氏此次抵泰后，转赴柬埔寨吴哥考察一周，再返泰国，故有"重来此名邦"之说。

隐散林籁。宿雨洒轻尘，川原各殊态。萧然澹客虑，玄赏到无外。所重故人心，情深比西海。但能放志意，千秋长足赖。芳洲交远风，杜若纷可采。悠悠吾道存，贞观乾坤大。

他即景赋诗，引来泰华诗人争相唱和。如1963年11月24日《星暹日报》"国风吟苑"刊登王诚等人的诗作：

王诚《盘谷晤表弟饶宗颐教授喜赋》（次水灯节贻韵）①

别时方壮年，重逢各将迈。白发纪沧桑，同声付一慨。客窗共剪烛，互诉所憎爱。邦家事事非，结习犹不改。吾道一以贯，书生重耿介。异乡集吟侣，意在振天籁。放歌慨以慷，了无炎凉态。羡君学有成，载誉满中外。今古罗胸次，浩瀚比江海。启后当承先，国粹斯足赖。达者堪为师，岂徒炫文采。儒释且同参，一悟空四大。

杨闻樵《赋呈饶宗颐教授次水灯节元玉》

椽笔撼吟坛，浩歌发雄迈。治学臻大成，浮生复何慨。蕉窗诵君诗，佳章吾所爱。椰林叙乡情，共怜湖山改。明月湄滨东，文光及鳞介。名士吐珠玑，铿锵出天籁。况复水灯夜，人大两逸态。遣韵荡江心，超然风尘外。翘首望云山，思归渺沧海。南来穷佛因，法司万世赖。羡君参禅悦，儒林焕异采。乡会一席谈，灵机照四大。

丁梦尘《送饶宗颐教授返香江次水灯节元玉》

秋雁逐南征，云旌□②北迈。骖停椰树阴，宿感空桑慨。异域□乡音，倾谈弥可爱。吾道兹已南，国风幸不改。谁知饶宗师，书生犹一介。咳唾散珠玑，戛击鸣天籁。云林幽淡境，清真谢俗态。闲弹七弦琴，放怀尘□外。孜孜穷岁月，无涯叹□海。嗟予两鬓霜，百凡无聊赖。茗谈忆江楼，水灯放异彩。挥手各云天，怅望伤老大。

---

① 王诚自注：时余方任《星暹日报》《国风吟苑》主编职，宗颐适由印度考察佛教归来，距今已十年矣。

② 因资料老旧缺字，用□代表，下同。

商风《寄怀饶君宗颐用水灯节湄南河大地楼上雅集韵》①

纵笔龙蛇起，声华惊毫②迈。信达认斯人，浮生同赞慨。威凤君犹健，良材我所爱。世道感衰微，泰风未可改。宏模怀高洁，鸿文慕耿介。异军奋壮猷，乔松蕴万籁。草木本无心，风云常变态。敷辞若契道，体物诸天外。玄阴叹易逝，升沉付桑海。腾蛟自有分，好古犹须赖。骚坛呈正声，洛社睹文采。卓哉港与泰，浩浩何广大。

访问期间，李之绵、谢晋嘉合作写成竹木水石画，饶宗颐即为其题二律《之绵晋嘉合写竹木水石即题两律》：③

其一

理乱如今迥不闻，疏枝暂挂岭头云。千林漫起兴亡叹，一水初无冷暖分。筠谷自堪回俗驾，草堂直欲寄斯文。夕阳呼酒登临去，且共西山猿鹤群。

其二

世路崎岖莫复论，书画宛约在家园。心如危筝风六定，境似候虫夜减喧。草色不随秋后改，山光犹向别时温。一枝写就将保托，移到江南黄叶村。

在谢晋嘉等人陪同下，饶宗颐在俗称"西势"的呵叻、武里喃等地考察，途中不时诗兴勃发。如《暹罗猜耶山访佛使比丘，游室利佛逝遗址，于荒榛中踯躅终日，归来有诗。偕行者谢大晋嘉，即用谢客登永嘉绿嶂山诗韵，邀其同作》：④

海峤陟彼岨，言造栖禅室。萧寺寻秋草，怀古情未毕。祇洹留芳轨，瞻谒惭朽质。颓础复何有，聊欲拔蒙密。涓涓石上泉，翳翳桑榆日。表灵资神理，稽览叹周悉。山僧昭旷姿，黄裳抱元吉。玄照澈生死，高蹈故难匹。坦道欣同登，了悟庶万一。缅想幽人踪，才调不世出。

谢晋嘉和作《癸卯秋偕饶宗颐竭佛使比丘于猜耶山同用谢康乐登永嘉缘嶂山诗韵》：

旦暮逐车尘，地偏乡十室。野水横修垌，涉逾幸轻毕。竦肃叩幽栖，阇黎龙象质。清声动帝籲，妙谛钦圆密。凤仪非世有，爽朗并秋日。要言信不烦，玄义

---

① 见泰国《星暹日报》副刊《国风吟苑》，1963 年 11 月 29 日。
② 疑为"豪"。
③ 见泰国《星暹日报》副刊《国风吟苑》，1963 年 11 月 12 日。
④ 见饶宗颐：《饶宗颐二十世纪学术文集·文录、诗词》，台北：新文丰出版公司，2003 年，第 363 页。

嗟难悉。通明空四大，虚静止祥吉。江山毓物华，灵秀无俦匹。古刹遗残砖，勾稽辨一一。归去数回望，行云没复出。

游甘露寺时，因见当地竹叶肥大，谢晋嘉泼墨成画，饶宗颐即赋一诗《西势竹叶肥大，晋嘉于甘露寺泼墨写之，图成因题》：[1]

暮雨催诗急，江风拂我衣。山寒人自瘦，地暖竹能肥。润叶和甘露，疏钟隐翠微。随缘有墨戏，不必更言归。

谢晋嘉亦吟一首《与宗颐自西势归，翌晨复同访甘露寺，僧仁空出纸笔索诗书以贻仁闻上人。因忆旅念所见，为写一竿，宗颐诗立成，用次其韵》：

梵宇留行迹，车尘尚满衣。川源涵雨湿，竹树入春肥。绘事惭高雅，诗心际隐微。萧然忘物我，寂坐待僧归。

途中，饶宗颐随兴吟诗《过坤西施戏作》：[2]

老来金地[3]作鸱夷，啖得西施亦一奇。欲效坡翁尝百颗，兹游怳觉十年迟。

同行的李仰唐、王诚也作分别作诗：

李仰唐《前题》
小游山寺喜相陪，诗思未浓雨又催。我已无心师范蠡，宫娃底事逐人来。

王诚《前题》
寻幽探胜上崔巍，犹有诗心伴夕晖。岂是游人皆范子，居然载得西施归。

其间恰逢李仰唐先生六九大寿，李仰唐自吟一诗《重阳后十日六九生朝志感》：[4]

① 见泰国《星暹日报》副刊《国风吟苑》，1963 年 11 月 27 日。后收入饶宗颐：《饶宗颐二十世纪学术文集·文录、诗词》，台北：新文丰出版公司，2003 年，第 11 页.
② 饶宗颐、李仰唐、王诚诗作均见泰国《星暹日报》副刊《国风吟苑》，1963 年 11 月 12 日。坤西施，即坤西育府，盛产柚。
③ "金地"，也称"金邻"，是蒙族在今泰国境内建立的古国。其范围大约位于马来半岛和湄南河西岸塔锦河至湄格良朗河流域。
④ 李仰唐、饶宗颐、丁梦尘诗作均见泰国《星暹日报》副刊《国风吟苑》，1963 年 11 月 12 日。

牢落迟栖湄水滨，岂知身属一飘尘。解龟纵早难辞咎，敝帚虽微亦自珍。黄菊再逢伤日迈，白头惊觉逐年新。庐山莲社风流在，愧杀迂疏老散人。

饶宗颐赋一律作贺《寿李仰老六九敬和生朝元玉》：

橙黄橘绿赤土滨，漫云生意属飘尘。从知吾道无绅布，喜见殊方重席珍。车马劳劳来复往，肝肠历历老逾新。胸中水镜清如许，白□须眉欲照人。

丁梦尘也和诗一首《前题》：

无端萍梗聚湄滨，等是沧桑历劫尘。合向函关传道学，好增本草续时珍。秋高篱下黄花傲，霜落镜中白发新。萧散不妨忘岁月，江湖诗酒作闲人。

2. 泰华文化界人士以饶宗颐莅泰访问为题材作诗，或互相唱和
1963 年 10 月 24 日《星暹日报》副刊《国风吟苑》载陈慕禅等人诗作：

陈慕禅《盘谷喜晤饶宗颐教授赋赠一律并乞国风诸友政和》
霜鹰雾豹方神采，鸿业名山迈昔贤。探赜钩奇经异国，怀人感旧话当年。中原耆宿咸推许，两代文章有嫡传。垂老天涯相见晚，无穷意在酒樽边。

李仰唐《前题》
吾爱饶夫子，聪明世所知。文穷归①甲古，书迈虎头痴。儒释欣同研，老庄闲并搜。天南重聚首，适足慰怀思。

谢勋波《奉和陈慕禅词长赋赠饶宗颐教授元玉》
腾骧叔世多姿彩，博古通今一俊贤。江海屠鲸挥健笔，艺坛蜚誉忆当年。园栽桃李千株秀，学究老庄两代传。旧雨樽前温旧梦，西窗清兴动吟边。

商风《偕饶君宗颐同游素可台古城及宋胶洛古城》
白雨横飞入晚凉，村姑无奈笑人忙。颓垣倒壁留行迹，定有老僧到上方。怕邦犹忆旧登临，昔日殿台迹偶寻。市远方知尘累减，山山遥瞩水云深。②

---

① 疑为"龟"。
② 素可台，一般译为素可泰。张少庵先生自注：据老辈人云，宋胶洛古城先创，有99座佛寺。当时陶瓷缶厂，即在该处。有二个厂，一在素可台县，至今已湮灭。但怕邦寺是一个塔，且有苍廊寺，斋里七层，冲积期化石极多。再去二里，有皇家滩。地属氏刹插那县。嗣后国都移至素可台县，从而扩大之。目下有珍贵古物陈列所在焉。

丁梦尘《浣溪沙·赠饶宗颐教授》

吾郡宗颐与乐生①，于今国际俱知名。城南②回首泰山亭③。寝馈云林秋巳老，穷搜甲骨发犹青。湄江握手不胜情。

巽斋《欣迎旧雨饶宗颐教授来访》④

辗转缁尘历几秋，相逢故旧发霜雕。何期陋巷来君访，尚有新诗许我留。跋躇倾谈西域遗，肃恭探索扶南幽。逃荒共觉非长计，耿耿浩怀复九州。

1977 年 8 月 30 日中午，泰华诗学社假海天楼欢宴饶宗颐，出席者 60 余人，现场朗诵了黄继芦、张艺光、王诚三人赋赠饶宗颐之诗章，见诸报刊者如下：

王诚《喜逢宗颐兼寿花甲》⑤

龙马精神六一翁，诲人不倦遍西中。杏坛载誉及时雨，琴韵蜇声解愠风。大德大年天可必，如冈如阜福无穷。湄南河畔重逢日，指点闲云数点红。

黄继芦《泰华诗学社欢宴饶宗颐教授席上赋赠》（二首）
（一）

为迎大雅设诗筵，纵酒评章话海天。济济一堂多韵事，坫坛管领著鞭先。

（二）

道德文章仰硕豪，才华卓著振风骚。弘扬国粹看今日，万里鹏飞独任劳。

1978 年 8 月，饶宗颐莅泰举办书画展，也引起泰华文化界人士诗兴：

徐志鹏《饶宗颐教授莅泰》⑥

才名闻世载，芝宇亲今朝。桃李遍天下，中西付素描。书画涵秀逸，韵律媲琼瑶。展览湄南日，何人不认饶。

---

① 丁梦尘自注：指蔡乐生博士。
② 丁梦尘自注：城南系指潮安城南小学，盖蔡饶两君与余曾先后肄业该校。
③ 丁梦尘自注：城南校道有泰山北斗亭，为纪念韩文公而设者。
④ 见泰国《世界日报》副刊"湄江诗坛"，1963 年 11 月 22 日。
⑤ 王诚、黄继芦诗均载于泰国《星暹日报》副刊《国风吟苑》，1977 年 8 月 23 日。王诚自注：饶宗颐教授于本月 21 日莅临泰国出席第七届亚洲历史会议，迎之机场，欣看精神健旺，惜未携古琴与俱为憾。
⑥ 见泰国《星暹日报》副刊《国风吟苑》，1978 年 8 月 10 日。

张艺光《侨社欢宴饶宗颐教授》①

秋风声里故人来，侨社琼筵次第开。羁旅情怀因客起，杯中逸兴为诗催。明朝又听阳关曲，何日相逢衣锦归。同是砚田耕作者，宣扬文教志宏恢。

罗匡环《饶宗颐教授莅泰书画展和徐志鹏长韵》②

南来书画展，眼福饱今朝。细玩挥毫劲，深研彩笔描。萧梅称上品，三绝胜琼瑶。老境精神健，坫坛仰慕饶。

谢晋嘉《观饶宗颐先生书画展三叠东坡至梧示子由韵为赠》

雪毫斑管出湖湘，从心驱遣得其方。小景须弥纳芥子，河岳烟霭何苍茫。楚帛泰简归健腕，骇目一联九尺长。粉墙高不为君筑，雾眼喜欣免仰望。韩山韩水钟灵秀，往哲芳徽绪未亡。今来艺海波澜起，余泽分润沾芜荒。书翁懒问春消息，水云佳处即吾乡。

黄清源《迎饶教授宗颐莅泰书画展》（二首）

（一）

教授重来号选堂，桂花浓韵又飘香。湄江芳草新裁锦，走笔天涯万里扬。

（二）

酒痕如雨注清才，书簏春风笔底开。伫看京楼先得月，鸡林声价报重来。

陈锡才《潮州会馆宴饶宗颐教授巧逢七夕用苏东坡至梧示子由韵并呈》③

裙拖鬓拘记湖湘，中州灵气锦遐方。放眼乾坤归腕底，危楼飞阁起苍茫。盘胸自有龙蛇舞，悟彻禅宗大乘藏。地负海涵天下纵，百家博览尽擅长。籍同潮郡沾光誉，一水香港昔相望。聘游列国登坛席，学府清名不世亡。杯酒情缘逢乞丐，萍踪偶聚在炎荒。监车我自伤骐骥，头白都门苦忆乡。

蔡举豪《潮州会馆宴饶宗颐教授赋赠》④

韩山韩水毓人文，天纵英才六合闻。艺坛丹青千岭秀，笔挥龙蛇百泉芬。心存正气修潮志，胸仰宗功似锦云。遗客海隅瞻道范，永怀文采空骊群。

---

① 见泰国《星暹日报》副刊《国风吟苑》，1978 年 8 月 14 日。
② 罗匡环、谢晋嘉、黄清源诗均载泰国《星暹日报》副刊《国风吟苑》，1978 年 8 月 15 日。谢晋嘉自注："饶先生集明人句赠余云：脂红粉白春消息，浓墨淡烟老书翁。"
③ 见泰国《星暹日报》副刊《国风吟苑》，1978 年 8 月 18 日。
④ 蔡举豪、蔡卓渠诗均载泰国《星暹日报》副刊《国风吟苑》，1978 年 8 月 22 日。

蔡卓渠《诚老柬邀饯饶教授宗颐席上赋赠》

吟坛画苑酒催诗，诚老龙邀饯别离。我倦推敲惭贾岛，公荣鼓吹胜桓伊。欲瞻艺海新风貌，重认灞桥旧柳丝。座上欣逢饶教授，借花献佛敬宗颐。

三、饶宗颐十分珍惜与泰华文化界的诗缘

饶宗颐对泰华文化界的诗缘十分看重，1963 年 11 月在结束首次访问即将离开泰国时，特作《将去盘谷留别泰国诸友》一诗：①

（予自安哥②重来泰京，复有访问之役，游踪所至，北临清迈，东极四刹吉，西至差耶、洛坤，故交新雨，益我者多，琼玖之投，愧无以报。东归在即，爰依坡翁海南韵聊抒所怀云尔）

湄水奔流似湖湘，我行忽在天一方。欲寻象渚澄源处，③ 扶南往事苦微芒。④ 驱车更临古佛逝，⑤ 懒从穷发讯行藏。相逢者老如旧识，觞咏款我情何长。极目瀛洲隔山海，齐烟九点遥相望。亦知在远日亲意，时艰不用叹其亡。敢以壮游比奘显，但留足迹在炎荒。归来会作伽蓝记，稻云千里俨吾乡。

之后，在其出版的诗集《佛国集》中，收入与谢晋嘉的唱和诗作。⑥

后来，即使是在法国和美国，饶宗颐也对泰华诗坛一往情深。1965 年在法国，他写下了《晋嘉寄示游清迈素贴山寺，用康乐从斤竹涧韵，追忆曩游，再和一首》：⑦

事往足思存，微处可观显。秋风一披拂，花露想凄泫。残碑有时灭，坠泪如登岘。万里屡骏奔，百年只迟缅。⑧ 心已生死齐，人尚蜣蜋转。拈花余一笑，所得无乃浅。何似山中云，朝夕任舒卷。当年薜萝枝，犹挂般若眼。石笋插云尖，山蒲经雨展。唾灰久已干，泡水竟谁辩。孤游意少惊，因君还自遣。

---

① 见泰国《星暹日报》副刊《国风吟苑》，1963 年 11 月 27 日。

② 安哥，即柬埔寨吴哥。

③ 作者自注：语见竺芝《扶南记》。

④ 扶南，一般认为是吉蔑族所建立的古国，鼎盛于中国汉代时期，其范围大约在今越南湄公河口至柬埔寨一带，其时今泰国全境均属之。

⑤ 作者自注：泰人攻证差耶为室利佛逝旧都可备一说。

⑥ 即前引与谢晋嘉的唱和，又见饶宗颐：《饶宗颐二十世纪学术文集·文录、诗词》，台北：新文丰出版公司，2003 年，第 362'–363 页。

⑦ 饶宗颐：《饶宗颐二十世纪学术文集·文录、诗词》，台北：新文丰出版公司，2003 年，第 399 页。

⑧ 作者自注：陶潜赋："苍旻遐缅，人事无已。"

1970 年在美国时，饶宗颐还曾作词《宴清都·寄暹中故友》：[1]

地僻生鼙鼓。哀时意、冷鸱寒兔宵度。乱离瘼矣，凉蟾何事，觑人庭户。云罗万里长空，算尚有、宾鸿作侣。漫记省、塞路崩榛，芜城鲍照曾赋。[2]
谁容倦客逃虚，幽兰未谱，寒雁先苦。羁愁万斛，枯禅寸抱，十年来去。高僧指点残塔，入梦里、神游旧处。问昔时、拼醉春风，柔条在否。

又《庆春宫·晋嘉书言差耶昔游，不胜怅触》：[3]

孤塔荒烟，斜阳颓寺，密林梢水边城。禾黍如油，瓜蒲盈野，漫山不闻秋声。胜游缠梦，十年事，骎骎鬓星。停车油壁，当日惊逢，心复牵萦。
来鸿去燕将迎。人笑憔悴，花诉飘零。烟雨沙边，平生幽恨，彩笺吟句霜清。故都乔木，远畅望，欲画未成。有并刀在。碎剪东风，一散离情。

1977 年，再赋一诗：

（余于一九六三年尝游四刹吉，归途有诗。和坡公至梧示子上韵。十四年后，重临泰京，乡人款遇情谊逾前，而诗坛耆宿，于余眷慕尤深，枉赠既彩，再叠苏韵）[4]
黎民奔走自桂湘，禹迹能不包炎方。我昔遥临四刹吉，穷边九壤何茫茫。重来父老情弥重，钟爱使我中心藏。回头十四年间事，饱看松柏参天长。忆昔天历歌回使，黄骊青骓驰相望。温柔敦厚德化远，春秋未作诗岂亡。天胙群公主风雅，要使兹意留遐荒。便能朔译通南讹，十洲行处皆吾乡。

第三节　郑午楼心目中的饶宗颐

郑午楼不仅是泰国著名实业家、慈善家和社团活动家，还是泰国华文教育复

---

① 饶宗颐：《饶宗颐二十世纪学术文集·文录、诗词》，台北：新文丰出版公司，2003 年，第 620 页。
② 作者自注：曩经吴哥窟有诗纪之。
③ 饶宗颐：《饶宗颐二十世纪学术文集·文录、诗词》，台北：新文丰出版公司，2003 年，第 621 页。
④ 饶宗颐：《饶宗颐二十世纪学术文集·文录、诗词》，台北：新文丰出版公司，2003 年，第 665 页。
作者自注：日友白鸟芳郎编《傜人文书》，中有《游梅山书》，其抄书人董胜利，自言自广西来泰国。梅山则在湖南安化县。元朝天历年间，江东罗傲作暹国回使歌，王尚志有和作，见《皇元风雅》后集。

兴的推动者。[1] 其创办华侨崇圣大学，声誉远播。他曾多次邀请饶宗颐到泰国举办书画展、讲学，并出任泰国华侨崇圣大学建校顾问；华侨崇圣大学开幕后，聘请饶宗颐为该校顾问和中华文化研究院首任院长。饶宗颐与郑午楼情谊甚笃，持续几十年，对泰华社会具有正面的影响。本节拟根据相关资料，及本人对两位前辈的了解，试从郑午楼心目中的饶宗颐角度作一概述。

一、郑午楼视饶宗颐为潮州文化乃至中华文化的象征

郑午楼（1914—2007），泰国著名侨领。祖籍广东潮阳沙陇镇东仙村，生于泰国曼谷，是侨领郑子彬之长子。郑午楼曾先后就读于泰京培英、新民两所华文学校，毕业于易三仓英文学院。精通中、英、泰文，喜爱中国经书诗文，擅长中国书法。

日军侵占泰国时，郑午楼辞去所有社团职务，不与日军合作，因而遭敌方审讯。

日本投降后，中国南方数省受灾，郑午楼倡组暹罗华侨救济祖国粮荒委员会，任该会主任，募集大米3万多吨，亲自回国监赈。1991年7、8月间中国华中、华东及华南等地，发生百年罕见大水灾。郑午楼亲率慰问团，飞赴中国，将泰华联合救灾机构募集赈米3万包及药物一批赠送中国灾区，受到中国国家主席杨尚昆的接见。

1950年，郑午楼和友人合资在泰国创办京华银行（该行是泰国主要商业银行之一），任总经理，后任董事长，其间蝉联四届泰国银行公会主席。1980年，创立泰国万富工业城，1984年始建"曼谷世界贸易中心"，还经营保险业和酒业。

郑午楼热心社会公益福利事业。1939年，郑午楼出任泰国最大慈善机构泰国华侨报德善堂董事长，其间成功地将该善堂的救护医院扩建成一所现代化的全科华侨医院，之后一直是华侨报德善堂的主要领导人之一。1972年起，再次成为该堂董事长。1990年，郑午楼倡导将华侨报德善堂主办的"华侨学院"扩办为一所完整的综合性大学，名为"华侨崇圣大学"，并肩任建校委员会主席，首以其先翁名义捐赠泰币一亿铢，作为建造大礼堂之用，获泰华各界的热烈响应，

① 有关郑午楼资料可参阅：子凌：《一个人的修养与实践——郑午楼博士访问记》，曼谷：泰商日报社，1983年；郑膺年编：《郑午楼言论集》，曼谷，1989年；段立生：《郑午楼传》，广州：中山大学出版社，1994年；罗汝材：《泰籍杰出潮人郑午楼博士思想哲理初探》，载郑良树主编：《潮州学国际研讨会论文集》，广州：暨南大学出版社，1994年，第982-987页；林悟殊：《泰国大峰祖师崇拜与华侨报德善堂研究》，台北：淑馨出版社，1996年；莎哇妮·郑差沛汶（梁瑞莹）等编：《郑午楼纪念册》，曼谷，2008年。

慷慨输将。① 该校于 1994 年落成，泰王陛下亲临主持揭幕典礼。

郑午楼曾多次荣获泰王御赐勋章。1980 年 6 月泰国国立诗纳巧辇威洛大学授予其工商管理学博士学位，并由泰王颁赐文凭。郑氏也是泰国中华总商会、潮州会馆等多个泰华社团的永远名誉主席。

郑午楼和饶宗颐两人情深谊长。他们一为泰国商界精英、华人领袖，一为国际汉学大师，领域殊异，本无交集，却成为几十年交情甚笃的朋友，堪称典范。其原因在于郑午楼深受中华文化的教育，并且造诣甚深，因而十分尊重饶宗颐，视其为潮州文化乃至中华文化的象征；他赞同饶宗颐创立潮州学，开展对潮州人海外拓殖史的研究；他的华侨观和华文教育的理念得到饶宗颐的赞同和支持，从而促使其更有信心和决心办好华侨崇圣大学。两人的交往，对于泰国华侨华人与当地原住民和睦相处、安居乐业，起着正面的作用，既体现了潮州商人在事业成功的同时崇文重教、报效社会的风范，也体现著名学者对社会的引领作用。

笔者认为，饶宗颐和郑午楼两人的交往，绝非始于见诸报端的时间。饶宗颐说过："余与先生相知久，凤佩其调伏身心，舍与智俱能相应。"② 可见二人交情之笃。据笔者检索泰华媒体资料，两人在泰国见面，最早是于 1977 年 8 月 23 日中午，其时郑氏专门宴请莅泰访问的饶宗颐。③ 故可认为，他们的直接交往至迟始于是时。

郑午楼是泰华社会中深受中国文化浸淫且中文造诣甚高的侨领，应早已久闻饶宗颐大名。众所周知，饶宗颐是闻名遐迩的潮州才子，又于 1940 年代末担任《潮州志》的总编纂，享誉海内外。泰国侨界对饶宗颐十分崇敬。泰华社团的出版物中，早已特别收入他有关家乡的论著。泰国潮州会馆、潮安同乡会等社团均收藏有民国版《潮州志》。另外，如前所述，主持重修《潮州志》的刘侯武先生，1948 年后旅居暹罗、新加坡等地。刘氏在泰华侨社人缘甚佳，与陈景川、廖公圃、余子亮、苏君谦、郑午楼等侨领关系密切，饶宗颐及其《潮州志》理所当然是他们之间经常谈论的话题。

故此，在 1977 年宴请饶宗颐之前，郑午楼必然对他有一定的了解，且敬重这位潮籍大学者。因而饶宗颐到泰国访问时，商务繁忙的郑午楼才会亲自出面设宴招待。

之后，1978 年 8 月初，郑午楼在其位于泰京萱茉莉区京华银行总行 12 楼展

---

① 华侨崇圣大学的创办人均是当时泰华著名侨领和单位：郑午楼、谢易初、谢慧如、陈有汉、郑钦达等数十位侨领和玛合力酒业有限公司；发起人涵盖泰华主要社团，有泰国华侨报德善堂、中华总商会、中华会馆、潮州会馆暨九属会馆和各县同乡会、泰华各姓宗亲总会、各慈善团体等数十家社团，以及各家华文报刊。参见泰国《京华中原联合日报》，1999 年 4 月 10 日。

② 见郑膺年编《郑午楼言论集》饶宗颐所作序，曼谷，1989 年。

③ 佚名：《饶宗颐教授昨访郑午楼受到热诚欢迎》，（泰国）《星暹日报》，1977 年 8 月 24 日。

览厅为饶宗颐举办书画展，并与潮州会馆主席金崇儒一起主持剪彩仪式，① 还为配合此次书画展出版的《饶宗颐教授书画展特刊》题写刊名。

这是饶宗颐首次在泰举办的个人书画展，计有扇面、对联、挂轴、手卷等120 多件作品。此次书画展由潮州会馆、潮安同乡会、中华佛学社、泰华诗学社和南国诗社联合主办，为期 4 天。其中一幅题为"柳村云谷"的横轴山水画，长达 7 米，高约 26 厘米，一直为郑午楼所欣赏，用玻璃护罩，嵌在曼谷著名的座山楼惜兰香馆对面墙壁上，使这座酒楼大增中华文化的色彩。在潮州会馆主席暨全体执委欢迎宴会上，郑午楼在致辞时特别指出："饶教授的成就，非但是我潮籍人士之光，也是中华文化之光荣。"②

1992 年 6 月 12 日，郑午楼邀请饶宗颐莅泰出席华侨崇圣大学举行的泰王陛下御赐该校泰文名感恩庆祝酒会，代表该校筹建委员会敦请饶宗颐为建校顾问团顾问，并给予高度评价：

> 饶教授不仅国学渊博而又多才多艺，书法、国画均有极高的造诣，精通数国语文，是《潮州志》的主编。数十年来足迹遍布美洲、欧洲、澳洲、中国及东南亚，应邀为各著名大学讲学，仅英法两国已逾十次。曾历任美国耶鲁大学、中国中山大学、新加坡大学、香港大学、香港中文大学的教授。对中国敦煌石窟的佛教古迹，有很精深的研究，他的专门著作超过四十种，有关论文超过三百篇。被誉为中国国学大师。饶教授莅泰期间，很热心地为本校提供了甚多宝贵的意见。本校在感激之余，特敦请他为顾问团的顾问。③

1994 年 3 月 23 日，郑午楼又邀请饶宗颐莅泰参加华侨崇圣大学落成揭幕盛典。是日，泰王蒲密蓬陛下幸临该校主持揭幕仪式。郑氏特引荐饶宗颐向泰王敬赠佛像作品。泰王大悦，并仔细询问早期潮人移民泰国的路线。

1995 年 12 月 5 日至 9 日，郑午楼再次邀请饶宗颐莅泰在京华银行总行大礼堂举办书画展。是次书画展由华侨崇圣大学、中华总商会、潮州会馆、潮属十县同乡会联合主办，由当时泰华社会最具名望的四位侨领郑午楼、谢慧如、郑明如、周鑑梅联合主持揭幕剪彩仪式。出席书画展开幕式的泰华侨领、社会贤达、文化人士、各界嘉宾数百人，是"泰华最高规格的文化艺术活动，成为泰中艺术交流史上光辉的一页"。④

---

① 佚名：《饶宗颐教授书画展五日起举行》，（泰国）《星暹日报》，1978 年 8 月 2 日。

② 佚名：《潮州会馆主席暨执委昨欢宴郑午楼顾问饶宗颐教授》，（泰国）《星暹日报》，1978 年 8 月10 日。

③ 郑午楼：《在泰皇御赐华侨崇圣大学泰文校名庆祝酒会上的致词》，（泰国）《中华日报》，1992 年6 月 16 日。

④ 佚名：《饶宗颐教授书画展明天京华银行揭幕》，（泰国）《星暹日报》，1995 年 12 月 4 日。

综上所述，可知郑午楼视饶宗颐为潮州文化以至中华文化的象征，因而十分敬重。据笔者所知，在泰华社会中能受到郑午楼如此敬重的学者，唯饶宗颐而已。

二、郑午楼在饶宗颐的赞同和支持下更坚定倡办华侨崇圣大学、发展华文教育的理念

1992年，泰国政府正式宣布放松对华文教育的限制，允许各民办学校除必须教授泰文外，可以开设华文课程，可以从幼儿园到初中连续办学；允许各公办学校或商业学校将中文作为外语由学生选修。由是，泰华社会掀起振兴华文教育的热潮。但对于如何发展华文教育，以及如何办好华侨崇圣大学，泰华各界却有过争议。笔者其时任职于中国驻泰国大使馆，据本人观察，当时泰华各界对华文教育的认识主要有三种：[①]

一是有些人认为自己仍是中国人，希望子孙后代也仍然是中国人，故只需学习中文即可。有人甚至认为办华校的目的仅在于让子孙能讲方言母语（如潮州话），可以与父母沟通。

二是有些人认为要抓住泰国政府松禁的有利时期，把华文学校办成以华语为母语教学的学校，即重新恢复受禁前华校的情形。

三是以郑午楼为代表的有识之士认为，泰国社会相互沟通以泰文为主，对外贸易以英文为主，中文在泰国实际上是一门外语，华文教育应该立足现实，成为泰国外语教育的一部分。由于中国国际地位的提高，中泰友好关系的发展和双方经贸往来的增加，华文人才的需求日益增多。作为华侨华人的子女，除了要学好泰文、英文，更应该学好中文。

如何办好华文教育，说到底是如何定位华侨华人的问题，这实际影响到华侨华人的生存和发展。中山大学林悟殊教授认为："在泰国，除短暂的非常时期外，华侨一直过着比较安定的生活，这在颇大程度上，应归功于泰华领袖较为稳妥摆正华侨本身位置，正确地引导同侨处理好与居住国和祖国的关系。"[②] 郑午楼即是这样一位"高瞻远瞩，先人著鞭，所以报先德，兴实业。而惠同侨者无所不至，非有契于慈无量舍无量之义"[③] 的泰华领袖。他有着自己的华侨观："我们对祖国当然是爱，对居留国更非爱不可。我有一个譬喻：就像嫁出的女儿，居留

---

① 林悟殊教授注意到其时泰华各界中有人"以为可像往昔华校那样，把华语当作母语教学，尔后子子孙孙不忘先祖母语"。见《泰华一代杰出领袖——追思郑午楼先生》，载《广东潮讯》2008年第1期，广州：广东潮人海外联谊会，第36页。

② 林悟殊：《泰国大峰祖师崇拜与华侨报德善堂研究》，台北：淑馨出版社，1996年，第143页。

③ 饶宗颐：《序》，见郑膺年编：《郑午楼言论集》，曼谷，1989年。

国就像她一生所寄托的夫家，而祖国就是她的母家，对母家的关切眷爱，这是人之常情，所以华侨特别爱国，过去对祖国的贡献，历史都有很好的纪录，这爱国是无条件的，是自动自发的，没有想及要回报，所以无论祖国或居留国，两者都一样要爱护。"① 林悟殊认为："郑午楼的华侨观及其实践对于造福广大华侨、造福居住国、造福祖国，盖有不可估量的作用。"②

1990 年底，郑午楼倡议建立华侨崇圣大学，并亲自制定办学宗旨："除了崇敬泰皇陛下外，也为了发扬泰中文化，维护优良传统，融合东方的儒释思想、西方的文明科技，来培养品学兼优的专业人才，为泰国社会作出更大的贡献。"③ 他认为："华人在泰国兴办圣大，借资表达我们托泰皇陛下圣德广被，在皇恩浩荡下对陛下崇敬的心情。此外，并借此作为华族人士对泰国社会的一种回馈……崇圣大学不但是集泰国华人之力创办的，也是属于整个泰国社会的。"④ 为此，他主张办成综合性大学，在其中设立中文系，并使之成为该校的重点学科。

饶宗颐十分赞同郑午楼的崇圣大学办学观点。1992 年 6 月 12 日，饶宗颐应郑氏之邀，莅泰出席华侨崇圣大学举行的泰王陛下御赐该校泰文名感恩庆祝酒会。他在酒会上的演讲中指出："华侨报德善堂创办了华侨崇圣大学，充分体现了儒释观念的结合与中华文化的交融。""人心向善，福泽共霑，那么整个社会就会变得更加美好。郑董事长领导下的报德善堂所走的'报德''崇圣'的道路，就是这样一条光明向上的大道。"⑤ 之后欣然接受郑午楼之敦请，出任华侨崇圣大学筹建委员会顾问团顾问。又于 1993 年 10 月 18 日，出任该校中华文化研究院院长。该校落成后，就任该校顾问。

饶宗颐特地将该校的一座中式庭园建筑命名为"逍遥园"，为其题匾，并于 1994 年 3 月为该园写了碑记：

> 本大学既成立中华文化研究院，乃于崇圣纪念馆旁拓地为园，院长饶宗颐教授榜为"逍遥园"。昔鸠摩罗什入秦，说法于逍遥园，十年之间，译经九十八种，象教大兴。本院既以弘扬儒释教义，沟通泰华文化为职志，所望法什公，建立丕绩，用缀数语，以励来兹。⑥

---

① 郑膺年编：《郑午楼言论集》，曼谷，1989 年，第 167 页。

② 林悟殊：《泰国大峰祖师崇拜与华侨报德善堂研究》，台北：淑馨出版社，1996 年，第 144 页。

③ 佚名：《华侨崇圣大学的创建》，载《华侨崇圣大学五周年校庆纪念特辑（一）》，（泰国）《京华中原联合日报》，1999 年 4 月 10 日，第 18 版。

④ 郑午楼：《献词》，载《华侨崇圣大学五周年校庆纪念特辑（一）》，（泰国）《京华中原联合日报》，1999 年 4 月 10 日，第 18 版。

⑤ 饶宗颐：《在泰皇御赐华侨崇圣大学泰文校名庆祝酒会上的演讲》，（泰国）《中华日报》，1992 年 6 月 16 日。

⑥ 林悟殊：《饶宗颐教授与泰国华人文化》，载曾宪通：《饶宗颐学术研讨会论文集》，香港：翰墨轩出版有限公司，1997 年，第 362 页。

此外，饶宗颐借用鸠摩罗什入秦译经事，"把中华文化在泰国定位为外来文化，强调在泰国弘扬中华文化，务必使其与泰国的固有文化沟通……少说多做，讲究实际；著力于图书资料建设，网罗优秀人才，重视泰中关系史的研究。"

饶宗颐还以该校中华文化研究院的名义，与北京清华大学国际汉学研究所、广州中山大学中华文化中心联合，主办了高级学术刊物《华学》。该刊第一期于1995年面世，第七期主办单位增加香港大学饶宗颐学术馆。又以该院的名义，与香港敦煌吐鲁番研究中心合作，出版研究丛刊，先后出版与李均明合著的《新莽简辑证》《敦煌汉简编年史考证》及王素的《吐鲁番出土高昌文献编年》等书。这些对于迅速提高华侨崇圣大学的学术知名度，无疑颇有意义。

1994年3月25日下午饶宗颐应邀在曼谷世界贸易中心，以"圣凡之间：生命的高层次的追求"为题作演讲，再次肯定华侨崇圣大学的办学道路：

圣大有她缔造艰辛的历史，由报德堂发展医院，到医学院，然后扩大成大学。原初本着大峰祖师慈悲为怀，多种福德，以佛教精神，"广大无边，上下普遍，极善修习"，累积几乎近百年的物力、人力、地缘、血缘、个人、团体力量的总和，才有今日的成果。换句话说，把"为善最乐""止于至善"的精神加以扩大、充实，最后方有圣大的产生。

如果问大学应为华人社会做的是甚么？简单一句话，大学指示我们从生命高层次去追求，"崇德广业"，"由凡入圣"，秉承报德的菩提心，把这颗菩提心种子多多播种，这便是圣道的根苗，是正确的道路（正道）。[①]

如果说饶宗颐欣然受聘任职于华侨崇圣大学，是对郑午楼办学的支持，那么，他在泰华社会的演讲，则是从理论的角度对郑氏的观点进行阐析和提升，这些都对泰国华文教育起到了积极的导向作用，也更进一步坚定了郑午楼办好华侨崇圣大学的信心和决心。

由于华侨崇圣大学定位得当，郑午楼一呼百应，该校1992年初奠基兴建，同年6月即开始招生，7月上课，规模不断扩大。也"由于定位得当，使华侨崇圣大学的筹办得到泰王和政府的大力支持，别无枝节，一路绿灯"。[②] 1994年3月24日，泰王亲临主持该校落成庆典仪式，传为佳话。

在郑午楼的领导下，华侨崇圣大学从办学开始就十分重视聘请高质量的华文教师，除聘请有良好中文水准的泰国教师外，还先后从中国的北京大学、北京语

---

① 饶宗颐：《圣凡之间：生命的高层次的追求》，（泰国）《星暹日报》，1994年3月28日。
② 林悟殊：《泰华一代杰出领袖——追思郑午楼先生》，载《广东潮讯》2008年第1期，广州：广东海外潮人联谊会，第36页。

言文化大学、中山大学、暨南大学、北京师范大学、台湾师范大学礼聘在对外教学方面具有丰富经验的汉语专家、教授到校任教。又选派教师到北京大学、北京师范大学和台湾文化大学进修硕士和博士课程。

在课程安排上，华侨崇圣大学中文系注重学生专业的实用性，设立基础汉语、商业会话、商业秘书、旅游汉语、导游汉语、中泰翻译等科目，每年组织该系学生到中国进行短期进修。此外，还组织中华语言文化社等社团和毛笔书法等课外活动等。1999 年开始，又把中文列为该校护理学院、药理学院和物理治疗学院学生的必修课。1996 年 1 月，该校与泰国教育部合办一所"华文师范学院"，为泰国各地华文学校培训师资。

三、郑午楼赞同并支持饶宗颐创立潮州学，开展对潮人海外拓殖史的研究

饶宗颐大力倡导对潮州文化的研究，于 20 世纪 90 年代初促成了"潮州学"的建立。他指出："中国文化史上，内地移民史和海外拓殖史，潮人在这二方面的活动的记录一向占极重要的篇幅，这是大家所熟悉的。潮人若干年来在海外拓殖成果和丰厚的经济高度发展的各种表现，在中国以外各个地区孕育出无数繁荣美丽的奇葩，为中外经济史写下新页，久已引起专家们的重视，而且成为近代史家崭新的研究对象。"① 郑午楼十分赞同和支持饶宗颐的观点。1993 年 12 月 20日至 22 日，首届"潮州学国际研讨会"在香港中文大学举行，得到泰国华侨崇圣大学通力协作。② 作为该校的创办人、校董会主席的郑午楼出席大会，并在会上致辞。他说："潮州人的海外拓殖史，在客观上已成为近代和现代中国华侨史的一个重点，这也是潮州学中一个值得研究的组成部分……有关潮州全面的历史文化，无论古今，无论海内外，都值得大家作深入研究。"他指出："东南亚的华侨华人以泰国为最多，而泰国的华侨华人中潮籍人又占了 80% 以上。所以午楼希望诸位在研究潮州学时，应将更多的精力投到我们泰国来。""期望下一届的潮州学研讨会，能在泰国华侨崇圣大学举行。"此外他还谆谆告诫："一定要消除门户之见，而且事实证明，我们潮人有足够的心胸和气量来摒除门户之见。"③ 泰国是海外潮州人最主要的聚居地，泰华社会是一个以潮州人居多的多

① 饶宗颐：《潮州学在中国文化史上的重要性——何以要建立"潮州学"》，载郑良树主编：《潮州学国际研讨会论文集》，广州：暨南大学出版社，1994 年，第 10 页。

② 郑良树：《香港中文大学副校长金耀基教授欢迎辞》，载《潮州学国际研讨会论文集》，广州：暨南大学出版社，1994 年，第 1 页。

③ 郑午楼：《泰国华侨崇圣大学创办人、校董会主席郑午楼博士致辞》，载郑良树主编：《潮州学国际研讨会论文集》，广州：暨南大学出版社，1994 年，第 5 - 9 页。

元社会。如何与泰国原住民相处，始终是一个敏感的问题，尤其是在冷战时期更甚。而以潮州人为主体的泰国华人，能够与泰国各族人民和睦相处，为泰国的繁荣进步做出了重大贡献，自身也得到长足的发展，其中自然有许多值得研究的地方。郑午楼希望"将更多的精力投到我们泰国来"，要"有足够的心胸和气量来摒除门户之见"，不但指明了潮州学研究的广泛领域，也指出了研究的方法。虽然由于各种原因，潮州学研讨会至今仍未能在泰国举行，但今天重温郑午楼对潮州学研究的看法，却仍深为其精辟见解所折服，尤其是出自一位泰华领袖之口，更是难能可贵。

在郑午楼的指导下，泰国华侨崇圣大学陆续开展了有关华侨华人的研究。其中的中国文化研究所开展对华人聚居区的研究，并将研究结果编辑成书出版。泰中研究中心则出版了《泰国华侨华人史》专辑。

第六章
研究泰华社会的资料金矿
——以泰国国家图书馆馆藏华文报纸为重点

对于泰国潮州人的研究，当然必须借助各种科学方法，进行充分调查研究，广泛收集相关资料，才能在此基础上得出可靠的结论。泰国国家图书馆中收藏有自 1907 年以来的华文报纸 50 多种。该馆收藏的这批百年华文报，实际上就是研究泰国潮人社会历史文化，乃至国际"潮学"等领域的第一手原始资料，是不可多得的资料金矿。本章旨在考察该批报纸收藏的历史和现状，从"潮学"研究的角度，评介其重要的资料价值，期能引发学界重视，为"潮学"研究发挥其应有的作用。

泰国的华文报纸肇自 1903 年。[①] 一百多年来，泰国的华文报业几经跌宕，先后出现过近百种的华文报纸。目前，在泰国发行的华文报纸有六种：《星暹日报》《世界日报》《京华中原联合日报》《中华日报》《新中原报》和《亚洲日报》。泰国华文报纸主要面向当地华人，而泰国华人则以潮人为主体。因此，该等报纸实际就是潮人的报纸，无论是报社的老板、编辑、记者还是撰稿人，绝大多数是潮人、潮裔，或已经"潮化"的其他中国移民。

第一节　泰国华文报纸简述

有关泰国华文报纸的历史，谢犹荣的《泰国华文报业小史》、林风的《泰国华文报业史述略》[②] 和洪林的《泰国华文报简史》[③]《抗日时期华文报史略》[④] 等

---

① 谢犹荣：《泰国华文报业小史》，曼谷：泰国译报社，1964 年，第 1 页。

② 林风：《泰国华文报业史述略》，连载于泰国《中华日报》副刊《此时此地》，1990 年 7 月 20 日至 8 月 3 日。

③ 洪林：《泰国华文报简史》，载洪林、黎道纲主编：《泰国华侨华人研究》，香港：香港社会科学出版社有限公司，2006 年，第 643 - 672 页。

④ 洪林：《抗日时期华文报史略》，载《泰中学刊》，曼谷：泰国泰中学会，2002 年，第 158 页。

分别已有论述。泰华资深记者吴继岳（笔名珊珊）的自传《海外五十年》[1]，以自身在海外（其中大部分时间是在泰国）从事新闻工作的经历，也在一定程度上反映了泰国华文报业的历程。

从泰华报纸的发展历程看，大致可分为以下几个时期：

一、初期的报纸——革命党人和保皇党人相互争夺南洋华侨华人阵地的产物

泰华报纸的出现，与清末中国社会有着密切的关系。当时清政府腐败，招致内忧外患，帝国主义趁机瓜分中国。另外，西方的各种思潮学说、新兴的科学技术知识的涌入，打破了几千年来中国人的思想禁锢，中国人民的觉醒和民族的复兴运动正如箭在弦上，蓄势待发。中国社会无论是政治上还是经济上都在发生着重大的变化，这种正在发生的变化也影响着海外的华侨。泰华报纸正是受到这种影响而出现的。

自1903年到民国初年，除《汉境日报》外，泰国华侨社会陆续出现了几种报刊，如《美南日报》《湄南公报》《启南日报》《华暹新报》《侠报》《侨声报》《暹京日报》《联侨报》《励青报》。其所传播的言论是以中国政治局势为对象，消息则以中国各大城市和闽粤两地的故乡新闻为主。其主笔者大多为中国的人才，也有来自越南、马来亚等地的报人。

当时，国内有以孙中山先生为首的奉行三民主义的革命派和以康有为、梁启超为代表的主张君主立宪制的保皇派。"革命派和保皇派斗争最为激烈时期，双方由国内派人来泰，主持笔政，革命派的主笔计有陈景华、汪精卫、胡汉民、尤列、沈荇思、康荫田、王斧军等；保皇派则有徐勤、伍宪子等。"[2] "1906年，孙中山先生偕胡汉民到新加坡筹设宣传机构，此时革命思想播到泰国，《湄南公报》已有主张革命的论调。同一时期，康有为、梁启超为阻止孙中山先生的革命行动，也派出保皇分子到南洋，向华侨鼓吹保皇论调及组织保皇会，以与革命党抗衡。约在1906年，徐勤（君勉）奉康梁之命来泰，向《湄南公报》董事们进行游说。他原在广东主办《国是报》，是当时主要的保皇党人，《湄南公报》的董事半入其彀，该报因之再度改组。经这次改组即分歧为二穗：（1）保皇派，拥有《湄南公报》原址，并改报名为《启南日报》，伍宪子（现在香港）是该报主要负责人。（2）革命派，另行创办《华暹新报》，萧佛成任社长，仍由陈景华主笔政。"[3] 从政治立场看，当时的泰华报纸主要是革命党人和保皇党人相互争

---

① 吴继岳：《海外五十年——一个新闻工作者回忆录》，曼谷：泰国南美有限公司，1974年。

② 谢犹荣：《泰国华文报业小史》，曼谷：泰国译报社，1964年，第3页。

③ 谢犹荣：《泰国华文报业小史》，曼谷：泰国译报社，1964年，第7页。

夺南洋华侨华人阵地的产物。

二、二战前的报纸——从笔墨官司到一致抗日言论

此后至"二战"初期，泰华的主要华文报纸有《华暹新报》《中华新报》《国民日报》《华侨日报》《晨钟日报》《暹京日报》《中国报》《中原报》等。泰国于1922年颁行出版法，对报业的管制相当严厉。当时，各报都事先注册另一姐妹报纸，以防一旦遭当局查封，仍能以其名代替出版。如《国民日报》的《民国日报》，《中华日报》的《中民日报》，《华侨日报》的《华星日报》，《中国报》的《中原报》等。

中国抗战初期，文化界在泰华社会处于领导地位。一方面中文学校普遍成立，泰华文化教育相当发达；另一方面，中国沿海几个大城市相继沦陷后，华侨学生和一部分文化人纷纷南下来泰，壮大泰华文化界力量，也促使泰华社会抗日救亡运动风起云涌。其时泰华文化出现的蓬勃现象，直接影响华文报业的发展，也促使华文报业的进步。例如，各地青年和学校学生组织的读书会及各种文艺学社，几乎在各日报上都有寄刊，而各报所出版的杂志式周刊，更大量地容纳了青年作家优秀的作品。

此时期的华文报纸，初时彼此曾展开尖锐、持久且话题广泛的笔战，立场各有不同。"积年累月的笔墨官司，大而至于报馆对报馆（由笔战打到法庭的如庸医案），小而至于编辑的笔枪墨炮（如老尖和老丁的论战），还有读者作家的论点几乎天天有战事，不过读者作家的论点是在讨论学术问题，并不像对立的报馆在闹意气，而报纸笔战以此一时期为最多，也最精彩，无形中促使文化教育趋向进步，报纸本身也有了改进。"①

1931年的"九一八"沈阳事变及次年的"一·二八"上海事变之后，各报的立场遂趋同于中国国内的报纸，不断揭露敌方的侵略阴谋，唤起侨胞的抗战情绪，言论相当激烈。1937年"七七"事变后，中国开始全面抗战，自是泰华报纸在新闻和言论上，几乎全是抗战一类的文字。泰华报纸界还曾会同泰文报纸，共同派记者到中国，进行战地采访，并在泰国的报纸上作报道。

此时期无论是泰华报界本身或是中国当局，都将泰国华文报纸当成是中国的媒体。1938年南京中山文化教育馆曾因《华侨日报》"两年来努力改进，其销数广大，内容充实，足与国内的大报并驾齐驱"②，遂将其选为全国十二大报之一。1939年，国民党中央执行委员会特给该报颁发奖状，称"该报自成立以来，言论正确，内容充实，宣传革命，卓著成效，抗战以还，阐扬国策，倡率誉论，领

---

① 谢犹荣：《泰国华文报业小史》，曼谷：泰国译报社，1964年，第18页。
② 谢犹荣：《泰国华文报业小史》，曼谷：泰国译报社，1964年，第42页。

导海外侨胞，加强抗战力量，热诚毅力，尤堪嘉尚"。①

华文报纸的抗日言论，与当时的泰国政府的立场大相径庭，引起了泰国当局的注意。最终导致 1939 年 7 月下旬泰华报业遭受查封、停刊的空前厄运。

三、抗战期间的泰华报纸——秘密出版的"地下报"

1939 年，除《中原报》外，泰华报纸均被当局查封。抗日青年秘密出版小型报纸，称为"地下报"。这些报纸在日军盘踞泰国的第一年起即开始发行。最初发行的有《真话报》（丘及为主干）。以后陆续秘密出版的有《反攻报》（陈英瑾、许复初为主干）、《同声报》（罗汉、谢吼等为主干）、《警报》（黄绿峰为主干）、《青年报》（王甦为主干）、《建国报》（属《反攻报》）、《中国人报》（蓝东海为主干）、《重庆报》（周秀兰为主干）。这些报纸或为 8 开 2 版，或为 16 开 4 版。1944 年 8 月 15 日，日本宣布投降，曼谷各处发现大量地下报。地下报的内容，大抵为讨论国共问题、"九二一"耀华力路事件②的报道及评论，以及国内报纸的重要论文等。

当时日报尚未正式开禁出版，信息欠缺导致华侨社会陷于紊乱与不安状态。华侨对时事的关心，使地下报成为争相传诵的读物。随后，各种日报相继出版，地下报才逐渐停刊。

四、战后的华文报纸——从蓬勃发展到右派言论畅行

从 1945 年至 1964 年的 20 年间，泰华社会曾出现了 20 多种日报。

日本投降后，泰国华侨人心振奋，关心时事的民众大增，报纸销路畅旺。其时泰国当局对华文报的限制已不如以前那么严厉，部分在战时暴富的商人，乐意出钱帮助文化事业，组织新报社，发行新报纸，因而办报风气大盛。

此时期的报纸成为展开思想斗争的工具，其立场非左即右，中立的报纸反而两头不讨好。但无论其立场是左是右，都只是针对中国国内而言，一般都不介入泰国国内政治斗争。

1950 年以后，报纸竞争更加激烈，报纸发展成为企业化。各报的组织更求完备，更注重对编辑与撰稿人才的延揽，其他设备也更加完善，逐渐发展成为现代报社的规模，形成了《星暹日报》《世界日报》《京华日报》和《中华日报》四大报纸共存的局面。

朝鲜战争爆发后，泰国追随美国立场，执行反共政策，于 1952 年末，将原

① 谢犹荣：《泰国华文报业小史》，曼谷：泰国译报社，1964 年，第 47 页。
② 指 1945 年 9 月 21 日发生在曼谷耀华力路的流血事件。

有的《防共条例》加以增修、加强，重新颁布。同时下令将出版了八年，一向立场鲜明的"左派"华文报《全民报》及出版不到一年的《南辰报》永远停刊，并将该报负责人拘捕入狱。自此之后，"左倾"的华文报纸在很长的一段时间内消失了。

1957 年 11 月，泰国以乃沙立·他纳叻为首的军人集团发动政变，上台执政，宣布全国进入戒严时期，并解散国会，取消宪法，推行排华政策。1958 年 10 月 20 日查封了《中原报》《光华报》《体育周报》等，并下令逮捕李其雄、方修畅、吴继岳、云威川、周业、吴鹤川等人。这次牵涉面极广，除华文报有关人员外，尚有被列为嫌疑分子的政治家、华侨商人等。华文报业再次受到严重的冲击。

五、20 世纪 70 年代以后的华文报纸——相互竞争新局面

1970 年 3 月 30 日创刊的《东南日报》，打破了四大报纸共存的格局。该报采取与其他四大报纸的保守立场不同的姿态，较多地刊登中国的消息，获得读者的关注和支持。如率先报道联合国大会以压倒多数的票数，恢复中华人民共和国的合法席位等，在泰华社会引起相当热烈的反应。

1975 年中泰建交后，泰国华文报纸出现了新的局面。各种报纸相互竞争，曾先后出现了《光华报》（《华光报》）《新虎报》《泰华报》《联合日报》《泰中日报》《曼谷日报》《工商日报》《泰商日报》等，成为泰华报纸业的一个蓬勃发展时期。

1976 年 9 月，因泰国政局变化，《新中原报》《中华日报》和《东南日报》被勒令停刊。后来，一些华文报纸相继获得复刊。但在 20 世纪 70 年代后期，泰国实际上只存在五大华文报纸，即《星暹日报》《京华日报》《中华日报》《世界日报》和《新中原日报》。

各报的版面设计、编排方式均有了极大的进步。张数增加，容量扩大，设有新闻（中国、世界、泰国）、小说（特别是武侠小说）、体育、娱乐、健康、经贸、证券行情等专版，并有大量的广告；增设了许多副刊，如《星暹日报》的《泰中学刊》《泰国侨史》，《世界日报》的《黄金地》《文艺》，《亚洲日报》的《泰国研究》，《新中原报》的《大众文艺》及《中华日报》的《此时此地》等等。后来，又采用彩印等方式，吸引读者。侨团版反映泰华各界的活动情况，成为了解泰华社会的一个重要窗口。

20 世纪 80 年代开始，各报逐渐增加对中国，特别是侨乡建设的报道。

自 20 世纪 90 年代以来，泰国的华文报纸一直保持有六家，分别是《星暹日报》《世界日报》《京华中原联合日报》《中华日报》《新中原报》和《亚洲日报》。近年，《世界日报》《星暹日报》等已有电子版。

有关泰国华文报纸的情况参阅本章附表1。

第二节　泰国国家图书馆馆藏的华文报纸

就潮人在泰国的研究而言，尚有许多领域有待开发，而文献的收集与研究是一个尤为值得重视的问题。泰国国家图书馆收藏的华文报纸，正好为我们研究泰国潮人提供了丰富的第一手资料，应当引起有关专家学者、社会各界热心人士的重视，使其发挥应有的作用。

一、1972年整理的泰国国家图书馆所藏华文报纸

根据泰国国家的法令，各种出版物在出版的同时，必须有一定的数量免费送至泰国国家图书馆存档。因此，泰国国家图书馆中保留有各种各样的出版物，其中就有一批华文报刊。至20世纪70年代初，该馆所收藏的华文报，已累积超过半个世纪而未受妥善保存，长期处于被弃置而不顾的状态，随时有风化毁损、虫蛀蚁蚀的危险。以前由于意识形态的原因，泰华有识之士虽感心痛却未敢言及。

1972年，国际形势发生变化，尼克松访华，并最终促成中美于1979年1月1日正式建立外交关系。随后，泰国与中国的关系逐渐趋向友好。在泰国国内，曾一度严厉实行的反共政策，已开始有所松动。

泰华一些有识之士认为应该抓住这一机遇，对泰国国家图书馆所收藏的华文报纸进行整理保护。为此，泰华文化闻人谢犹荣先生提出了一个整理计划："主要是按版面依时间先后装订成册，而且各家报纸分开装订，然后造书架放置。"整个预算约需泰币约20万铢。[①] 这在当时是一笔不菲的钱额。

之后，谢犹荣约请纪宏良、纪云程和林长茂等人一起前往拜会时任泰国潮州会馆主席的苏君谦先生，向他言明泰国国家图书馆中所藏的华文报纸的价值以及堪虞的现状，并请他出面筹资支持整理计划。苏君谦主席即刻答应支持。

谢犹荣又与林长茂等人一起前往泰国国家图书馆拜会该馆馆长坤仁明玛·差哇立，向她表明来意并送上意向函。"她当然大喜过望，一口答应。本来是图书馆的任务，却有人代劳，那是百分之百的好事。"[②] 此外，还向泰国艺术厅厅长报告，并征得其同意。

1972年8月，"潮州会馆等八属首长常月聚餐会及潮属首长常月聚餐会磋商

---

① 林长茂：《泰华一代名学者——谢犹荣先生》，载《泰中学刊》，曼谷：泰国泰中学会，1999年，第78页。

② 林长茂：《泰华一代名学者——谢犹荣先生》，载《泰中学刊》，曼谷：泰国泰中学会，1999年，第78页。

结果，各位首长认为此项工作，与我侨史实有关，必须促其实施，于是组织'协助泰国国家图书馆整理华文报纸委员会'"①。委员会名单如下：

协助泰国国家图书馆整理华文报纸委员会名单

主任委员	苏君谦
副主任委员	张亦铮
秘书	谢犹荣
总务	纪宏良
财政	王毅
稽核	杨锦忠
委员	黄云快
委员	伍励民
委员	林来荣
委员	蔡栖虹
委员	陈广深

又敦请郑午楼、陈弼臣、张卓如等为该委员会名誉赞助人。

整理华文报纸的计划"获得各公会、殷商巨贾和热心中泰文教事业人士，赞助此项工作之经费共十七万一千五百铢"②。

谢犹荣自始至终具体负责此项工作，聘请黄魂夜校的学生经过三个多月的努力，将该馆所藏的华文报纸整理装订成册，共计1 500本，于1972年12月26日将其移交泰国国家图书馆保存。当时还举行了颇为隆重的移交仪式。③至此，收藏于泰国国家图书馆几十年的华文报纸第一次得到整理。这批华文报纸，终于有了一个比较好的保存环境。

经此次整理后，收藏在泰国国家图书馆中的华文报纸种类及数量，谢犹荣先生与潮州会馆均有记录，但两者不尽一致，参见本章附表2、3。

---

① 佚名：《整理华文旧报刊委员会昨天向艺术厅移交一批整理完成报刊》，（泰国）《中华日报》，1972年12月27日，又见佚名：《四十年来的泰国潮州会馆·整理旧华文报纸》，载《泰国潮州会馆成立四十周年暨新馆落成揭幕纪念特刊》，曼谷：泰国潮州会馆，1979年，第3页。两者均载杨锦忠为稽核。林长茂在《泰华一代名学者——谢犹荣先生》一文中将杨锦忠误植为委员。

② 佚名：《整理华文旧报刊委员会昨天向艺术厅移交一批整理完成报刊》，（泰国）《中华日报》，1972年12月27日。

③ 佚名：《整理华文旧报刊委员会昨天向艺术厅移交一批整理完成报刊》，（泰国）《中华日报》，1972年12月27日。《泰国潮州会馆成立四十五周年纪念特刊》中所载只有1 128本。

二、目前泰国国家图书馆所藏华文报纸

1972 年整理工作完毕后，尚结余泰币四万铢。"整理委员会因获悉图书馆当局有微卷资料室的设计，准备把全部整理好的华文报纸摄入非林'迈可非林'以便永久保全，因此决定把这笔存款捐献，作为购买非林之用。"① 但不知何故，该批报纸一直躺在当年购置的架上，并没有做进一步的处理。

1999 年关瑞发访问该馆后，曾在《曼谷国家图书馆现存早期泰国华文报章》② 一文中对这批华文报刊作过介绍，参阅本章附表 4。2008 年，笔者曾委托泰国王侨生先生到该馆了解其收藏华文报纸的情况。据在该馆工作逾 30 年的郑仕仁先生介绍，他祖籍潮阳沙陇村，泰文名素提·郑差威列耶他威信，是该馆唯一的懂华文者。当年，他作为黄魂夜校的学生，参加该批报纸的整理，之后被聘留在该馆工作。1976 年，郑仕仁正式加入该馆，负责看管这批报纸的工作，并将每天出版的新增华文报刊收集装订成册上架。据了解，泰国国家图书馆所藏的华文报刊共有 53 种，收藏时间自 1907 年开始至今。据郑先生介绍，保存在该馆的华文报纸的数量和种类，除现在正在发行的六份华文报纸的数量有所增加，以及部分早期报纸逐渐风化损坏外，其他仍与当年关瑞发所言相差无几。但早期的旧报纸已几近风化毁坏，稍加翻动，即有损坏的危险，前景堪忧。

三、泰国国家图书馆馆藏华文报纸的史料价值

在中国以外的国家和地区，能有如此多种类的华文报刊得以发行，延续发行时间这么长，并且能够将如此多的报纸保存下来，除了泰国，恐无出其右。

关于泰国国家图书馆馆藏华文报纸的史料价值，当年的整理缘起中说："窃思此等旧报纸，无异乃反映时代的一面镜子。其价值不仅在记录近代华侨社会人事之迁流、工商百业之发展，亦不限于反映我侨生息其间之泰国政治、经济、社会、文化各方面之沿革。其尤重要者，为此等原始资料，足以供给吾人查考近代华侨社会活动及其发展之史实，倘若加以整理，或进而编制史料，引得分类目录及大事表等，即可成为学人对华侨问题乃至亚洲问题，作专研深究之宝筏，于学术尤有巨大之贡献。"③

当年参加过整理工作的泰华学者林长茂先生认为："这批旧报纸反映了近百

---

① 佚名：《肩负历史文化神圣任务》，（泰国）《中华日报》，1972 年 12 月 27 日。非林，英文 film 译音，即胶卷。

② 关瑞发：《曼谷国家图书馆现存早期泰国华文报章》，载《泰中学刊》，曼谷：泰国泰中学会，2000 年，第 62 – 70 页。

③ 佚名：《协助泰国国家图书馆整理华文旧报纸缘起》，（泰国）《中华日报》，1972 年 12 月 27 日。

年间大时代的事物：有国际性的、有中国国内的、有泰国的、有泰国华人社会的。其事物类别则有举凡政治、经济、社会、文化、教育等均具备不缺。这些所反映事物均是历史的第一手资料。虽然所反映的关于国际性、中国国内和泰国的，可以不依靠这批史料，因为另有其他史料可供应用。唯独反映泰国华侨社会的各类事物，则非靠此批史料不可。依靠这批史料将来可以方便而确切无误地研究泰国华人历史、泰国华人社会史、泰国华人经济史、泰国华人社团史和文化史等。倘缺少这批史料，则泰国华人社会各类史书将从何写起呢？"①

上述所引，已将这批报纸的史料价值，阐述得相当得当。应当指出的是，泰国华人的主体是潮人，泰国华人的社会史、经济史、社团史和文化史等，几可等同于泰国潮人的社会史、经济史、社团史和文化史。因此，该馆收藏的这批百年华文报，实际就是研究泰国潮人社会历史文化等的第一手原始资料。泰国潮人是世界潮人的重要组成部分，除潮汕本土潮人之外，泰国潮人居世界之最。泰国潮人的社会历史文化乃构成国际"潮学"研究不可或缺的部分。

因此，对于国际"潮学"来说，对这批报纸的发掘和研究，除了上述所言及者外，还可以着重提示以下方面：

（1）泰国华文报业的发展及沿革。泰国华文报纸肇自 1903 年，前后有 84 种之多。② 而该馆所藏华文报纸，始于 1907 年，至今已届百年，种类达 50 多种，其中包括了各个时期的主要华文报纸。可以说，这批报纸基本上是泰国华文报纸自开始至今的记录。泰国华文报纸主要面向当地华人，而泰国华人，乃以潮人为主体。因此，该等报纸实际就是潮人的报纸，无论是报社的老板、编辑、记者和撰稿人，绝大多数是潮人、潮裔，或已经"潮化"的其他中国移民。通过这批报纸，自然可知整个泰国华文报业的发展轨迹，即潮人在泰国的办报历程。

（2）泰国潮人社会的衍变过程。从报纸上华人社团、公司、各阶层人物的活动，也可以看出各个时期潮人社会中人口、社区、就业、经济实力的变化情况，进而窥见整个泰国华人社会的全貌。如泰国早期华文报纸的创办人与从业人员多是广府人士，后来逐渐变成以潮人为主，本身就从一个侧面上反映出泰国华人社会的变迁。

（3）泰国潮人社会的习俗及其变化。潮人从中国南渡来泰，在保持自己独特的风俗习惯的同时，也与当地的风俗习惯互相交融，形成了泰华社会的特色。这在泰国华文报纸中的体现，俯拾即是。

例如，1972 年 12 月 28 日的泰国《世界日报》第 6 版载：泰国刁氏宗亲会理事长"刁林泉先生之令慈郑太孺人前天家奠后出殡安葬亲友致祭执绋者甚

① 林长茂：《泰华一代名学者——谢犹荣先生》，载《泰中学刊》，曼谷：泰国泰中学会，1999 年，第 78 页。

② 洪林：《泰国华文报简史》，载洪林、黎道纲：《泰国华侨华人研究》，香港：香港社会科学出版社有限公司，2006 年，第 659－663 页。

众"。其中写道："经于日前（26 日）如期假越迪佛寺举行首七家奠，是日莅临丧场致奠者：有泰国长官……侨团首长……暨刁府诸亲世谊，共五百余人。是日奠仪：由泰京荣兴互助社福利股典礼组莅场负责司仪，举行公祭者：有泰京荣兴互助社举行古色古香之三献礼，旅暹潮阳同乡会、道德善堂、崇德善堂、万磅复兴公学、泰国刁氏宗亲会等六单位，仪式庄严肃穆隆重。同日下午一时，发引出殡万佛岁义和山庄安葬。参加执绋之亲友，白马素车，排成长龙，为况备极哀荣。"

其时，正逢泰国国王举行册封王储大典，该报刊登了不少侨团、华人公司和知名人士祝贺广告。是日该报尚有关于泰国华人社团送旧岁迎新年，举行聚餐联欢；华侨报德善堂暨侨团报社救灾机构举行救灾会议；华裔青年婚礼等消息。泰华社会的婚丧喜庆礼仪习俗及有泰华社团的活动，从中已可略见一斑。

由于近百年来，中国历经多次变革，原有许多习俗或多或少已经改变。而泰国的潮州人从潮汕本土带去的习俗，在泰国的特殊环境中，反而得到相当完整的保存。礼失而求诸野，研究泰国潮州人的风俗习惯，对于潮汕侨乡风俗的研究和传承，无疑意义重大。另一方面，研究这些风俗习惯在泰国的变化，也可以了解潮人在泰国的融入过程。

（4）中国对泰国潮人社会的影响，以及泰国潮州人对中国的态度。泰国的潮州人与祖籍国息息相关，中国国内的一举一动，都是泰华报纸关注的对象，特别是来自泰国潮人故乡的消息，更能吸引读者。因此，泰国的华文报纸不少都辟有专栏刊登中国国内的消息，有些还专门开辟侨乡专版。如创办于 1911 年的《中华民报》，一开始就辟有国内要闻（专电）、潮梅新闻等。"二战"时期，《华侨日报》曾邀请同情中国抗战的《泰迈报》《民族报》和《民众报》三家泰文报纸共同派战地记者到抗战前线采访报道。"泰华的文化命脉，无论如何，它总是中华祖国文化的旁支与延续。所以你按按它的脉搏，无不扣紧着祖国的呼吸。在辛亥革命之前，它反映着保皇党与同盟会的对立，民国建立后迄于北伐，它反映着侨民对军阀割据的深恶痛绝。北伐军兴，泰华社会思想界也起了巨大的波动。嗣后宁汉分裂，及至清党，再发展至中日战争，于是泛起救亡运动的热潮，我们都可以从泰华报纸上得到名实的反映。"[1] 此后的抗日战争、解放战争，以及中华人民共和国成立后各时期时局的变化等，无不在泰华报纸上有所反映。其他如文化交流（特别是潮剧到泰国的演出）、人员与经贸往来等，也可在泰华报纸上找到痕迹。

（5）泰国潮人社会与周边国家和地区的华人之间的相互交流。长期以来，泰国的潮州人与周边国家和地区一直在进行着密切的交流，有着频密的往来。南洋各地的情况，也是泰国华文报纸报道的内容之一。《中华民报》《国民日报》

---

① 翁寒光：《翁序》，见谢犹荣：《泰华报业小史》，曼谷：泰国译报社，1964 年，第 4 页。

等就设专版报道南洋新闻。从当年的报纸中，还可知泰国潮州会馆等华人社团，与新加坡、马来西亚、印度尼西亚、越南、中国香港等地的华人开展羽毛球、篮球、象棋、灯谜等比赛，以及参加国际潮团联谊大会等活动的情况，这些原始材料，对于研究泰华社会与南洋各地的华人社会的交流弥足珍贵。

四、泰国国家图书馆所藏华文报纸的保护和利用

虽然该批华文报纸收藏于泰国国家图书馆，但长期处于简陋的环境中，以至于存在着如何保护和利用的问题，主要是：

（1）存放设施长期简陋。1972 年，对泰国国家图书馆所藏的华文旧报纸的整理，使该馆所藏的这批报纸有了较好的栖身之处。此举，谢犹荣和苏君谦等人和潮州会馆等社团功不可没。但当年只是将报纸装订成册，置于架上。原来打算制成微型胶卷的计划后来也不了了之。报纸长期简陋置放，而没有进一步的保护措施，使早年的报纸面临自然风化灭失之灾。

（2）缺少研究利用。由于该批报纸藏于泰国国家图书馆，时至今天，除了少数对此有所认识，且有条件到该馆进行研究的学者之外，这批报纸仍是藏于深山少人知。限于条件，泰国本身的研究者不多，泰国以外的有关人士又难窥其庐山真面目，从而大大限制了该批华文报纸利用价值。有如一座深藏的富金矿，而未为人识，殊为可惜。

保护的目的是利用。当年泰华有识之士希望这批报纸"成为学人对华侨问题乃至亚洲问题，作专研深究之宝筏，于学术尤有巨大之贡献"。[1] 如果该批华文报纸仅仅继续躺在泰国国家图书馆，当年先贤们为之努力的前功将尽弃，殊为可惜。

2015 年，笔者访问泰国华侨崇圣大学，得知该校正利用现代科学技术对该馆收藏华文报纸进行扫描，作数字化整理保存。此举对于保存和利用该批华文报纸，让其为全世界学者所共享，供更多的有关人士了解和研究，为"潮学"研究发挥其应有的作用，促进泰国华侨华人研究的深入开展，意义重大。

---

① 佚名：《协助泰国国家图书馆整理华文旧报纸缘起》，（泰国）《中华日报》，1972 年 12 月 27 日。

附　表

表 1　泰国华文报纸一览表

报纸名称	创刊时间	停刊时间	负责人	备注
汉境日报	1903 年	不详		
美南公报	1906 年	同年	社长：陈景华	
湄南日报	1906 年	1907 年	社长：萧佛成	
启南日报	1907 年	1911 年		
华暹新报	1907 年	1930 年	社长：萧佛成	
同侨报	1909 年	1911 年	社长：尤烈	
中华民报	1911 年	1939 年 10 月	社长：刘锡铭	
天汉公报	1911 年	1918 年	社长：蔡俊卿	
侠报	1918 年	1922 年	社长：区灵侠	
侨声报	1922 年	1926 年 2 月	社长：谭振三	
暹京日报	1923 年	1924 年	社长：林铭三	
新华日报	1923 年	不及一年		
联侨报	1925 年	1930 年	社长：许超然	
励青日报	1926 年	1927 年	社长：郑省一	
国民日报	1927 年	1932 年	社长：吴碧岩	
华侨日报	1928 年 9 月 24 日	1939 年 8 月 1 日	社长：熊幼霖	
	1946 年 4 月 1 日复办	1952 年春	主要负责人：李慕逸	
晨钟日报	1930 年 2 月 24 日	1935 年 3 月 25 日	社长：陈暑木	
民国日报	1932 年	1937 年	社长：吴碧岩	
曼谷日报	1932 年	1939 年	社长：吴碧岩	
华星日报	1933 年 6 月 23 日	1939 年 8 月 1 日		
华声日报	1933 年	1939 年 8 月 1 日		
中南日报	1934 年	1935 年 3 月 25 日		
中民日报	1935 年	1939 年		
民众日报	1936 年 10 月 23 日	1937 年	社长：沈锐	
暹京日报	1937 年 11 月 1 日	1938 年 9 月	社长：李一新	
中国报	1938 年 9 月 30 日	1939 年 8 月 1 日	社长：李其雄	
中原报	1938 年	1958 年	社长：陈恒奎、李其雄	

（续上表）

报纸名称	创刊时间	停刊时间	负责人	备注
新时报	1938 年 12 月 26 日	1939 年 7 月	复办时负责人：李一新	
	1946 年 7 月 1 日复办	1946 年 8 月 20 日		
真话报	1942 年 7 月 25 日	1949 年 3 月		1946 年 7 月 25 日改为周刊
泰华商报	1943 年	1946 年 4 月	社长：李一新	
中国人报	1945 年	1946 年	社长：陈春发	
文化报	1945 年	出版后不久	创办人：刘子藩	
全民报	1945 年 10 月 10 日	1952 年 12 月 23 日	社长：刘泽民	
光华报	1945 年 10 月 10 日	1958 年 10 月 20 日	社长：李子英	
	1974 年 10 月 30 日复刊	同年	社长：杜汉忠	
	1980 年再次复刊	出版后不久	主要负责人：黄志岩	
南声报	1945 年 11 月 10 日	1946 年	社长：熊朗川	
公言报	1945 年	出版后不久	创办人：陈少萍	
大众报	1945 年 6 月	出版三期后	主编：谢光	
中华报	1946 年 1 月 1 日	1946 年 7 月	社长：刘栋臣	
民声日报	1946 年 1 月 1 日	1947 年末	社长：罗鸿恩	
新中国报	1946 年 4 月 15 日	1947 年底	社长：张兰臣	主编先后有：谢犹荣、张亦铮、莫树三、黄病佛、黄了逸
正言日报	1946 年 1 月 1 日	1948 年 11 月	社长：彭敬龙	
民主新闻	1946 年 5 月	1953 年	社长：卢静子	先后为二周刊、日报、周刊、月刊
刚峰报	1947 年 11 月	1949 年	创办人：林松	初为周刊，1949 年改为日报

报纸名称	创刊时间	停刊时间	负责人	备注
曼谷商报	1947 年 4 月 1 日	1948 年 6 月 25 日	社长：许元雄	
人文报	1947 年 12 月 1 日	1948 年	社长：汪了侬	
新报	1948 年 5 月	不详	创办人：林鹰	
知行导报	1946 年	1950 年	社长：谢维藩	
虎报	1961 年	1965 年	创办人：林树唐	原为二周报，1965 年改为日报
泰京报	1962 年	不详	主办人：姚树德	
南强报	1964 年 4 月	不详	主办人：姚树德	
商报	1962 年	出版后数月	创办人：黄巧銮	
东南日报	1970 年 3 月 30 日	1976 年	社长：翁见石	
新虎报	1974 年元旦	1976 年被封	社长：马灿鹏	
新中原报	1974 年 6 月 18 日	1976 年被查封	社长先后为：李其雄、孙展飞、林薇、李行	
	1978 年复办至今		林宏（至今）	
联合日报	1975 年 5 月 1 日	1976 年被查封	社长：姚树德	
	1977 年 11 月	1978 年 12 月		
	1980 年 5 月 1 日改组	1983 年	总经理：丘陶洁	
曼谷日报	1976 年 10 月	1977 年		
泰华报	1976 年	同年被查封	社长：李孝嘉	
	1978 年 6 月 22 日	1979 年 10 月		
泰商日报	1977 年 7 月 21 日	1985 年 8 月	社长：陈亦明	
泰中日报	1978 年 2 月 16 日	1984 年	社长：马灿鹏	
华光报	1978 年 10 月	1980 年		
社会日报	1948 年 1 月 1 日	1950 年	创办人：黄病佛	
工商报	1948 年	不详	创办人：邱顺贵等	
曼谷公报	1950 年	同年年底	社长：黄民魂	

（续上表）

报纸名称	创刊时间	停刊时间	负责人	备注
星暹日报	1950 年 1 月 1 日		社长先后为：胡蛟，李益森（至今）	
铁报	1950 年	不详	主要负责人：潘法仁	
南辰报	1951 年 9 月 1953 年 1 月 20 日	1952 年 同月 24 日被查封	主要负责人：陈柯新等	《全民报》姐妹报
民主日报	1951 年 5 月 5 日	1953 年 8 月	主要负责人：钟仁钧	
新报	1952 年	1958 年	社长：陈纯	初为周报，后为三日报，1953 年改为日报
世界日报	1955 年 7 月 26 日		社长先后为：姚文莉、饶迪华、赵玉明，黄根和（至今）	
中国日报	1956 年 1 月 12 日	不详	创办人、社长：李运鹏	初为周报，同年 10 月改为日报，
京华日报	1959 年 1 月 29 日		社长先后为：林志昂、吴金城	1984 年 7 月 1 日与《中原报》合并为《京华中原联合日报》
中华日报	1960 年 3 月 16 日		社长先后为：陈纯、陈正（至今）	前身为《新报》
中原日报	1981 年 6 月 3 日	1984 年 7 月 15 日	社长：纪金辉	
工商日报	1983 年 7 月 1 日	20 世纪 80 年代	社长：林宏	

（续上表）

报纸名称	创刊时间	停刊时间	负责人	备注
京华中原联合日报	1984 年 7 月 16 日		社长：陈松亮，1996 年后为吴金城（至今）	
经济日报	1990 年 11 月	1992 年 5 月 15 日	社长：陈映萍	
华商日报	1993 年 11 月	仅 5 个半月	社长：吴汉光	
亚洲日报	1993 年 8 月 28 日		社长：陈荣泉，后为陈川、李光隆（至今）	2002 年改组后陈荣泉重任社长
曼谷时报	1996 年	2001 年	社长兼总编辑：胡冷才	
	转让后复刊		社长：吴诚	
公论报	2002 年 11 月 28 日		社长兼总编辑：胡冷才	逢周四出版

资料来源：洪林：《泰国华文报简史》，见洪林、黎道纲主编：《泰国华侨华人研究》，香港：香港社会科学出版社有限公司，2006 年，第 643 - 672 页。

表 2　泰国国家图书馆所藏华文报刊年表

序号	名称	创刊年份	图书馆藏本年份
1	汉境日报	1903 年	无
2	美南日报	1906	无
3	湄南公报	1906	无
4	启南日报	1907	无
5	华暹新报	1907 年	1922 年至 1930 年
6	同侨报	1909 年	无
7	中华民报	1911 年	1923 年至 1939 年
8	天汉公报	1911 年	1917 年至 1918 年
9	侠报	1918 年	无
10	侨声报	1922 年	1923 年至 1926 年
11	暹京日报	1923 年	1923 年至 1924 年
12	联侨报	1925 年	1925 年至 1928 年
13	励青日报	1926 年	1927 年
14	国民日报	1927 年	1927 年至 1932 年
15	民国日报	1932 年	1932 年至 1937 年
16	曼谷日报	1932 年	1932 年至 1939 年
17	华侨日报	1928 年	1928 年至 1939 年
18	晨钟日报	1930 年	1930 年至 1935 年
19	民众日报	1936 年	1936 年
20	暹京时报	1937 年	1937 年至 1939 年
21	中国报	1938 年	1938 年至 1939 年
22	中原报	1938 年	1938 年至 1958 年
23	泰华商报	1943 年	1943 年至 1945 年
24	中国人报	1945 年	1945 年至 1946 年
25	光华报	1945 年	1945 年至 1958 年
26	全民报	1945 年	1945 年至 1952 年
27	南声报	1945 年	1945 年至 1946 年
28	民声日报	1946 年	1946 年至 1947 年
29	正言日报	1946 年	1946 年至 1949 年
30	华侨日报（新）	1946 年	1946 年至 1951 年

（续上表）

序号	名称	创刊年份	图书馆藏本年份
31	新中国报	1946 年	1946 年至 1947 年
32	民主新闻	1946 年	1946 年至 1950 年
33	曼谷商报	1947 年	1947 年至 1948 年
34	知行导报	1946 年	1946 年至 1949 年
35	五会日报	1948 年	1948 年
36	曼谷公报	1949 年	1949 年
37	星暹日报	1950 年	1950 年至 1972 年
38	民主日报	1951 年	1951 年至 1953 年
39	世界日报	1955 年	1955 年至 1972 年
40	京华日报	1959 年	1964 年至 1965 年
41	中华日报	1960 年	
42	东南日报	1970 年	
43	泰京报	1962 年	1962 年至 1972 年
44	南强报	1964 年	1966 年至 1972 年
45	图书新闻	1947 年	1947 年至 1950 年
46	舞台周报	1957 年	1961 年至 1965 年
47	华侨周报	1959 年	1962 年至 1964 年
48	华风报	1960 年	1961 年至 1965 年
49	虎报	1961 年	1964 年至 1965 年
50	华商报	1954 年	1955 年至 1957 年
51	曼谷周报	1959 年	1962 年至 1964 年

附注：原载《中华日报》1972 年 12 月 26 日。原文年份用民国纪年，此处改为公元纪年。各报刊创刊年份根据谢犹荣《泰华报业小史》。

表3　泰国国家图书馆所藏华文报刊年表

（泰国潮州会馆，1972年）

序号	报刊名称	本数	序号	报刊名称	本数
1	华暹新报	69	27	曼谷公报	3
2	中华民报	191	28	知行导报	3
3	天汉公报	2	29	星暹日报	122
4	侨声报	16	30	世界日报	56
5	暹京日报	8	31	京华日报	29
6	联侨报	26	32	社会日报	1
7	励青日报	10	33	新潮报	1
8	国民日报	61	34	民主新闻	4
9	华侨日报	136	35	民主日报	13
10	晨钟日报	51	36	虎报	5
11	民国日报	61	37	中国周报	11
12	曼谷日报	16	38	华侨周报	3
13	中国报	7	39	曼谷商报	2
14	中原报	67	40	曼谷周报	2
15	泰华商报	6	41	曼谷风	1
16	正言日报	3	42	光华周报	2
17	南声报	1	43	民主导报	1
18	光华报	35	44	中华日报	6
19	全民报	23	45	图书新闻	2
20	暹京时报	5	46	舞台周报	2
21	民众日报	1	47	良友周报	2
22	中国人报	2	48	联友画报	2
23	华商报	3	49	泰京报	26
24	民声日报	2	50	南强报	16
25	新时代	2	51	中央日报	5
26	新中国报	4			

　　资料来源：佚名：《协助泰国国家图书馆整理华文旧报纸》，见《泰国潮州会馆成立四十五周年纪念特刊》，曼谷：泰国潮州会馆，1983年，第47－50页。

表4　泰国国家图书馆装订成册的旧华文报纸
（至 1999 年底）

序号	报章名称	装订起始时间	现存册数	备注
1	京华日报	1963 年 4 月至 1966 年 4 月	192	缺：1967 年（全年） 1968 年（全年） 1969 年（全年） 1970 年 5 月至 10 月 1972 年 5 月 1973 年 11 月 1974 年 1 月—4 月
2	新虎报（日报、周报）	1974 年 1 月至 1976 年 10 月	183	缺：1974 年 9 月至 10 月
3	南强报（三日报/周报，不定日出版）	1966 年 1 月至 1975 年 4 月 1983 年 1 月至 1983 年 6 月	13	缺：1976 年、1977 年、1978 年、1979 年、1980 年、1981 年、1982 年（均缺全年）
4	中华日报	1971 年 7 月至今	158	
5	民国日报 国民日报 曼谷日报 （三报是"姐妹报"）	1932 年 7 月至 1939 年 7 月	61	缺：1934 年 4 月 1935 年 4 月 1937 年 4 月至 12 月 1938 年 1 月至 6 月 1938 年 10 月至 12 月 1939 年 2 月至 3 月
6	泰华报	1976 年 4 月至 1980 年 12 月	19	缺：1976 年 11 月至 12 月 1977 年（全年） 1978 年 1 月至 5 月
7	泰商日报	1977 年 7 月至 1984 年 8 月	81	缺：1984 年 6 月
8	亚洲日报	1993 年 8 月至今	33	
9	泰中日报	1978 年 1 月至 1983 年 4 月	26	缺：1981 年 1 月至 2 月

序号	报章名称	装订起始时间	现存册数	备注
10	中原日报	1981 年 6 月 至 1984 年 7 月	38	
11	京华中原 联合日报	1984 年 7 月至今	123	
12	工商日报	1983 年 7 月 至 1985 年 7 月	25	
13	泰京报 （周报）	1962 年 1 月 至 1976 年 10 月	30	缺：1964 年 7 月 1965 年 1 月至 5 月 1966 年 1 月至 2 月
14	曼谷周报	1961 年 8 月 至 1975 年 9 月	4	缺：1975 年 10 月至 12 月
15	曼谷新闻 （周报）	1965 年 10 月 至 1971 年 9 月	7	缺：1968 年、1970 年 （均缺全年）
16	曼谷风 （周报）	1963 年 9 月 至 1966 年 9 月	4	
17	华侨周报	1962 年 1 月 至 1971 年 1 月	7	缺：1969 年 1 月、12 月
18	华风周报（1964 年 10 月改为二日 刊）	1961 年 1 月 至 1964 年 9 月 1964 年 10 月 至 1965 年 7 月	33	缺：1962 年（全年）
19	虎报（二日报）	1964 年 3 月 至 1965 年 10 月	5	
20	光华报	1945 年 10 月 至 1958 年 7 月	35	
21	华暹新报	1922 年 3 月 至 1930 年 1 月	70	缺：1923 年 4 月至 7 月 1925 年 7 月至 12 月 1926 年 1 月至 8 月
22	华侨日报	1928 年 11 月 至 1951 年 12 月	133	缺：1929 年 9 月 1931 年 1 月至 6 月

序号	报章名称	装订起始时间	现存册数	备注
23	励青日报	1927 年 1 月 至 1927 年 10 月	10	
24	民主日报	1951 年 3 月 至 1953 年 7 月	11	
25	民主新闻 （三日刊）	1946 年 5 月 至 1950 年 4 月	4	
26	世界日报	1955 年 7 月至今	289	缺：1959 年 12 月 1960 年 1 月至 4 月 1963 年 1 月至 2 月 1973 年 9 月
27	联侨报	1925 年 4 月 至 1928 年 8 月	26	
28	华商报	1956 年 1 月 至 1957 年 11 月	3	
29	曼谷商报	1947 年 4 月 至 1948 年 6 月	3	
30	曼谷公报	1948 年 11 月 至 1949 年 6 月	3	缺：1949 年 1 月
31	曼谷日报	1937 年 4 月 至 1938 年 12 月	15	缺：1938 年 7 月至 11 月
32	曼谷晨报	1934 年 4 月 至 1935 年 4 月	2	
33	泰华商报	1943 年 10 月 至 1946 年 3 月	6	
34	天汉公报	1917 年 7 月 至 1918 年 12 月	2	
35	图书新闻 （周报）	1949 年 1 月 至 1950 年 8 月	2	
36	中华民报	1917 年 4 月 至 1939 年 8 月	188	

序号	报章名称	装订起始时间	现存册数	备注
37	中原周报	1947 年 至 1958 年	9	1947 年、1948 年、1951 年、1957 年、1958 年各年尚存，其余年份皆缺。
38	中原报	1939 年 1 月 至 1958 年 10 月	66	缺：1941 年 12 月， 1946 年 2 月、3 月、9 月、11 月 1950 年 10 月至 12 月 1951 年 1 月
39	中国报	1938 年 10 月 至 1939 年 7 月	7	
40	暹京日报	1923 年 11 月 至 1924 年 6 月	7	缺：1924 年 1 月
41	时报	1937 年 11 月 至 1938 年 12 月	5	
42	星暹日报 星暹晚报 星暹星期刊 （三者同一机构，原各有区别，后来皆以星暹日报名，不再区别）	1950 年 1 月至今	338	缺：1959 年 3 月至 12 月 1960 年 1 月 1970 年 8 月 1972 年 11 月 1973 年 3 月、5 月、6 月 1974 年（全年） 1976 年 9 月
43	新中国	1945 年 4 月 至 1947 年 11 月	2	
44	新中原	1974 年至今	147	
45	中国人报	1945 年 9 月 至 1946 年 7 月	2	
46	舞台周报（1969 年 1 月改为三日报）	1961 年 8 月 至 1970 年 12 月	9	缺：1969 年 12 月 1970 年 1 月至 7 月
47	晨钟日报	1930 年 2 月 至 1935 年 3 月	52	缺：1931 年 6 月至 12 月 1933 年 1 月

（续上表）

序号	报章名称	装订起始时间	现存册数	备注
48	全民报	1945 年 10 月 至 1952 年 12 月	23	缺：1945 年 8 月至 10 月
49	东南日报 东南晚报 东南周报 （三者同一机构）	1970 年 4 月 至 1976 年 10 月	85	
50	正言日报	1946 年 1 月 至 1948 年 12 月	3	
51	知行导报 （周刊）	1946 年 4 月 至 1948 年 12 月	3	缺：1947 年 12 月 1948 年 1 月至 7 月
52	侨商报	1923 年 4 月 至 1926 年 2 月	16	
53	光华周报	1947 年 至 1958 年	1	

资料来源：根据关瑞发《曼谷国家图书馆现存早期泰国华文报章》资料整理，该文见《泰中学刊》，曼谷：泰国泰中学会，2000 年，第 62－70 页。

参考文献

一、古籍

[1]《清高宗实录》卷 864，北京：华文书局，1969 年。

[2]《清高宗实录》卷 895，北京：华文书局，1969 年。

[3] 中国第一历史档案馆藏：《朱批奏折》，外交卷，第 346 – 15 号。

[4] 中国第一历史档案馆藏：《朱批奏折》，外交卷，第 239 – 12 号。

[5]（清）林杭学纂修：《潮州府志》，潮州：潮州市地方志办公室，2000 年。

[6]（清）金一凤纂修：《海阳县志》，潮州：潮州市地方志办公室，2001 年。

[7] 潮州市地方志办公室编：《雍正广东通志潮事选》，潮州：潮州市地方志办公室，2002 年。

[8]（清）陈树芝纂修：《揭阳县志》，潮州：潮州市地方志办公室，2003 年。

[9]（明）郭春震纂修：《潮州府志》，潮州：潮州市地方志办公室，2003 年。

[10]（清）王之春纂修：《澄海县志》，潮州：潮州市地方志办公室，2004 年。

[11]（明）陈天资编修：《东里志》，潮州：饶平县地方志编纂委员会，2004 年。

[12]（明）黄一龙纂修：《潮阳县志》，潮州：潮州市地方志办公室，2005 年。

[13] 陈历明：《明清实录潮州事辑》，香港：艺苑出版社，1998 年。

二、专著

[1] 沈敏：《潮安年节风俗谈》，潮安：潮安研轮印务局，1937 年。

[2] 披耶阿努曼拉查东著，马宁译：《泰国传统文化与民俗》，广州：中山大学出版社，1987 年。

[3] 谢犹荣：《泰国华文报业小史》，曼谷：泰国译报社，1964 年。

[4] 吴继岳：《海外五十年——一个新闻工作者回忆录》，曼谷：泰国南美有限公司，1974 年。

[5] 棠花：《泰国古今史》，泰华文协泰国研究组，1982 年。

[6] 中山大学东南亚史研究所编：《泰国史》，广州：广东人民出版社，

1987 年。

［7］司马攻等：《轻风吹在湄江上》，曼谷：泰国八音出版社，1988 年。

［8］郑膺年编：《郑午楼言论集》，曼谷，1989 年。

［9］林伦伦：《潮汕方言与文化研究》，广州：广东高等教育出版社，1991 年。

［10］潮汕百科全书编辑委员会：《潮汕百科全书》，北京：中国大百科全书出版社，1994 年。

［11］林悟殊：《泰国大峰祖师崇拜与华侨报德善堂研究》，台北：淑馨出版社，1996 年。

［12］曾宪通主编：《饶宗颐学术研讨会论文集》，香港：翰墨轩出版有限公司，1997 年。

［13］泰国华文作家协会编印：《第六届亚细亚华文文艺营文集》，曼谷：泰华文学出版社，1998 年。

［14］范如松：《东南亚华侨华人》，北京：世界知识出版社，1999 年，

［15］杨锡铭：《潮人在泰国》，香港：艺苑出版社，2001 年。

［16］饶宗颐：《饶宗颐二十世纪学术论文集·文录、诗词》，台北：新文丰出版公司，2003 年。

［17］巴帕松·谢维昆：《从黄河到湄南河》，曼谷：阿玛林大众有限公司，2005 年。

［18］洪林、黎道纲主编：《泰国华侨华人研究》，香港：香港社会科学出版社有限公司，2006 年，

［19］黄挺：《潮商文化》，北京：华文出版社，2008 年。

［20］许茂春：《东南亚华人与侨批》，曼谷，2008 年。

［21］韦政通：《中国文化概论》，长春：吉林出版集团有限责任公司，2008 年。

［22］余定邦、陈树森：《中泰关系史》，北京：中华书局，2009 年。

［23］黄挺：《十六世纪以来潮汕的宗族与社会》，广州：暨南大学出版社，2015 年。

［24］张应龙：《海外潮团发展报告2015》，广州：广东人民出版社，2015 年。

［25］杨锡铭：《南洋潮人札记》，北京：中国华侨出版社，2016 年。

［26］蔡文星：《暹语细究》，暹罗正言日报社，1948 年。

三、论文

［1］黄谨良：《潮化的泰语与泰化潮语》，《泰国潮州会馆三十年·论述之部》，曼谷：泰国潮州会馆，1968 年。

［2］蓬攀·赞塔罗那暖：《曼谷的神庙和佛寺》，载（泰国）《历史文集》第八卷，1986 年。

［3］葛治伦：《1949 年以前的中泰文化交流》，载周一良：《中外文化交流史》，郑州：河南人民出版社，1987 年。

［4］张映秋：《爱国侨领郑子彬及其哲嗣郑午楼先生》，载中国人民政治协商会议广东省汕头市委员会文史资料委员会编：《汕头文史》第八辑，1990 年。

［5］林风：《泰国华文报业史述略》，载汕头华侨历史学会编：《汕头侨史论丛》第二辑，1991 年。

［6］陈晓锦：《泰华作品中的潮州方言词语及其它——从〈轻风吹在湄江上〉谈起》，见梁东汉、林伦伦、朱永锴主编：《第二届闽方言学术研讨会论文集》，广州：暨南大学出版社，1992 年。

［7］吴凤斌：《潮人在泰国的发展与贡献》，载郑良树主编：《潮州学国际研讨会论文集》，广州：暨南大学出版社，1994 年。

［8］余定邦：《潮州人、潮州港口与清代中暹交往》，载郑良树主编：《潮州学国际研讨会论文集》，广州：暨南大学出版社，1994 年。

［9］陈树森：《祖籍潮州的泰国华人对泰国米业发展之贡献浅析》，载郑良树主编：《潮州学国际研讨会论文集》，广州：暨南大学出版社，1994 年。

［10］侯志勇：《泰中手足情谊万古长青》，载《泰中学刊》，曼谷：泰国泰中学会，1994 年。

［11］余定邦：《郑信与清朝政府的关系》，载《潮学研究》第 6 辑，汕头：汕头大学出版社，1997 年。

［12］邓水正：《19 世纪中期以前泰国华人经济概述》，载《泰国潮州人及其故乡潮汕研究计划第二辑：汕头港（1860—1949）》，曼谷：朱拉隆功大学亚洲研究所中国研究中心，1997 年。

［13］张映秋：《潮汕澄海人移殖泰国的历史发展》，载《泰国潮州人及其故乡潮汕研究计划第二辑：汕头港（1860—1949）》，曼谷：朱拉隆功大学亚洲研究所中国研究中心. 1997 年。

［14］罗晓京：《1910—41 年泰国对华贸易与汕头港》，载《泰国潮州人及其故乡潮汕研究计划第二辑：汕头港（1860—1949）》，曼谷：朱拉隆功大学亚洲研究所中国研究中心，1997 年。

［15］谢成佳：《海外华人社团与祖籍国的关系》，载汕头华侨历史学会编：《汕头侨史论丛》第四辑，1998 年。

［16］张映秋：《泰国华人社团模式的演变》，载汕头华侨历史学会编：《汕头侨史论丛》第三辑，1998 年。

［17］沈顺：《浅析泰国华人华侨社团的产生、变化和发展趋势》，载汕头华侨历史学会编：《汕头侨史论丛》第三辑，1998 年。

［18］冷东：《郑信与暹罗吞武里王朝的内政外交》，载汕头华侨历史学会编：《汕头侨史论丛》第三辑，1998年。

［19］朱振明：《许敦茂与中泰关系》，载《泰中学刊》，曼谷：泰国泰中学会，1999年。

［20］陈建敏：《我又见到了诗琳通公主》，载《泰中学刊》，曼谷：泰国泰中学会，1999年。

［21］杨作为：《泰国华人社会与经济之变化和泰中经济合作前景》，载汕头华侨历史学会编：《汕头侨史论丛》第四辑，1999年。

［22］洪林：《圣明君王，全民爱戴》，载《泰中学刊》，曼谷：泰中学会，1999年。

［23］龚群虎：《泰语中的潮汕借词的义类》，载《潮学研究》第8辑，广州：花城出版社，2000年。

［24］恩裕：《中国药品在泰供销忆述》，载《泰中学刊》，曼谷：泰国泰中学会，2001年。

［25］陈春声：《〈历代定案〉所见之清代潮州商人的海上贸易活动》，载《潮学研究》第9辑，广州：花城出版社，2001年。

［26］杨永安：《论潮籍人士在泰国的社群关系——以曼谷潮州会馆为中心》，载李志贤编：《海外潮人的移民经验》，新加坡：新加坡潮州八邑会馆、八方文化企业公司，2003年。

［27］杨锡铭：《泰国潮州话初探》，《韩山师范学院学报》2004年第4期。

［28］修朝：《中国戏剧在泰国》，载《泰国华侨华人史》第二辑，曼谷：泰国华侨崇圣大学泰中研究中心，2004年。

［29］徐仲熙：《略述泰国华人社团》，载《泰国华侨华人史》第二辑，曼谷：泰国华侨崇圣大学泰中研究中心，2004年。

［30］许振声：《建国前潮州城传统节日与民俗》，载《潮州文史资料》第24辑，潮州：政协潮州市委员会文史编辑组，2004年。

［31］林伦伦：《潮汕方言和泰语的双向借词及其演变发展》，《民族语文》2006年第2期。

［32］李欧：《泰国文化的中国源流》，《南风窗》2010年第3期。

［33］张美君：《论泰国自由泰政府时期的华文教育》，《南洋问题研究》2011年第3期。

［34］杨作为：《泰国汉语教育的过去、现在与未来》，《东南亚研究》2011年第3期。

［35］黄启臣：《吞武里王朝时期的泰国华人社会及其特点》，《广东工业大学学报》（社会科学版）2012年第2期。

［36］杨锡铭：《泰国潮安同乡会的历史考察》，载张禹东、庄国土主编：

《华侨华人文献学刊》第一辑，北京：社会科学文献出版社，2015 年。

[37] 杨锡铭、王侨生：《饶宗颐教授与泰国缘分述略》，载贾益民、李焯芬主编：《第一届饶宗颐与华学国际学术研讨会论文集》，济南：齐鲁出版社，2016 年。

四、纪念特刊

[1]《谢慧如先生纪念特刊》，曼谷：泰华报人公益基金会，1996 年。

[2]《泰国中华总商会成立八十五周年暨新大厦落成揭幕纪念特刊》，曼谷：泰国中华总商会，1995 年。

[3]《泰国中华总商会第十九届第一次会员大会》，曼谷：泰国中华总商会，2004 年。

[4]《泰国潮州会馆成立四十周年纪念特刊》，曼谷：泰国潮州会馆，1979 年。

[5]《泰国潮州会馆成立四十五周年纪念特刊》，曼谷：泰国潮州会馆，1983 年。

[6]《泰国潮州会馆成立五十周年纪念特刊》，曼谷：泰国潮州会馆，1988 年。

[7]《泰国潮州会馆成立六十周年纪念特刊》，曼谷：泰国潮州会馆，1998 年。

[8]《泰国潮州会馆成立六十五周年纪念特刊》，曼谷：泰国潮州会馆，2003 年。

[9]《泰国潮州会馆成立七十五周年纪念特刊》，曼谷：泰国潮州会馆，2013 年。

[10]《旅暹潮安同乡会成立五十六周年纪念特刊》，曼谷：旅暹潮安同乡会，1982 年。

[11]《旅暹潮安同乡会成立六十周年纪念特刊》，曼谷：旅暹潮安同乡会，1987 年。

[12]《泰国潮安同乡会成立六十六周年纪念特刊》，曼谷：泰国潮安同乡会，1994 年。

[13]《泰国潮安同乡会成立七十八周年暨新建祠堂落成开幕纪念特刊》，曼谷：泰国潮安同乡会，2004 年。

[14]《泰国潮安同乡会成立八十五周年纪念特刊》，曼谷：泰国潮安同乡会，2012 年。

[15]《泰华各姓宗亲总会联谊会成立二十二周年纪念特刊》，曼谷，泰华各姓宗亲总会，1992 年。

[16]《泰国广肇会馆成立 120 周年纪念特刊》，曼谷：泰国广肇会馆，1997 年。

[17]《泰国福建会馆庆祝成立九十周年纪念特刊》，曼谷：泰国福建会馆，2003 年。

[18]《暹罗澄海同乡会成立二十五周年纪念特刊》，曼谷：暹罗澄海同乡会，1972 年。

[19]《泰国澄海同乡会成立三十三周年暨新礼堂落成纪念特刊》，曼谷：泰

国澄海同乡会，1981年。

[20]《泰国澄海同乡会成立四十五周年纪念特刊》，曼谷：泰国澄海同乡会，1992年。

[21]《泰国澄海同乡会成立五十周年纪念特刊》，曼谷：泰国澄海同乡会，1997年。

[22]《泰国澄海同乡会成立五十五周年纪念特刊》，曼谷：泰国澄海同乡会，2002年。

[23]《泰国潮阳同乡会金禧纪念特刊》，曼谷：泰国潮阳同乡会，1996年。

[24]《泰国潮阳同乡会成立五十五周年纪念特刊》，曼谷：泰国潮阳同乡会，2003年。

[25]《暹罗揭阳会馆五十周年纪念特刊》，曼谷：暹罗揭阳会馆，1999年。

[26]《泰国丰顺会馆成立三十周年纪念特刊》，曼谷：泰国丰顺会馆，1993年。

[27]《泰国丰顺会馆成立四十周年纪念特刊》，曼谷：泰国丰顺会馆，2004年。

[28]《泰国大埔会馆成立五十周年纪念特刊》，曼谷：泰国大埔会馆，1996年。

[29]《泰京天华医院成立九十周年纪念特刊》，曼谷：泰京天华医院，1994年。

[30]《泰国中华总商会成立一百周年纪念特刊》，曼谷：泰京天华医院，2004年。

[31]《饶平同乡会成立四周年纪念刊》，曼谷：饶平同乡会，1969年。

[32]《饶平同乡会成立十二周年暨新馆落成开幕纪念刊》，曼谷：饶平同乡会，1976年。

[33]《饶平同乡会第七、八届会务报告书》，曼谷：饶平同乡会，1980年。

[34]《饶平同乡会成立二十周年纪念刊》，曼谷：饶平同乡会，1985年。

[35]《泰国惠来同乡会新厦落成暨复会十八周年纪念特刊》，曼谷：泰国惠来同乡会，2003年。

[36]《旅暹普宁同乡会三十八周年会庆暨新址落成亚东公学揭幕纪念特刊》，曼谷：旅暹普宁同乡会，1985年。

[37]《旅暹普宁同乡会成立五十二周年纪念特刊》，曼谷：旅暹普宁同乡会，1999年。

[38]《泰国潮安同乡会春武里分会庆祝成立十五周年暨主办第九届全泰潮安乡亲联谊大会纪念特刊》，曼谷：泰国潮安同乡会春武里分会，2010年。

五、文学作品

[1] 何歆：《敢说敢做的谢慧如——为泰皇六秩圣寿大手笔献金》，《女记者生涯传真》，曼谷：新中原报社，1988年。

[2] 姚宗伟：《拜好兄弟》，见《泰华散文集》，曼谷：泰华写作人协会，

1989 年。

［3］陈慧松：《当代泰华名人风采录》，上海：上海交通大学出版社，1993 年。

［4］段立生：《郑午楼传》，广州：中山大学出版社，1994 年。

［5］罗俊新：《谢慧如传》，广州：暨南大学出版社，1996 年。

［6］洪林：《故乡水情悠悠长》，曼谷：泰华文学出版社，2000 年。

［7］黎毅：《春迟》，曼谷：泰华文学出版社，2000 年。

［8］毛草：《春的漫笔》，曼谷：泰华文学出版社，1996 年。

［9］曾心：《一坛老菜脯》，曼谷：泰华文学出版社，2000 年。

［10］王侨生：《游子心》，香港：博士苑出版社，2008 年。

六、报刊

［1］（泰国）《亚洲日报》

［2］（泰国）《新中原日报》

［3］（泰国）《中华日报》

［4］（泰国）《京华中原联合报》

［5］（泰国）《星暹日报》

［6］（泰国）《世界日报》

七、网站

［1］中国驻泰国经商参处，http：//th. mofcom. gov. cn/。

［2］泰国泰华网，http：//www. thaicn. net。

［3］泰国华人中文网，http：//www. fristweb. com/user/thaichinese。

［4］泰国中华总商会网，http：//www. hhlink. com/link/www. thaicc. org。

［5］泰国潮州会馆网，http：//www. tiochewth. org。

［6］泰国星暹日报网，http：//www. singsianyerpao. com。

［7］泰国世界日报网，http：//www. udnbkk. com。

［8］泰国中华网，http：//thaizhonghua. com。

后　记

　　也许是命运的安排，我似乎与泰国有缘。记得在 20 世纪 60 年代初，我还是孩童时，曾随父亲一起去侨批局拿回舅父和姨妈从泰国寄来的物品。虽然是唯一的一次，却留给我对泰国的最初印记。真正对泰国的了解则始于 1993 年，我到中国驻泰国大使馆负责侨务工作。近四年间，耳濡目染，对泰国，尤其是泰国的潮人社会，有了深入的认识。1997 年返国后，一直供职于外事侨务部门，又几乎每年都到访过泰国，且不时有泰国的潮州人来访，从而与泰华社会保持着较密切的联系。近二十年来，有幸在饶宗颐、林伦伦、林悟殊、黄挺、黄晓坚等教授的大力鼓励和指导下，本着向贤者学习之初心，多次参加有关潮学和华侨华人的研讨会，获益匪浅，谨此一并向各位师长致以衷心的谢忱。多年来，泰国王侨生先生，不辞劳苦，助我搜集相关资料，感恩至深。又承蒙林伦伦教授拨冗赐序，本书因之添光增色，感激不尽。有关泰国华侨华人的研究成果，早已汗牛充栋。囿于学力，本书仅是本人对泰华社会的观察之心得，只期以一孔之见，助窥泰华社会于一斑。

　　韩山师范学院在我退休之后，提供该校潮学研究院特聘研究员之职位，本人之写作因此享有诸多方便，谨此致谢。

杨锡铭

2018 年 6 月于潮州

《潮汕文库》大型丛书第一辑书目

系列名	书名	作者
潮汕文库·研究系列（第一辑）	潮汕史简编	黄挺著
	潮汕方言歌谣研究	林朝虹、林伦伦著
	潮汕华侨史	李宏新著
	选堂诗词集通注	饶宗颐著，梅大圣注
	饶宗颐辞赋骈文笺注	饶宗颐著，陈伟注
	饶宗颐绝句选注	饶宗颐著，陈伟注
	汕头影踪	陈嘉顺著
	汕头埠老报馆	曾旭波著
	潮人旧书	黄树雄著
潮汕文库·文献系列（第一辑）	潮州耆旧集	（清）冯奉初辑，吴二持点校
	郭子章涉潮诗文辑录	（明）郭子章撰，周修东辑校
	潮汕女性口述历史：潮州歌册	刘文菊、陈俊华、李坚诚、吴榕青、刘秋梅编著
	人隐庐集	（清）吴汝霖、吴沛霖撰，吴晓峰辑校
	做"缶"与卖"缶"：近现代枫溪潮州窑陶瓷业访谈录	韩山师范学院图书馆、颐陶轩潮州窑博物馆主编，李炳炎、陈俊华、陈秀娜编
	瞻六堂集	（明）罗万杰撰，黄树雄、王缨缨、林小山整理
	四如堂诗集	（清）陈锦汉著，陈伟导读
	醉经楼集	（明）唐伯元撰，黄树雄、王缨缨、陈佳瑜整理
	百怀诗集、龙泉岩游集	（清）陈龙庆撰，陈琳藩整理
	重刻灵山正宏集	（清）释本果撰，郭思恩、陈琳藩整理
	立雪山房文集	（清）黄蟾桂撰，陈景熙、陈孝彻整理
	汕头福音医院年度报告编译（1866—1948）	（英）吴威凛（William Gauld）等著，朱文平编译